정신분석과 기독교상담
적인가 아니면 동반자인가?

꿈, 영혼, 죄의식, 그리고 돈에 관한 통합적 고찰

정신분석과 기독교상담
적인가 아니면 동반자인가?

안 석 지음

인간희극

정신분석과 기독교상담
적인가 아니면 동반자인가?

초판 인쇄 2010년 8월 30일
초판 발행 2010년 9월 14일

지은이   안석
펴낸이   이송준
펴낸곳   인간희극
등 록   2005년 1월 11일 제319-2005-2호
주 소   서울특별시 동작구 사당동 1028-22
전 화   02-599-0229
팩 스   0505-599-0230
이메일   humancomedy@paran.com

출 력   경운출력
인 쇄   정성인쇄

ISBN 978-89-93784-04-6 93230

• 잘못 만들어진 책은 구입하신 곳에서 바꾸어 드립니다.
• 값은 뒤표지에 표기되어 있습니다.

인생의 험한 풍파를

믿음으로 인내하시고

기도로 삶을 가르쳐 주신

부모님께 감사의 마음을 담아

삼가 이 책을 바칩니다.

■ 감사의 글

　이 책이 빛을 보기까지는 많은 분들의 수고와 도움이 있었습니다. 이 책이 나올 수 있도록 열정을 아끼지 아니하신 도서출판 인간희극의 이송준 사장님께 심심한 감사의 마음을 드립니다. 이 책의 편집, 교정 과정을 담당해 주신 편집부 여러분께도 감사의 마음을 드립니다.
　부족한 글에도 불구하고 기꺼이 추천의 글을 써주신 정태기 교수님과 정석환 교수님께 심심한 감사의 마음을 전합니다. 존경하는 두 분께서는 기독교상담학을 가르치시는 선배 교수님이시며 많은 경륜과 지혜로 유익한 조언을 해주셨습니다. 한국기독교상담·심리치료학회와 한국목회상담학회 및 협회 그리고 한국정신역동치료학회와 복음주의 기독교상담학회에 속한 교수님들과 임상전문가들과의 토론은 저에게 많은 지혜를 주었습니다. 또한 부족한 글에 대하여 토론으로 참여해 주셔서 필자뿐만 아니라 독자들의 지평을 더 넓게 열수 있도록 도움을 주신 이정기 교수님, 이상억 교수님, 하재성 교수님, 그리고 익명으로 토론에 참여해 주신 모 교수님께 특별히 감사한 마음을 드립니다. 그리고 늘 한결같은 마음으로 필자를 아껴주시고 버팀목이 되어주신 신익수 목사님(서울수정성결교회 담임목사)과 사모님께 감사의 마음을 전하고 싶습니다.
　서울기독대학교 치유상담대학원 및 신학전문대학원에서 정신분석과 기독교상담학 분야를 강의하는 가운데 수강생들의 질문과 토론은 본서를 쓰는 데 많은 도움이 되었습니다. 토론에 적극 참여해 준 수강생들에게 감사한 마음을 전합니다. 아울러 상담 현장에서 깨우침을 준 내담자들에게도 감사한 마음을 전합니다.

  그리고 부족한 필자를 위해 항상 기도와 격려로 함께 해준 가족들에게 고마운 마음을 전하고 싶습니다. 필자의 글에 대해 늘 첫 독자이자 토론자가 되어주는 아내 권정아(서울대학교병원운영 보라매병원 신경정신과 임상심리전문가 레지던트/서울기독대학교 치유상담대학원 겸임교수)에게 고마운 마음을 전합니다. 아이들을 볼 때 마다 "어린이는 어른의 아버지여라(The child is father of the man)"라는 영국의 낭만주의 시인 윌리엄 워즈워드의 말이 생각납니다. 충분한 시간을 함께 하지 못해 늘 미안한 마음이 앞서지만, 아빠가 연구하는 데 큰 힘이 되어줄 뿐만 아니라 건강하고 올곧게 자라준 쌍둥이 다현(Joseph)이와 다훈(Jean-Paul)에게 고마운 마음을 전합니다.

  이제까지 많은 분들의 가르침과 도움 그리고 사랑이 있었기에 제가 이렇게 설수 있게 되었고, 기독교상담학자로서 희망하는 일을 할 수 있게 된 것 같습니다. 함께 신앙생활하며 필자의 연구 활동을 지지해준 우목회(羽牧會)의 교역자들과 박경배 목사님(대전송촌장로교회 담임목사), 그리고 교우들에게 감사한 마음을 전합니다. 또한 필자로 하여금 인간의 내면과 영혼을 탐구할 수 있도록 안내해 주신 모든 은사님들께 감사의 마음을 전합니다. 이 분들은 필자가 연구자의 길을 갈 수 있도록 세심한 지도와 격려를 해주신 교수님들이셨습니다. 일일이 적지 않겠습니다만, 오늘 이 자리를 빌어 너무 일찍 우리 곁을 떠나가셨지만 하늘나라에서 평안히 쉬고 계실, 강남대학교에서 오랫동안 가르치셨던 고 이숙종 교수님과 너그럽고 진실하게 학문적, 영적으로 지지해주셨던 스트라스부르그 국립대학교의 베르나르 캠프 교수님, 성경 안에서 영혼의 치유의 원리를 늘 가르쳐주시고 안내해 주신 박종수 교수님, 정신분석 및 종교심리학 분야에 눈을 뜨게 해주신 김재영 교수님께서 베풀어주셨던 배려와 관심어린 마음을 결코 잊지 않을 것을 약속드립니다.

  마지막으로 부족한 필자를 치유사역자, 연구자로 부르시고, 오늘도

이 땅에 치유사역을 펼치시고 계시며, 이 모든 일을 가능케 하신 하나님께 영광과 감사를 드립니다. 영혼의 치유를 위한 필자의 부족한 지식이 하나님의 끝없는 사랑과 지혜로 채워지기를 바라며…….

2010년 7월
환원학원 선지동산에서
저자 안 석

■ 추천사1

정석환
(연세대학교 교수, 신과대학장 겸 연합신학대학원장, 전 한국기독교상담·심리치료학회장)

올해로 6. 25 전쟁 발발 60주년을 맞는다. 6. 25는 세계 3대 전쟁사의 하나이면서도 잊혀진 전쟁으로 알려져 있다. 60년 전 일어난 동족상잔의 비극을 통해 한반도는 초토화되고 수백만 명의 생명이 한반도 땅에서 고귀한 목숨을 잃었다. 전쟁의 상처가 휩쓸고 간 지 정확히 60년, 최근의 한국사회의 모습은 언제 이 땅에서 그런 처참한 일들이 일어났는지 질문하게 한다. 교역량 세계 8위, 제3세계를 돕는 원조국, 월드컵 16강과 G20 의장국으로 성장한 한국의 모습은 세계의 역사가들을 놀라게 만들고 우리 모두를 감격하게 한다. 뿐만 아니라 인구의 약 20% 이상이 기독교인이라는 우리나라에는 세계 20대 대형교회 중 9개가 수도권에 집중되어 있을 만큼 기독교 선교의 성공 사례로 알려져 있고 100여 년 전 선교사들로부터 도움을 받던 황무지의 땅 조선이 세계에서 선교사를 가장 많이 수출하는 은총의 땅 대한민국으로 변화되었다.

그러나 전쟁의 폐허를 딛고 불사조처럼 일어난 대한민국은 정말 자랑스러운 행복한 나라인가? 다른 통계들을 들면 사뭇 다른 모습의 대한민국의 속살을 들여다 볼 수 있다. 자살률 세계 1위, 이혼율 세계 3위, 우울증 증가율 세계 1위, 40-50대 과로사율 세계 1위라는 통계를 보면 우리들의 삶의 질이 세계가 놀라고 부러워할 수준은 결코 아닌 심각한 정신건강의 문제국임을 알게 한다. 이러한 상황 속에서 오늘의 교회들도 과거와 달리 복음의 힘을 잃어버려 물량화, 세속화 되었다는 비판의 소리를 너무 자주 듣게 되었다. 한마디로 물질의 풍요와 성장은 경험했으나 정신적, 영적 갈증은 심화되고 있다는 지적이다.

이러한 상황 속에서 최근 기독교 신학의 분과인 목회(기독교)상담의 분야에서는 영혼의 돌봄을 주제로 한 학술활동과 돌봄의 실천적 전략들을 활발히 전개해 나가고 있다. 사실 기독교의 가장 오래된 전통은 돌봄의 전통이다. 창세기 족장사에 나타나는 이삭의 이야기에서 보듯, 목마른 땅을 살고 있는 생명들을 위해 우물을 파는 사명을 담당했던 이삭처럼 오늘의 기독교상담가들은 영의 우물, 정신의 우물을 파서 시원한 생수를 흐르게 해낼 책임감과 사명이 있는 것이다. 우물을 파는 과정과 인간의 영혼을 탐구하는 과정은 매우 흡사한 과정상의 특징을 지닌다. 생명의 물을 얻기 위하여 황량함 속에서 땅을 파 헤치듯, 인간의 혼을 돌보기 위해 치료자는 내담자의 얽힌 삶을 이야기로 인도해 나가는, 이야기의 탐구를 하게 되는 것이다. 시원한 생수가 절로 터져 나오는 것이 아니라 흙과 모래먼지를 뒤집어쓰는 인내의 과정을 거쳐야 하듯 치료자도 역시 많은 부정적 감정과 사건들의 이야기를 함께 들어주고 견뎌내는 인내의 과정과 수용의 과정을 거쳐야만 한다. 우물을 파는 사람들에게 경험적, 실증적 지혜와 도구들이 필요하듯 정신치료자들에게도 실천적 지혜와 도구들이 필요하다. 그 필수적 도움을 주는 도구 중 하나가 상담의 이론들일 것이다. 그 중에서도 프로이트로부터 시작되는 정신분석학의 이론들은 인간의 마음의 바닥을 헤아릴 때 없어서는 안 되는 필수적 도구라 생각한다. 이 도구가 우물을 만나게 한다. 이 도구가 없이는 너무나 많은 시간과 절차의 낭비와 에너지의 소비가 있게 되고 때로는 실패의 위험까지 감수해야 되는 것이다.

금번 안석 박사의 『정신분석과 기독교상담: 적인가 아니면 동반자인가?』는 영혼의 돌봄에 있어서 정신분석학이란 도구가 기독교의 돌봄의 전통과 실천의 장에서 어떻게 긍정적 역할을 다할 수 있을까의 문제를 학문적, 임상적으로 심도 있게 다룬 뛰어난 걸작이다. 정신분석의 본고장인 유럽에서 수학하신 안석 박사의 깊이 있는 글이 오늘 황폐한 사막과 같은 환경 속에서 삶의 의미와 자신의 이야기 탐구의 우물을 파고 있는 독자들의 가슴을 시원하게 해주리라 믿으며 추천의 글을 쓰게 된 것을 영광과 기쁨으로 생각한다.

2010년 6월

■ 추천사2

정태기
(한국크리스찬치유상담연구원 원장, 전 한신대학교 교수)

　현대 사회에 있어서 상담 분야가 매우 중요한 학문 분야라는 것은 누구나 주지하고 있는 바이다. 그만큼 현대 사회가 다원화되고 복잡해져서 작게는 개인적으로, 좀더 크게는 가정적으로, 더 크게는 사회적으로 위태로운 일들이 빈번하게 발생함으로써 심리적으로 불안한 시대에 살고 있다는 의미일 것이다. 추천사를 쓰고 있는 본인도 일찍부터 상담(치유상담) 분야에 온 힘을 다해 지금까지 한 평생 달려오고 있고 이러한 일들을 누군가가 계속해나가야 한다고 생각한다. 그것은 사람을 살리고, 가정을 살리고, 교회를 살리고, 사회를 살리며, 국가를 살리는 일이라고 생각하기 때문이다. 이런 의미에서 본인과 영혼의 치유에 대한 많은 이야기들을 나누며 이 일에 동역하고 있는 안석 박사의 영혼의 치유에 관한 통찰력을 엿볼 수 있는『정신분석과 기독교상담: 적인가 아니면 동반자인가?』라는 제목의 책이 나오게 되어서 매우 기쁘게 생각한다.

　안석 교수는 한국의 상담학(기독교상담학) 분야에서 매우 드문, 정신분석적 연구가 특히 강한 유럽(프랑스)에서 공부한 학자이다. 그는 북미의 기독교상담학이 우리나라에 주로 소개되어 진 것을 감안하여 볼 때 아직 국내의 학계에 많이 소개되지 않은 유럽의 기독교상담학을 소개하고 있는 연구자로서의 역량이 기대되는 학자이며, 임상가이며, 영혼을 사랑하는 성직자이다. 특히 영혼의 돌봄에 있어서 정신분석의 공헌과 한계를 설정하고 있는 안 교수의 전공 분야의 탁월함은 국내의 기독교상담학계와 상담심리학계 뿐만 아니라 교계에 매우 커다란 기여를 할 것으로 믿어 의심치 않는다.

이 책은 그 제목처럼 '정신분석은 기독교상담의 적인가 아니면 동반자인가?'를 계속해서 물으면서 영혼의 치유에 있어서 정신분석학적 통찰을 치밀한 어조로 제시하고 있다. 그러면서 동시에 정신분석학적 통찰의 한계를 설정하면서 인간의 전인적인 치유를 위하여 전통적인 복음적 의미에서의 하나님의 은총을 요청하고 있다. 물론 학술적인 연구서이기에 그것들을 눈에 띄게 드러내기 보다는 행간에서 그것들을 적절하게 보여주고 있음을 발견할 수 있다. 이런 측면에서 볼 때 오늘날 기독교상담 분야에 큰 도전이 되고 있는 정신분석학과의 관계를 설정함에 있어서 안 교수의 이 책은 이론적인 측면과 임상적인 측면에서 좋은 통찰력을 제시하고 있다고 사료된다. 뿐만 아니라 그의 정신분석적 시각을 통한 기독교상담학적 작업은 비록 이론서임에도 불구하고 임상적 함의가 내포되어 있음을 독자들은 확인할 수 있을 것이다.

이 책이 정신분석학과 기독교상담학의 관계를 어떻게 설정해야할지 고민하는 전공자, 대학원생, 그리고 연구자들에게 널리 읽혀져서 지혜를 얻는 안내서가 되기를 바란다. 또한 이 책이 많은 목회자들에게도 읽혀져서 평신도들이 겪고 있는 영혼의 상처를 잘 해결해 주기 위한 심리학과 기독교상담의 통합적인 측면에서의 지침서가 되기를 바라면서, 또한 동역자인 안 교수의 영혼의 치유를 위한 행보에 하나님의 은총이 함께 하시길 바라면서 이 책을 기쁜 마음으로 영혼을 사랑하는 모든 이들에게 적극 추천한다.

2010년 6월

나는 상처를 싸매었을 뿐,
그것을 치료하시는 이는 하나님이십니다.
_앙브루와즈 파레(Ambroise Paré, 1510-1590)*

---

* 파레가 활동하던 시기에 프랑스는 종교개혁이 한창이었고, 코페르니쿠스에 의해 지동설이 주장되던 시대였다. 프랑스 개신교도이자 군의관이었던 파레는 현대 외과수술의 아버지라 불린다. 많은 전쟁으로 총상 입은 환자들을 치료하던 중 그가 남긴 이 말은 환자의 고통을 느끼며 진정 환자를 걱정하는 파레의 마음과 하나님 앞에서의 겸손이 베인 치유자의 고백이라고 볼 수 있다. 그를 존경하는 의미로 파리를 비롯한 여러 대도시에 그의 이름을 딴 병원들이 있다.

■ 프롤로그

정신분석인가 영혼의 치유인가?

"실천의 위엄성은 이론에 의존하지 않는다. 그러나 실천은 이론과 함께함으로써 더욱 더 의식적인 실천이 될 뿐이다!" (Schleiermacher, 1826/1983: 11). 슐라이에르마허[1]의 말이다. 일반적으로 19~20세기에 이르러서야 비로소 영혼의 치유가 독자적인 학문으로서 다른 분야의 신학과 구별되어지고, 그 자체로 학문으로서의 정체성이 확립되어졌다고 말한다. 영혼의 치유가 신학의 독자적인 한 분야가 될 수 있었던 것은 '실천 신학(Praktische Theologie)'이 부각되면서부터이다. 이러한 실천 신학의 개척자라고 할 수 있는 슐라이에르마허는 영혼의 치유를 신학의 한 분야로 확고하게 자리매김 시켰다. 영혼의 치유는 실제적이고 실천적이면서 동시에 독특한 학문적 이론을 갖는다. '비블리오 드라마(bibliodrama)'의 대표적인 이론가이자 실천가인 마르틴(Gerhard Marcel Martin) 역시 이론과 실천 사이의 관계를 다음과 같이 말한 적

---

1 '현대 신학의 아버지'로 칭송되는 슐라이에르마허는 종교의 본질을 정의함에 있어서 당시 팽배해 있던 형이상학적이고 도덕적인 수준의 종교적 이해를 강하게 거부하며, 형이상학적이고 도덕적인 수준 너머에 종교의 고유한 영역이 따로 있음을 강조했다. 그것은 인간의 내면의 자리에서 경험하는 절대자에 대한 종교적 경험과 감정이다. 즉 슐라이에르마허는 인간 존재의 근원이 되는 절대자 그 자체와의 황홀한 경험 안에서 종교의 본질을 발견한다. 그에 의하면, 피조된 유한한 존재로서의 인간은 창조자에 대한 경험을 통해서 절대자와 소통하며, 그럼으로써 무한한 존재를 경험하는 주체로 새롭게 탄생한다는 것이다. 인간성이 상실되고, 또한 종교적 자리가 무시되는 세속화의 시대적 상황에서, 슐라이에르마허의 종교적 이해는 하나님의 형상대로 지음 받은 인간 본성의 가치를 소외시키지 않으면서, 또한 창조자의 초월적이며 동시에 내재적인 가치를 긍정하고 있다는 점에서 그 가치가 매우 높다고 볼 수 있다. 슐라이에르마허의 이러한 종교 의식에 대한 이해는 오늘날 영혼의 치유 신학을 위한 발판을 마련하게 된다.

이 있다. "이론은 이차적인 것이면서 동시에 필수적인 것이다. 이론은 지속되는 실천을 비판적이고도 생산적으로 동반하고 또 변화시킨다" (Martin, 2001: 11). 위의 두 사람의 말의 의미는 이론과 실천은 따로 따로 구분되지 않으며 이론과 실천이 함께 갈 때 비로소 역동적 에너지를 발휘할 수 있다는 말일 것이다.

필자는 이론과 실천, 이 두 분야를 오가며 바쁜 한 주간을 보낸다. 월요일부터 금요일까지는 주로 강의실과 연구실에서 학생들과 호흡하며 정신분석과 기독교상담학을 가르치거나 이 분야를 연구한다. 그리고 토요일은 이혼 위기에 있는 부부나, 심리적으로 도움이 필요한 사람, 혹은 상담 훈련을 필요로 하는 대학원생들의 상담 수퍼비전이나 교육분석 등, 심리상담을 하거나 실제적인 상담교육을 하며 한 주간을 마무리 한다. 그리고 다음날 주일을 신앙 안에서 새로운 마음으로 시작한다. 좀 더 구체적으로 말하자면, 강의실과 연구실에서는 현대정신분석과 같은 심리학적 이론뿐만 아니라, 심리학을 기독교상담이 어떻게 받아들여야 할지, 또한 신학적 인간관을 어떻게 정의내릴 수 있으며, 기독교상담가로서의 정체성은 무엇인지 등과 같은 비교적 딱딱하고 어려운 연구들을 하며 시간을 보낸다. 이러한 이론화 작업의 무거운 시간들을 보내면서 동시에 학생들로 하여금 하나님의 말씀(성경)을 더 진지하고 구체적으로 기독교상담에 적용할 수 있도록 안내하기 위해 노력한다. 토요일의 상담실에서는 내담자들의 복잡한 여러 가지 문제들을 만나며, 그 문제를 해결하기 위해 노력하는 과정들을 겪는다. 그리고 주일은 필자 자신과 내담자를 위해 두 손을 모으는 시간을 갖는다. 이런 식으로 한 주간 동안 필자는 신앙 안에서 정신분석과 같은 심리치료와 기독교상담 사이의 이론과 실제를 위해 노력하는 가운데 기독교상담가로서 삶의 의미를 느낀다. 본서는 비록 짧지만 이러한 개인적인 관심과 영역에서 그동안 고민하던 바를 발전시킨 것이다.

더 정확히 말해서, 본서는 필자가 지난 2008년 7월 프랑스 유학을 마치고 귀국한 후, 학술대회에서 발표한 글들 중 정신분석과 기독교상담에 관한 연구 논문들과 상담했던 내용을 책의 주제와 관련하여 새롭게 재구성한 것이다. 필자는 그동안 많은 이들로부터, 특히 선배 교수님들뿐만 아니라 대학원생들로부터 '정신분석과 기독교상담과의 관계에 대하여 어떻게 생각하는가?'라는 질문을 들어왔다. 「영혼의 치유(기독교상담)에 있어서 정신분석의 공헌과 한계」라는 주제로 박사학위를 받은 필자가 그러한 질문을 받는 것은 어쩌면 당연한 일일 것이다. 여기에 모은 글들은 그러한 질문에 대한 필자 나름대로의 대답이라고 생각한다. 물론 부족하기 그지없다. 정신분석학이나 기독교상담학은 둘 다 쉽지 않은 분야인데다가 또 워낙 광범위한 영역을 다루는 분야이기에 그것들을 완전히 이해하기도 전에 책을 쓰고 있다는 생각에 부끄러운 마음이 앞서기도 한다. 그럼에도 불구하고 이 책을 쓰고자 하는 것은 기독교상담의 현장에서 정신분석을 어떻게 사용할 것인가를 고민하는 기독교상담가나 정신분석에 대하여 궁금해 하는 기독교인들을 위해서이다. 특히 기독교상담가들의 임상을 위한 자료로서의 정신분석적 통찰을 더욱 절실히 느껴왔기 때문이다.

그러나 안타까운 것은 최초의 계획과 달리 충분한 임상 사례가 제시되지 않았다는 것이다. 처음에 필자는 그동안 발표한 임상 사례 중 정신분석과 기독교상담에 관련된 임상 사례를 충분히 제시하고자 했다. 그러나 거의 모든 내담자들이 익명의 '사례 발표'는 동의했었지만, '출판'은 허락하지 않아 본서에서 임상 사례를 충분히 다루지 못했다. 연구자로서 더욱 안타까운 것은 필자가 그동안 상담했던 사례가 정신분석과 기독교상담이 다양한 측면에서 만날 수 있는 임상적 함의를 보여주는 사례였는데, 그것을 다루지 못했다는 것이다. 그러나 내담자가 자신을 보호하려는 태도는 충분히 이해되어야 할 것이다. 그런 차원에서 적어도 상담자는 내담자의 입장을 열린 마음으로 받아들여야 하고 정해진 상담 윤리를 지켜야 할 것이다. 이점에 있어 독자들의 넓은 아량을 기대하며, 충분한 임상 사례의 연구는 다음 기회로 미루어야 할 것 같다. 다만 본문에서 소개된 짤막한 임상사례들은 실제로 필자가 상담한 것을 기초로 하고 있지만, 내담자를 보호하는 차원에서 임상 실제의 큰 틀을 벗어나지 않는 범위 내에서 일정 부분 각색되었음을 밝혀둔다.

이 책의 목적은 정신분석과 기독교상담의 주제를 중심으로 정신분석과 기독교상담의 통합적 접근의 모델을 제시하는 것이다.

제1장은 "정신분석과 신학: 영혼의 치유와 꿈의 해석"으로 영혼의 치유에 있어서 꿈의 해석의 활용 가능성과 한계를 정신분석과 상담신학의 관계적 측면에서 살펴보았다. 이 글은 2008년 10월 20일-24일 까지 개최된 서강대학교 개교50주년 기념 국제학술대회(서강대학교 국제회의실, 24일)에서 발표했고, 2008년 11월 15일 개최된 제25회 기독학문학회 학술세미나(서울사이버대학교 국제회의실)에서도 발표한 바 있으며, 한국학술진흥재단 등재지인『신앙과 학문』, 제38집(기독교학문연구회, 2008년 12월 호 pp. 191-240)에 게재되었던 것을 본서에 맞게 수정·보완하였음을 밝혀둔다.

제2장은 "정신분석과 상담신학: 피스터와 투르나이젠의 영혼의 치유"로서 정신분석가 오스카 피스터와 목회신학자 에드워드 투르나이젠의 영혼의 치유의 방법을 비교 연구하였다. 이 글은 2008년 한국기독교교육정보학회 추계 학술 대회(2008. 11. 1., 강남대학교)에서 발표했고, 한국학술진흥재단 등재지인『기독교교육정보』, 제21집(한국기독교교육정보학회, 2008년 12월호 pp. 35-79)에 게재되었던 것을 본서에 맞게 수정·보완하였다.

제3장은 "정신분석과 기독교상담: 죄책감"으로서 기독교상담자가 고려해야할 죄책감에 대하여 정신분석적 통찰의 시각을 중심으로 다루었다. 이 글은 2009년 11월 28일 개최된 제26회 기독학문학회 추계학술대회(총신대학교) 및 개혁주의 목회상담학회(2010월 2월 23일)에서 발표했고, 한국학술진흥재단 등재지인『신앙과 학문』, 제42집(기독교학문연구회, 2010년 3월 호 pp. 117-152)에 게재되었던 것을 본서에 맞게 수정·보완하였다.

제4장은 "경제적 위기 속의 정신분석과 기독교상담"으로서 경제적 위기에 처한 내담자를 위한 정신분석적 고찰과 기독교상담적 대안을 제시했다. 이 글은 2009학년도 서울기독대학교 교수 특별연구비의 지원을 받아 연구하였으며, 한국목회상담학회와 한국목회상담협회가 공동 주최한 연례학술대회(2009. 5. 30., 이화여자대학교)에서 발표했고, 『목회와 상담』 제 12 집(한국목회상담학회, 2009년 봄 호)에 게재되었던 것을 본서에 맞게 수정·보완하였다.

위의 네 편의 글들이 완성될 수 있도록 도움을 준 당시의 토론자들과 익명의 심사자들의 지적에 감사를 드린다. '정신분석과 기독교상담' 이라는 책의 주제에 맞게 여러 글들을 묶는 과정에서 어색한 측면이 전혀 없지는 않다. 그러나 가능하면 본서의 주제에 맞게 일관성을 유지하기 위하여 기존의 글들을 수정·보완하는 노력을 기울였다. 나름대로 기울인 노력에도 불구하고 오류와 짧은 지식이 드러나는 부분도 있을 것이다. 부족한 부분들에 대해서 독자들의 건강한 비판과 넓은 아량을 기대해 본다. 독자들의 질책을 겸허히 수용하여 앞으로의 연구를 위한 자양분으로 삼고자 한다. 또한 필자가 위안을 삼는 것은 부족함에도 불구하고 이러한 연구가 계속해서 진행됨으로써 부족한 부분을 보완할 수 있으리라는 각오 때문이다. 올해(2010년) 11월에는 한국정신역동치료학회 학술대회에서 「귀신들림인가 정신장애인가」(이화여자대학교)를 발표할 예정이다. 이러한 연구를 통하여서 부족한 부분들을 보완하도록 노력하리라고 독자들 앞에서 다짐해본다. 또한 본서에는 필자의 부족한 글에 대하여 각 장마다 토론으로 참여해주신 교수님들의 주옥같은 '토론' 이 있다. 이 '토론' 은 많은 부분에서 필자가 미처 깨닫지 못한 새로운 관점의 지평을 열어주었을 뿐만 아니라 독자들의 지평 또한 더 넓게 열어 주리라 확신한다. 이 '토론' 이 본서의 부족한 부분을 많이 보완하고 있다는 생각에 조금은 마음이 편해진다. 그럼에도 부족한 부분은 전적으로 필자의 몫이다. 그리고 각 장의 끝 부분에 '더 읽을거리 및 볼거리'를 추가했다. 해당 주제에 대한 추천도서와 영화나 비디오를 소개함으로써 이론적, 임상적 측면을 보완하고자 했다.

본서에서(제2장) 필자는 정신분석적 방법론을 목양에 적용한 오스카 피스터(Oskar Pfister)를 다루었다. 피스터는 당시 신학의 건조함에 회의를 느꼈던 경험이 있었다. 이 경험은 오히려 그가 정신분석적 인간 이해를 통하여 다시 목양 신학으로 돌아온 계기가 되었다. 융도 이러한 경험이 있었다. 개신교 목사였던 그의 아버지는 교리적이고 메마른 신학을 고수했다고 융은 회고한 바 있다. 교리적이고 메마르고 의식적인 신학에 회의를 느꼈던 융은 심층심리학(Depth Psychology)을 통하여 고백적인 종교적 삶으로 돌아왔다. 필자 역시 한때 신학에 회의를 품은 적이 있었다. 그것은 누구의 잘못도 아니었다. 당시 필자는 고백적인 신학의 깊은 물에 빠져들지 못했던 것 같다. 아마 의식적인 차원에서의 신학이 필자의 종교적 심성과 맞지 않았는지도 모른다. 그러나 그 당시 필자는 프로이트의 정신분석과 융의 분석심리학을 만나게 되었고, 정신분석과 분석심리학을 통하여 스스로의 신앙과 신학을 다시 바라보게 되었다. 얼마간의 회의와 성찰은 계속되었다. 그러고 난 후 필자는 좀 더 고백적인 신학으로, 또한 기독교상담학으로의 새로운 방향을 찾을 수 있었다. 즉 회의와 성찰 통해 필자의 기독교상담신학이 형성되었던 것이다. 이러한 고백이 사족이 될 것 같아 주저하기도 했지만, 필자의 경험적 진술을 통한 고백이, 독자들이 본서를 읽고 이해하는 데 조금이라도 도움이 될지도 모른다는 생각에 용기를 내었다. 결국, 신학 한다는 것은 자신의 삶을 이야기하는 것이라고 말할 수 있기 때문이다. 또한 필자와 비슷한 신학적 고민을 하는 사람들에게 한줄기 희망의 빛이 되기를 바랐기 때문이다. 다양한 인간의 심성만큼이나 모든 인간의 종교적 경험은 결코 같을 수 없다. 그러나 정신분석과 기독교상담의 대화를 통하여 신앙과 자신의 삶에 대하여 더욱 고백적이기를 바라본다.

이 책의 본격적인 시작에 앞서, 정신분석적 기술에 대해 간략하게 언급하는 것이 좋을 것 같다. 왜냐하면 본문에서는 정신분석과 기독교상담의 관계에 대하여 계속해서 이야기하고 있지만, 정신분석적 기술에 대해서는 설명하고 있지 않기 때문이다. 정신분석적 심리치료는 이론과 임상적 실제가 서로 떨어질 수 없을 정도로 밀접하게 연관되어 있다. 파리 살페트리에르 대학병원에서 임상 수련했던 프로이트는 최면술을 적용하는 것으로부터 시작해서 정신분석적 기술을 발전시켰다. 물론 나중에 프로이트는 최면술을 포기하고 자유연상을 택하게 된다. 프로이트가 발견한 정신분석적 기술을 다음과 같이 설명할 수 있다. 정신분석가는 환자를 위해 매주 1-4회 정도의 시간을 할애한다. 정신분석가는 환자를 긴 의자(couch)에 눕게 하고, 환자 자신의 생각을 편안하게 말하게 한다. 자유롭게 연상하게 하는 것이다. 이때 정신분석가는 환자와의 의사소통을 위해 수용적이어야 한다. 정신분석가의 감정이나 비판이 앞서서는 안 된다. 잘 듣기 위해서이다. 이런 이유로 정신분석가의 중립성은 매우 중요하다고 볼 수 있다. 환자는 다른 상황에서보다도 정신분석가의 중립성이 보장되는 환경에서 자신의 무의식을 자유롭게 표현할 수 있기 때문이다. 정신분석가는 이렇게 표현되어진 환자의 무의식을 해석할 수 있어야 한다. 그러나 일반적으로 정신분석적 과정과 해석에는 환자의 저항이 있기 마련이다. 이 저항은 환자의 무의식적 갈등과 고통으로 발달된 경우가 많다. 따라서 이 저항은 정신분석가에 의해서 이해되고, 분석되어지고, 해석되어져야 한다. 그러나 정신분석의 과정은 정신분석가에 의해서만 행해지는 것은 아니다. 성공적인 정신분석은 정신분석가와 환자의 상호 노력의 결과이다. 환자의 입장에서도 정신분석적 과정 내내 자유연상을 통해 협력하고 자신의 저항을 극복하고자 노력해야 한다. 대개 환자는 정신분석의 과정을 통해서 자신의 유아기적 소망과 갈등을 인식하게 될 뿐만 아니라 그것이 현실의 삶에 영향을 미치고 있다는 것을 인지하게 된다. 환자는 자신의 역사에서 중요한 대상, 즉 어머니와 아버지뿐만 아니라 형제, 자매, 혹은 할아버지나 할머니, 때로는 어린 시절의 아주 가까운 친구들이나 사랑하는 사람들과의 관계 속에서 가졌던 생각, 감정, 충동, 기대, 환상, 행동들을 정신분석가에게 전이시킨다. 이런 전이 분석은 치료의 중심적인 요소가 된다. 왜냐하면, 이와 같은 전이는 환자의 무의식적 갈등을 개방적이고, 해결 방법을 찾을 수 있는 새로운 환경 속에 노출시킴으로써 심리치료의 가능성을 찾을 수 있게 하기 때문이다. 그래서 현대정신분석가들 역시 전이를 정신분석의 중요한 현상이자 치료의 필수적인 원동력이라 보고 있으며, 긍정적인 전이는 정신분석적 기술의 협력을 증진시킨다고 판단하고 있다. 즉 이런 전이를 비롯한 정신분석적 기술들은 모든 심리치료의 모태라고도 할 수 있다. 왜냐하면 정신분석적 기술은 최초의 심리치료적 체계를 갖춘 이론과 실제일뿐만 아니라 거기에서부터 다양한 심리치료 이론과 실제들이 나왔거나, 그 반작용으로부터 나왔기 때문이다. 이러한 정신분석적 기술이 다양한 심리치료 기법들 가운데 가장 효과적이라고 말하기는 어렵겠지만(환자의 상태에 따라 다르게 적용되어야 하기 때문에), 인간심리에 대한 가장 심층적이고 분석적인 치료 방법이라는 것은 분명하다.

  요즘 상담 및 심리치료에 관심을 갖는 사람들이 현저히 늘어났다. 다행스러운 현상이라고 생각한다. 그러나 그 이면에, 우리 사회는 그만큼 상처가 많다는 의미일 수도 있다. 상담 및 심리치료 분야의 이론과 실제 영역에서 영적 차원의 자리는 어디인가? 신앙이 있든지, 그렇지 않든지, 제도적인 차원의 종교를 신봉하든지, 그렇지 않든지, 상담 및 심리치료를 하는 사람들을 인식하고 있든지, 그렇지 않든지 간에 우리는 나름대로의 영성에 대한 믿음의 바탕 위에 서있다. 이러한 측면에서 볼 때 인간을 어떻게 바라보고 있는지에 따라 치료 목표는 달라질 것이다. 아주 오래전부터 우리는 인간은 육체적인 존재이며 그 육체가 영적인 경험을 한다고 말해왔다. 그것이 사실일까? 오히려 우리는 심리적이며 영적인 존재인데 이 지구위에서 육체적인 경험을 하고 있는 것은 아닐까? 정신분석과 기독교상담은 늘 심리적이며 영적인 존재인 인간에 대하여 말하는 것은 아닐까? 전통적으로 기독교신학에서는, 인간은 서로 관련되어 있으면서도 무척이나 다른 두 실체에 의해서 이루어져 있다고 보았다. 창세기는 하나님께서 '땅의 흙'으로 아담(사람)을 빚었으며 코에 '생기'를 불어넣어 '생령'으로 만들었다고 말한다(창세기 2장 7절). 즉 인간의 특성은 '땅의 흙'과 '생기' 사이의 복잡한 관계에 의해서 구성되었다는 것이다. 고전적인 입장은 육체와 영혼 사이에서 전통 철학적 특징을 사용함으로써 이 두 가지 개념을 상당히 잘 설명하였다. 우선 '땅의 흙'이란 육체를 재료로서 이해하는 전통과 일치하는 것 같다. 다시 말해서 육체는 공간 위에 분포된 실체의 한 방식이며 감각에 의해서 체험할 수 있고, 분해되어 다른 모양이 될 수도 있다는 것이다. 한편 '생기'는 영으로서 혼을 이해하는 전통과 일치된다고 할 수 있다. 다시 말해서 혼은 공간 위에 분포된 실체의 양식이 아니기 때문에 느껴질 수 없으며 분해될 수도 없는 것이다(Hodgson & King, 1986: 199). 그런데 우리는 여기서 혼(네페쉬-히브리어, 프쉬케-헬라어)과 영(루아흐-히브리어, 프뉴마-헬라어) 또한 각각 구분할 필요가 있다. 왜냐하면 성경에서는 인간을 가리켜 어느 곳에서는 '몸과 혼'(마태복음 6장 25절 ; 10장 28절)으로, 어느 곳에서는 '몸과 영'(전도서 12장 7절 ; 고린도전서 5장 3절, 5절)으로 표현하고 있기 때문이다. '영'이라는 단어는 인간 안에 있는 영적 요소로서 몸을 통제하는 생명과 행동의 원리를 가리킨다. 반면에 '혼'이라는 단어는 같은 요소로서 인간 안에 있는 행위의 주체를 가리킨다. 그러므로 인간은 영을 가진 혼이라고 말할 수 있다(Berkhof, 1994: 403-404). 그러나 지금으로서 우리는 인간을 이루는 이와 같은 영역이 어떻게 분리되는지, 또 통합되는지는 알 수 없고, 앞으로도 신비의 영역으로 남겨두어야 할지도 모른다.

이처럼 종교적 언어는 세속적 언어로 표현하기 어려운 특정한 유형의 경험을 담고 있다. 합리주의적인 무신론자였던 프로이트가 심리적 경험에 관해 설명하면서 '마음(mind)'이나 '두뇌(brain)'라는 단어보다는 '영혼(soul)'으로 번역되는 프쉬케(psyche)라는 단어를 사용한 것은 우연이 아니었다(McWilliams, 2004/2007: 70). 그래서 필자는 영적인 것에 익숙하지 않은 독자라 할지라도 우리가 환자에게 권유하는 일종의 신앙이 있으며 치료자로서 우리가 환자에게 꾸준히 나타내 보이는 신앙이 존재한다는 점을 이해할 수 있도록 신앙의 용어를 선택하여 사용할 것이다.

우리는 영성의 끝에서 신비주의를 연구한다. 신비주의를 '미스티시즘(mysticism)'이라고 한다. 이 말은 고대 그리스어인 '미스테스'에서 유래된 단어이다. 그 뜻은 '입을 닫고 비밀을 지킨다'는 의미이다. 일부러 입을 꼭 닫고 말을 하지 않아서 비밀이 지켜지는 것이 아니라, 자신의 선택과 상관없이 말을 할 수 없게 되는 것을 말한다. 이것이 곧 신비이다. 절대자 앞에서 존재가 압도당하는 느낌, 두렵고 떨리는 느낌, 그러면서 신비감을 느끼고 매혹되는 느낌, 그리고 살아가고자 하는 욕망이 꿈틀거리는 그 비밀스러움, 그것이 바로 신비이다. 이 신비의 경험은 어디에서 일어나는 것일까? 그것은 다름 아닌 우리의 마음이요, 우리의 영혼에서이다. 정신분석가를 우리 마음의 소리를 듣는 자라고 한다면, 기독교상담가는 우리의 영혼의 소리에 귀 기울이는 자라고 말할 수 있다. 우리의 마음과 영혼의 소리에 귀 기울여 그로부터 나오는 근원적인 욕망의 소리를 들어보기를 바란다. 근원적인 욕망의 소리를 듣기 위해 신비의 경험으로 초청하고 있는 재미난 시 한 편을 소개하며 프롤로그를 닫을까 한다.

예수가 인터넷을 사용했는가[2]

산상수훈을 설파하기 위해
예수가 인터넷을 사용했는가.
자신의 복음을 널리 전파하기 위해

---

2 작자미상. 로마 가톨릭 교황청 홈페이지에 오른 시로서, 류시화 시인이 엮은 『사랑하라 한번도 상처받지 않은 것처럼』(서울: 도서출판 오래된 미래, 2007)에서 소개됨.

예수가 스팸 메일을 사용했는가.

사도바울은 성능 좋은 메모리와 업 버전을 사용했는가.
그의 편지들은 바울@로마.컴이라는 이메일 명으로
성경 게시판에 올려졌는가.
마케도니아에서 떠날 때 그는 문자 메시지로
'가도 되는가'를 묻고 출발했는가.

모세는 바다를 가르기 위해
전자 게임기의 조종간을 작동했는가.
그리고 어디로 가야 할지를 알기 위해
위성 추적 장치의 도움을 받았는가.
그는 십계명을 손으로 썼는가,
아니면 영구히 보관되도록 CD에 기록했는가.

예수는 어느 날 나무 위에서
정말로 우리를 위해 죽었는가.
아니면 그것은 단지 홀로그램인가.
또는 컴퓨터 합성인가.
그것은 무선 인터넷을 통해
동영상으로 다운로드 받을 수 있는가.

만일 당신의 삶에서 신의 목소리를 듣기 어렵다면,
다른 목소리들이 너무 많이 들려
신의 목소리가 당신 귀에 가닿지 않는다면,
그렇다면 당신의 노트북 컴퓨터와 인터넷과
다른 모든 멋진 도구들을 내려놓으라.
그리고 순수함으로 돌아가라.
그러면 신이 당신 곁에 있으리라.

■ 차 례

감사의 글 6
추천사1 9
추천사2 12
프롤로그: 정신분석인가 영혼의 치유인가? 15

1장 정신분석과 신학 : 영혼의 치유와 꿈의 해석 32

I. 들어가는 말 34
1. 방법론 34
2. 영혼의 치유란 무엇인가? 36

II. 정신분석에 대한 기독교의 시각 39
1. 정신분석과 신학 39
2. 정신분석과 교회 41
  1) 정신분석과 가톨릭교회 42
  2) 정신분석과 개신교회 48

III. 꿈에 대한 교회의 입장 51
1. 원시교회와 꿈의 이해 52
2. 꿈에 대한 중세 및 근대교회의 입장과 정신분석의 탄생 54
  1) 꿈과 중세교회 54
  2) 꿈과 근대교회 55
  3) 꿈과 정신분석의 탄생 56

IV. 꿈에 대한 성경적 관점 58

1. 성경에 나타난 꿈 58

1) 구약 성경에 나타난 꿈과 이스라엘 백성 58
2) 신약 성경에 나타난 꿈과 기독교 63

2. 성경에 나타난 꿈의 분석의 가치와 한계 68

V. 영혼의 치유에 있어서 꿈의 해석의 활용과 그 한계 70

1. 프로이트와 융의 꿈 이해 70

1) 프로이트와 꿈 70
2) 융과 꿈 72

2. 현대 정신의학에서의 꿈과 수면 그리고 무의식과의 관계 73
3. 꿈에 대한 기독교적 평가 75

VI. 나오는 말 79
VII. 토론 82
VIII. 더 읽을거리 및 볼거리 85

2장 정신분석과 상담신학: 피스터와 투르나이젠의 영혼의 치유 88

I. 들어가는 말 90

II. 정신분석에 대한 기독교의 시각 92

III. 오스카 피스터와 에드워드 투르나이젠의 영혼의 치유와 정신분석 94

1. 피스터의 영혼의 치유와 정신분석 94

1) 피스터의 생애와 정신분석과의 인연 95
2) 피스터의 정신분석적 영혼의 치유 97
3) 피스터의 정신분석적 영혼의 치유의 영향 102
4) 피스터의 정신분석적 영혼의 치유의 평가 104

2. 투르나이젠의 영혼의 치유와 정신분석 106

1) 투르나이젠의 영혼의 치유에 있어서 하나님의 말씀 106
2) 투르나이젠의 영혼의 치유에 있어서 죄의 용서 111

3) 투르나이젠의 영혼의 치유와 기도 114

IV. 피스터와 투르나이젠의 정신역동적 영혼의 치유의 공헌과 한계 118
1. 피스터의 정신역동적 영혼의 치유의 공헌과 한계 118
2. 투르나이젠의 정신역동적 영혼의 치유의 공헌과 한계 120

V. 나오는 말 126
VI. 토론 130
VII. 더 읽을거리 및 볼거리 135

3장 정신분석과 기독교상담: 죄책감 136

I. 들어가는 말 138

II. 죄책감에 대한 정신분석적 접근 143
1. 죄책감에 대한 고전적 정신분석의 정의 143
2. 정신분석에서 본 무의식적 죄책감 146
3. 무의식적 죄책감과 자기 처벌 욕구 148
4. 유아적 죄책감과 도덕적 의식 151

III. 죄와 죄책감에 대한 성경적·신학적 접근 153
1. 죄와 죄책감에 대한 성경적 접근 153
  1) 죄에 대한 성경적 접근 153
  2) 죄책감에 대한 성경적 접근 155
2. 죄와 원죄에 대한 신학적 접근 158
  1) 죄에 대한 신학적 접근 158
  2) 원죄에 대한 신학적 접근 160

IV. 죄와 죄책감에 대한 기독교상담적 접근 163
1. 죄와 죄책감에 대한 기독교상담과 정신분석의 두 진영 163
2. 죄 혹은 죄책감과 정신병리와의 관계 165

3. 죄책감의 선용과 부정적 측면: 건전한 죄책감과 불건전한 죄책감 169
4. 죄와 죄책감: 은혜와 치유의 공간 172
5. 죄와 죄책감의 위협 앞에 선 기독교상담: 어떻게 상담할 것인가? 175
1) 죄인으로서 상담자의 자기 인식 176
2) 조력자로서의 상담자 의식 177
3) 내담자의 자아강도를 고려한 공감적 직면 177
4) 죄 고백 및 돌이킴을 돕는 자로서 상담자 179
5) 신학적 인간 이해와 심리적 메커니즘을 읽을 수 있는 상담자 183
6) 내담자와 상담자 사이의 위로자 성령의 개입을 초청하는 상담자 184

V. 나오는 말 186
VI. 토론 190
VII. 더 읽을거리 및 볼거리 199

4장 경제적 위기 속의 정신분석과 기독교상담 204

I. 들어가는 말 206

II. 프로이트학파와 기독교상담학의 관점에서 본 경제 위기와 상담 207
1. 스트레스 요인으로서의 경제 위기와 돈에 대한 욕망 207
2. 경제적 위기로 고통을 호소하는 내담자에 대한 정신분석적 이해 210
3. 프로이트학파와 기독교상담학의 관점에서 본 박씨의 사례 211
〈사례1 박진만(가명)〉 211
1) 프로이트적 관점 214
- 사랑하는 대상 상실 214
- 내담자 박씨의 현실적 절망 상태와 자아 상실 215
2) 기독교상담학적 관점 - 내담자 박씨를 위한 희망의 대리인으로서 기독교상담 217
4. 프로이트학파와 기독교상담학의 관점에서 본 김씨의 사례 220
〈사례2 김은희 (가명)〉 220
1) 프로이트적 관점 223
- "돈은 권력이다" 223
- 돈의 심리학과 가족 관계의 병리적 변형 225

- 심리·경제적 근친상간으로부터 벗어나기 227
2) 기독교상담학적 관점-내담자 김씨를 위한 지지자로서 기독교상담 228

III. 경제적 위기에 처한 자를 위한 기독교상담 229
1. 성경과 돈에 관한 문제 229
1) 돈에 대한 과도한 욕망에서 비롯된 어긋난 가족 관계 230
2) 돈에 대한 과도한 사랑의 위험에 대한 성경의 경고 232

IV. 나오는 말 235
V. 토론 238
VI. 더 읽을거리 및 볼거리 242

에필로그: 기독교(목회)상담학자는 정신분석으로부터 어떠한 공헌을 끄집어 낼 수 있는가? 246
참고문헌 255
찾아보기 261

1장

윌리엄 블레이크_야곱의 사다리 꿈(1790)
야곱이 브엘세바에서 떠나 하란으로 향하여 가다니 한곳에 이르러 해가 진지라 거기서 유숙하려고 그곳의 한 돌을 취하여 베개하고 거기 누워 자더니 꿈에 본즉 사닥다리가 땅에 섰는데 그 꼭대기가 하늘에 닿았고 또 본즉 하나님의 사자가 그 위에서 오르락 내리락하고(창세기 28장 10-12절)

2장

귀스타브 모로_오이디푸스와 스핑크스(1864)
테베 근처에 이르자 스핑크스라는 괴물이 버티고 앉아서 나그네에게 수수께끼를 내고는 알아 맞추지 못하면 죽이고 있었다. 그러나 오이디푸스가 '인간'이라는 정답을 맞추자 스핑크스는 부끄러워 스스로 목숨을 끊고 말았다(그리스로마 신화 중에서)

3장

미켈란젤로_원죄(1509-1510),
바티칸궁 시스티나 예배당 천장 부분
뱀이 여자에게 이르되 너희가 결코 죽지 아니하리라 너희가 그것을 먹는 날에는 너희 눈이 밝아 하나님과 같이 되어 선악을 알줄을 하나님이 아심이니라 ... 여호와 하나님이 에덴동산에서 그 사람을 내어 보내어 그의 근본된 토지를 갈게 하시니라 이같이 하나님이 그 사람을 쫓아 내시고 에덴동산 동편에 그룹들과 두루도는 화염검을 두어 생명나무의 길을 지키게 하시니라(창세기 3장)

4장

지오토_유다의 배반(1302-1305),
파도바 스크로베니 예배당 연작 부분
그때에 열 둘 중의 하나인 가룟 유다라 하는 자가 대제사장들에게 가서 말하되 내가 예수를 너희에게 넘겨주리니 얼마나 주려느냐 하니 그들이 은 삼십을 달아 주거늘 저가 그 때부터 예수를 넘겨 줄 기회를 찾더라(마태복음 26장 14-16절)

정신분석과 신학_
영혼의 치유와 꿈의 해석

I

지혜를 얻는 자는 자기 영혼을 사랑하고…….
(잠언 19장 8절 중에서)

정신분석은 과연 기독교 영혼의 치유 분야의 적인가, 아니면 수용이 가능한 동반자인가? 이번 장은 위와 같은 질문에 대답하기에 앞서 정신분석과 같은 정신역동심리를 다루는 학문분야에서 인간 이해의 가장 중요한 요소 중의 하나로 간주하고 있는 꿈에 대하여 연구하였다. 유럽, 특히 프랑스어권 신학자들의 정신분석에 대한 신학적 통합의 역사를 간략히 정리한 후에, 원시교회로부터 시작하여 중세 및 근대교회의 꿈에 대한 신학적 입장을 살펴보았다. 또한 꿈 자체에 대한 연구가 아닌 인간의 무의식에 대하여 교회가 어떤 자세를 취했는지도 살펴보았다. 그 다음에는 성경은 꿈에 대하여 어떤 입장을 취하고 있는지를 연구하였다. 신·구약 성경 속에 나타나고 있는 꿈의 이해와 영혼의 치유를 위한 꿈의 해석의 가치와 한계를 설명하였고 이러한 연구를 통해 필자는 이성과 합리주의가 팽배해 있는 오늘날도 꿈의 해석은 영혼의 치유의 실천에 유용한 도구가 될 수 있다고 강조했다. 왜냐하면 꿈은 인간 정신세계, 무의식의 세계를 보여주고 있을 뿐만 아니라, 그 안에는 영적 엑스터시와 경탄, 누미노즘적인 상징물들을 내포하기 때문이다. 그리고 바로 이 지점이 바로 영혼의 치유를 위한 정신분석과 신학의 소통과 더 나아가 통합의 가능성을 생각할 수 있게 한다고 보았다.

주제어: 정신분석, 영혼의 치유, 기독교(목회)상담, 성경, 꿈

I
들어가는 말

1. 방법론

지난 2008년 9월 나는 은사님으로부터 10월에 있을 서강대학교 국제학술대회에서 정신분석과 신학에 대한 주제로 발표해줄 것을 의뢰하는 전화를 받았다. 또 얼마 지나지 않아 기독교세계관적 관점에서 학문을 연구하는 기독교학문연구회의 연구 위원 중의 한 교수로부터 전화를 받는데『심리학에 물든 부족한 기독교』[1]에 대한 기독교상담학자로서의 평가를 제안하는 내용이었다. 「영혼의 치유에 있어서 정신분석의 공헌과 한계」로 박사학위를 마치고 귀국한 나로서는 위와 같은 제안들이 충분히 흥미로운 주제로 느껴졌었다. 그러나 당시 나는 옥성호의『심리학에 물든 부족한 기독교』와 같은 한 개인의 저서에 대한 서평보다는 좀 더 일반적인 관점에서 정신분석과 신학의 관계를 모색해보고자 했다. 왜냐하면, 내가 보기에『심리학에 물든 부족한 기독교』라는 저서가 전문적인 학회에서 논의되어질 수 있는 성향의 학문서적이라기 보다는 한 개인의 주관적 신앙이 매우 깊이 반영된 신앙에세이와 같은 성질의 글로 비쳐졌기 때문이었다. 그렇다고 옥성호가 말하고 있는 일부 한국교회 내에서 무비판적으로 수용되고 있는 정신분석의 전능성에 대한 건전한 비판을 뭉뚱그려 피해가려는 의도는 추호도 없었다. 다만, 좀 더 체계적이고, 일반적인 관점에서 정신분석과

---

[1] 옥성호(2007)는 오늘날 교회 속에서 심리학—그는 여기에서 심리학은 정신분석이라고 분명히 밝혔다 (p. 44)—의 영향력, 특히 내적 치유 이름으로 행해지는 상담 영역은 하나님의 말씀의 권위를 떨어뜨릴 뿐만 아니라 교회를 파괴하는 악한 세력으로 보고 있다(p. 75). 이 글에서 필자는 이러한 전제에 대한 비판적인 시각을 갖고 오히려 정신분석학과 신학 간의 통합적인 모델을 제시하고자 하였다.

신학의 관계를 전개함으로써, 그의 비판을 대신하고, 아울러 그의 논의의 취약점을 보완하고자 했다.

이 글은 그러한 고민들에 대한 나름의 대답이라고 볼 수 있다. 즉 과연 심리학(정신분석학)은 교회의, 혹은 기독교상담의 적인가와 같은 질문에 대한 나름의 대답이라고 볼 수 있다. 그러나 정신분석과 신학의 관계에 대한 주제는 매우 광범위하며 지면상의 한계를 가지므로 범위를 좁혀 이 글에서는 꿈의 해석을 상담신학적인 입장에서 보고 그 긍정적인 측면과 한계를 지적함으로서 정신분석과 상담신학의 관계에 대한 설명을 대신하고자 한다.

"꿈자리가 사나우니 차 조심해라" 요즘 강의 길에 나서는 나를 보며 하시는 노부모님의 염려의 말씀이다. 이렇듯 우리는 매일 꿈을 꾸며 일상생활에서 꿈에 대하여 많은 이야기를 나누면서 상대방으로 하여금 경각심을 불러일으키기도 하고 격려하기도 한다. 꿈에 대하여 말하는 동안 우리들은 놀랍고도 풍부한 세계로 인도되는데 그 세계는 비록 드러나지 않는 세계일지라도 인간의 무의식-지각-의식계를 일깨우고 인식하기에 충분하다. 왜냐하면 학파와 상관없이 정신역동적인 측면을 다루는 심리학에서 꿈은 인간을 이해하는 가장 중요한 요소 중의 하나이기 때문이다. 꿈은 아직 연구되지 않은 것이 많고, 인류가 계속해서 꿈을 꾸는 한 고갈되지 않을 정도로 무궁무진한 연구주제이자 관심거리이며, 담론의 주제가 될 수 있다.

이러한 꿈에 대한 기독교 신학의 입장을 살펴보기 앞서 우리는 프로이트의 정신분석에 대해 그 기원으로부터 현재에 이르기까지 기독교 신학이 취해 온 입장을 역사적으로 간략히 정리해보고 프랑스 신학자들을 중심으로 한 유럽의 신학에서 프로이트의 정신분석을 바라보는 시각을 살펴볼 텐데 우선 간략하게 언급하자면, 정신분석의 초기에 정신분석가이자 성직자였던 몇 명을 제외하고는 대부분의 프랑스 신학자들은 정신분석에 대해 상당히 비판적이었다. 그 이유는 프로이트 자신이 무신론자임을 자처했기 때문이기도 하지만, 그보다는 당시 기독교 세계에 대한 프로이트의 병리적인 해석 때문이었다. 그러나 차차 많은 신학자들과 성직자들이 정신분석 그룹에서 활동함으로써 신학과 교회는 정신분석을 자연스럽게 받아들이게 되고, 그 결과 바티칸(특히 초기 가톨릭교회의 측면에서 본다면)은 신학 함에 있어서 정신분석적인 방법을 적용하는 것에 대해서 이단시하지 않고 그 방법론을 인정하기에 이른다. 이 시점에서 프랑스에서는 기독교에서 운영하는 '수도자 지원 의학-심리학 학회(AMAR)'[2]가 창설되는데, 이 학회는 종교적인 삶 또는 성직자들의 교육의 연장을 위해 정신분석적인 연구를 적극적으로 도입 하는 기관이 되었다. 그 결과 정신분석가 자격을 취득하여 분석가를 겸하는 성직자(목사나 신부)들이 늘어나게 되었다. 이것은 더 이상 정신분석과 종교, 특히 기독교가 적대적인 관계가 아니라 서로를 풍성하게 하는 동반자가 되었다는 의미일 것이다. 그렇다고 이 글에서 전개하고자 하는 프로이트의 정신분석학적 이론이나 융의 분석심리학적 이론과 같은 정신역동적인 접근 방법이 기독교(목회)상담을 위하여 꿈을 해석하는데 유일한 방법이라든지, 또는 올바른 방법이라고 말할 수는 없다. 왜냐하면 학파에 따라서 다양한 꿈의 해석의 방법과 의미가 다르게 나타날 수 있기 때문이다. 다만 이 글의 의도는 심리학과 목회신학의 통합이 가능한가라는 질문에 대답하기 위한 꿈의 이해라는 제한된 시도에 불과하다.

2. 영혼의 치유란 무엇인가?

여기에서 잠깐 '영혼의 치유' 의 개념을 살펴보자. 먼저 '치유' 에 대한 개념 정리의 필요성을 느낀다. 사실상 얼마 전까지만 하더라도 '치

---

[2] 1959년에 창설된 기관으로 성직자들을 돕기 위한 '수도자 지원 의학-심리학 학회(Association Médico-psychologique d'Aide aux Religieux)'이다. 이 학회의 설립 배경에 대한 구체적인 설명은 다음 항목인 'II. 정신분석에 대한 기독교의 시각'에서 기술하겠다.

유' 는 의학과 신학에서 모두 거부 되어온 단어였다. 의학 교과서에서 이 단어의 사용은 피부에 난 종기나 소화기 계통의 회복 혹은 뼈가 골절되었을 때 부러진 뼈의 접합 등에 대한 묘사로 제한되었다. 치유라는 용어의 이러한 두 가지 특별한 기술적인 적용을 제외하고는, 의사들은 자신들이 하는 일을 치유(healing) 보다는 치료(curing)나 처치(treating)로 부르는 것을 더 선호한다.[3] 그러나 상황은 변화하고 있다.

치유는 일차적으로 신체적 기능의 정상성 회복을 의미한다. 그러나 기독교적 인간관이 요구하는 보다 넓은 의미에서 이 단어는 인간으로 하여금 인간을 향한 하나님의 뜻에 따라 하나의 통일체로서 기능하도록 힘을 부여하는 것을 의미한다. 이것은 치유가 의학적으로나 신학적으로 주변적인 것이 아니라[4] 오히려 사람을 온전하게 만드는 것 모두를 포함한다고 말 할 수 있다. 따라서 치유는 몸이나 상처의 회복, 그리고 골절상 봉합이라는 순수한 물리적인 의미로 한정되어서는 안 되고 인간의 삶과 존재의 전 영역으로 확대되어야 할 것이다(Wilkinson, 1988/ 2005: 16). 치유에 대한 위와 같은 이해를 토대로 우리는 영혼의 치유를 한마디로 다음과 같이 말할 수 있다. '영혼의 치유는 전인격적인 돌봄이다.'

초대교회에서는 목회자를 육신의 의사(physician of the body)와 대비시켜 '영혼의 의사(physician of the soul)' 라고 불렀다(안석모, 2009: 77). 신학이 물질적이고 구조적인 측면 모두에서 얼마나 실제적으로

---

[3] 의사들은 보통 이 치유라는 단어를 비의학적인 처치방법을 설명할 때 사용한다. 그들이 사용하는 다른 표현들로는 '대체의학'(alternative medicine), '보조의학'(complementary medicine), '주변의학'(fringe medicine) 혹은 '비전통적인 치료'(non-conventional therapy)등이 있다. 각각의 경우에 있어서 이 방법들이 전통적인 혹은 공식적인 의학적 치료 및 진단 방법들과 구별된다는 점을 주목하는 것이 매우 중요하다. 즉 '치유'라는 말은 정규 의학 방법들을 대체하거나 보조하는 치료법들을 묘사하는 데 사용되고 있다(Wilkinson, 1988/ 2005: 15).

[4] 현대 조직신학자 칼 바르트(Karl Barth)는 그의 저서 『교회교의학(Church Dogmatics)』에서 건강과 치유에 대하여 언급하였다. Barth, *Church Dogmatics*, Edinburgh: T. & T. Clark, 1961, vol. 3, part 4, pp. 369-371를 참조하시오. 또한 정신분석에 대하여 탁월한 통찰력을 갖고 있었던 조직신학자 폴 틸리히(Paul Tillich)의 저서에서도 치유에 대하여 잘 나타나고 있다. Tillich, 'The Meaning of Health', *Perspectives in Biology & Medicine*, vol. 5 (1961), pp. 92-100 ; *Systematic Theology* (London: Nisber, 1968), vol. 3, Chapter 30, pp. 293-300, 'The Healing Power of the Spiritual Presence' 를 참조하시오.

물리적 우주의 일부인가를 주목하는 것을 제외하고는, 인간의 몸에 대해 관심을 갖지 않았던 것은 사실이다(Clarke, 1899: 184). 그러나 하나님께서 육체적 생명의 형태 속에서 인간의 생명을 창조하셨고, 인간의 몸이 성육신의 매개체이며, 인간의 몸이 부활하는 시점에서 재생의 주체가 될 때, 신학이 인간의 몸에 대해 관심을 갖지 않는다는 부정적 주장이 어떻게 신학적으로 정당화될 수 있는지를 이해하기는 쉽지 않다(Wilkinson, 1988/ 2005: 449). 이 책에서 나는 '영혼의 돌봄' 대신 '영혼의 치유'라는 말을 쓸 텐데 이 용어는 생각, 마음 그리고 어떤 영적인 능력과 연관하여 삶의 변화와 치유를 가져오려는 전통들을 지칭하며(안석모, 2009: 77) 하나님 안에서 육신과 영혼을 포괄하는 전인격적인 변화를 위한 돌봄을 말하는 개념이기 때문이다.

II
정신분석에 대한 기독교의 시각

1. 정신분석과 신학

정신분석을 포함한 심리학과 신학의 관계에 대하여 그동안 많은 학자들이 논의한 바 있다. 그들 중 카터(John Carter)와 내러모어(Clyde Narramore)는 둘의 관계를 대립적 유형(against model), 종속적 유형(of model), 병행적 유형(parallels model), 통합적 유형(integrates model), 이렇게 크게 네 가지 유형으로 나누었다. 이 네 가지 유형은 다시 두 가지 입장으로 좁혀 볼 수 있는데, 하나는 정신분석과 신학은 만날 수 있고 그래서 서로를 풍성하게 할 수 있다는 입장과, 또 하나는 이와는 대조적으로 신학은 정신분석을 수용해서는 안 된다고 보는 입장이다. 전자의 입장에 서 있는 사람들은 심리학이 인간 존재에 대한 과학적이고 객관적인 연구를 통하여 하나님께서 창조하신 가장 복잡한 작품인 인간에 대한 이해의 폭을 넓히고 교회가 세상에 복음을 전하는 데 상당한 도움이 될 수 있다고 생각한다(박노권, 2009: 280). 반면 후자의 입장에 서 있는 사람들은 심리학이 신학에 위험을 끼친다고 여기며 배격한다. 이들은 심리학을 인간이해를 위한 인문과학이나 사회과학적 학문으로 보기보다는 교회를 위협하는 세력으로 보면서 심리학이 은연중에 교회와 성경의 권위를 위협하게 될 것이라고 생각한다. 문제는 신학적 인간이해 뿐만 아니라 심리학적 인간이해가 필요한 기독교상담자들의 태도이다. 기독교상담자들은 이러한 두 가지 입장에서 혼란을 경험할 수 있다. 이들은 상담을 청해오는 사람들의 심각한 정서적 문제들을 대할 때마다 영적인 대답만 해주는 것으로는 부적절하다고 느끼면서 인성에 대한 더 깊은 이해와 더 나은 상담 원리들을 찾게 된다. 그러면서도 한편으로는 자신의 상담이 심리학으로 너무 기울게 된다면 은연중에 성경이 부적절하다고 인정하게 될지도 모른다는 생각과 함께 자신이 하나님과 말씀에 충실하지 못하다는 두려움을 느낄 수도 있다(박노권, 2009: 280). 이처럼 기독교상담자는 신학적 인간이해와 심리학적 인간이해 사이에서 다양한 입장을 가질 수 있는데, 그럴 때면 심리학적 탐구는 인간의 영적 탐구와 같이 간다는 점을 상기할 필요가 있다. 파리신학대학교의 종교인류-심리학 분과의 교수이자 정신분석가인 위베르 오뀌(Hubert Auque)는 '종교와 심리학의 관계'를 탐구하는 한 인터뷰에서 다음과 같이 문제 제기 한다.

심리학자와 정신분석가들은 인간존재의 양도할 수 없는 심리적 실제의 문제에 직면해 있다. 이러한 실제는 복잡하며 무의식적 저항과 같이 간다. 또한 사회적, 문화적인 함축과 같이 간다. 그러면 이 과정은 종교적인가, 혹은 영적인 탐구와의 단절인가, 아니면 상호보완적인가?(Auque, 2002: 15).

위와 같은 정신분석과 신학의 관계에 대한 질문은 정신분석의 기원부터 계속되어 왔다. 우리는 올해(2010년)로 프로이트 탄생 154주년을 맞이했다. 프로이트 탄생 154년이 지난 지금, 기독교는 정신분석학을 어떻게 보고 있는가? 오늘날 교회는 정신분석적 무의식의 연구를 어떻게 봐야할 것인가? 4년 전 프로이트 탄생 150주년을 기념하여 프랑스에서 엘렌느 데스통브(Hélène Destombes)는 이러한 문제에 대하여 파리예수회신학대학교 교수이자 정신분석가이며 종교와 정신분석학의 통합 연구 분야의 전문가인 자끄 아렌느(Jacques Arènes)에게 질문했고, 아렌느는 다음과 같이 답변한 바 있다.

아직도 오해가 있다. 종교에 대면해서 아직도 약간의 오해를 가지고 있는 일부 정신분석가들이 있는데, 그 이유는 매우 반종교적인 사람들의 정신분석학적인 세계가 있기 때문이다. 그러나 내가 보기에 어쨌거나 기독교 교회 안에서 그 흥분이 가장 큰 것 같다. 그것은 매우 관습적인 사람들 중 정신분석학이 신앙을 없애버린다고 생각하는 사람들이 아직도 있기 때문이다.[5]

정신분석과 종교, 특히 기독교 교회와의 첨예한 관계에 대한 또 한 가지 진술을 보자. 아렌느에 앞서서 청소년 정신분석 전문가이자 종교심리학자인 오딜 팔크(Odile Falque)는 정신분석과 종교 사이의 모호한 관계에 대해서 다음과 같이 썼다.

프로이트, 막스(Karl Marx), 니체(Friedrich Wilhelm Nietzsche)가 등장한 이후로, 문화 안에서 두 영역, 즉 정신분석학적인 것과 종교적인 것은 신뢰나 오해 안에서 나란히 걸어간다. 이들은 서로 자문하고 서로 발견되면서 서로 피한다. 위의 세 사람에게 있어서 종교는 각각 '인류의 신경증'이나 '인민의 아편'이나 '신의 죽음'으로 알려졌다. 한편 특정 그리스도인에게 있어서 정신분석을 가까이 한다는 것은 '마귀와 가까이 하는 것'을 의미한다(Falque, 2003: 130).

2. 정신분석과 교회

유럽과 북미에서 정신분석과 교회의 관계성에 대하여 수없이 많은 논문과 책들이 출간되었고, 지난 세기 동안 그 연구는 활발히 이루어졌다. 오늘날 역시 정신건강과 신앙생활이라는 주제를 생각할 때 이 문제는 간과할 수 없는 매우 중요한 과제 중의 하나이다. 그렇다고 모든 논문과 책들을 참조할 수는 없기에 이 장에서는 이 주제에 대해 탁월한 연구를 한 바 있는 엘리자베트 후디네스코(Elisabeth Roudinesco)와 미셸 플롱(Michel Plon)의 『정신분석 대사전』의 "교회"의 항목을 참조할 것이다. 파리 소르본대학교에서 정신분석 역사를 가르치고 있는

---

5 라디오 바티칸 인터뷰 (2006년 5월 10일), '프로이트 탄생 150주년: 정신분석에 대한 기독교의 시각 (150e anniversaire de la naissance de Freud : Regard chrétien sur la psychanalyse)'.

정신분석가이자 정신분석 사학자인 후디네스코는 정신분석과 교회 사이의 관계를 역사적으로 균형감 있게 분석하고 있다. 또한 개신교회의 입장을 살펴보기 위해서 북미의 초기 목회상담학의 역사 속에서 목회상담학자들이 정신분석에 대하여 어떠한 입장을 취했는지도 간략하게 소개할 것이다. 이는 목회신학과 정신분석의 통합의 가능성을 기술하는 데 있어서 연구의 객관성을 유지하기 위해서이다. 프랑스 가톨릭교회와 정신분석의 관계의 역사와 또한 북미의 초기 개신교 목회상담학과 정신분석과의 관계를 살펴보는 것은 아직 정신분석의 역사가 그리 길지 않는 국내의 상황을 고려할 때 기독교상담신학의 영역에서 우리에게 유용한 정보를 제공할 수 있을 것으로 판단된다.

1) 정신분석과 가톨릭교회

앞에서 인용한 팔크(O. Falque)의 말처럼, 정신분석의 초기에 교회는 정신분석을 거부하는 입장이었다. 그것은 처음에 프로이트가 종교의 역사와 귀신 들린 유명한 사례들에 큰 관심을 가졌고 교회는 이러한 방식으로 종교를 바라보는 그의 이론에 대해 즉시 적대적인 태도를 취했기 때문이다. 그러나 그것은 단지 프로이트가 종교를 노이로제와 동일시하고 귀신 쫓아내는 일을 비난했기 때문이 아니라, 정신분석이 교회가 받아들일 수 없는 성 이론과 가족의 개념 위에 서 있었기 때문이었다. 따라서 교회는 정신분석을 범성욕주의로 보고 이를 배척하였다 (Roudinesco, 2005: 70).

그러나 교회가 부동적인 태도로 평계를 꾸며대거나 심리학의 진보에 대해서 단지 보수적인 태도로 얼버무렸다고 믿는 것은 잘못이다. 19세기 동안 교회는 역동정신의학과 필립 피넬[6] 혁명의 원칙을 점차 받

---

6 현대정신병 치료법 확립자 중 한 사람으로 처음에는 신학과 철학을 공부했으나, 30세부터 의학으로 전환, 똘루즈 대학에서 의학을 공부하였다. 그 후 파리 식물원에서 근무하면서 해부학을 연구하던 중 한 친구의 발광이 동기가 되어 정신의학에 뜻을 두게 되었다. 1792년 파리 근교 정신병원의 의사가 되어, 실증적 의학론과 기독교적 박애론에 입각하여 그때까지 죄수처럼 다루었던 정신질환자들을 쇠사슬로부터 해방시키고 의학적 치료에 따르는 길을 열어 놓았다(Roudinesco 2005: 71).

아들이기 시작했고, 더 이상 광기를 귀신들림이라고 보지 않게 되었다. 특히 1891년 반포한 교황 레오 13세의 회칙 '새로운 사물(Rerum novarum)'에서는 암흑 상태를 제거하는 학문적 연구 가치를 인정하였다. 더구나 이 회칙에서는 언젠가는 그 합법성을 인정해야 할 현대적 세속 국가가 유럽에 출현하는 현실을 직면할 수 있도록 합리성을 갖추라고 기독교인들을 격려하기까지 하였다(Roudinesco, 2005: 70-71).[7] 그러나 프로이트주의에 대한 싸움은 1927년에서 1939년까지 교황청이 운영하는 민족사 박물관(로마 라테라노(Latran)에 위치)의 책임자였던 빌헬름 슈미트(Wilhelm Schmidt) 신부가 개입하면서 보다 뚜렷한 정치적인 전기를 맞게 된다. 그는 프로이트의 저서 『토템과 타부』와 『환상의 미래』를 비난하면서 프로이트주의가 공산주의와 마찬가지로 기독교적인 가족을 파괴시키는 고약한 이론이라고 고발하였다. 이러한 공격에 직면한 프로이트는 독일과 오스트리아의 병합 이전에 빈에서 쓴 모세에 관한 책의 제3부를 출판하는 것을 주저하였고 슈미트 신부가 커다란 영향을 끼치고 있는 오스트리아 가톨릭교회의 반감을 다시 불러일으킬까 두려워하였다(Roudinesco, 2005: 71).

그러나 후디네스코와 플롱에 의하면, 가톨릭교회와 정신분석의 관계는 몇몇 사제들 사이에서 이해와 상호협조의 관계로 변화되었다. 유럽, 특히 프랑스에서 1940년대에서 1960년대에 알베르 플레(Albert Plé), 루이 베르나에르(Louis Beirnaert)[8], 마르크 오레종(Marc Oraison), 마리즈 슈아지(Maryse Choisy), 롤랑 달비에(Roland Dalbiez)와 같은 가톨릭 신학자, 심리학자들은 정신분석학이 영적지도자들을 위한 유용

---

7 프로이트주의에 대한 강한 반대와 역동정신의학 원칙에 대한 수용이 이루어지는 이러한 맥락 속에서, 아고스티노 제멜리 신부는 1921년에 밀라노의 성심 가톨릭 대학 안에 '실험심리학 연구소'를 설립하였다(Roudinesco, 2005: 71).

8 루이 베르나에르(Louis Beirnaert, 1906-1985)는 2차 세계대전 동안에 반나찌 운동에 몸담았으며, 자끄 라깡과 친분을 맺기 전에 정신분석가 다니엘 라가슈(Daniel Lagache)에 의해 교육 분석을 받았다. 신학자로서, 그는 영성전문학술지 『가르멜 연구(Etudes carmélitaines)』에 신비주의와 정신분석에 관련된 중요한 텍스트를 남겼다. 정신분석과 영성 분야를 통합한 그의 글들이 사후에 한 권의 책(1987)으로 나오기도 했다.

한 학문이 될 수 있다고 주장하였다. 그들은 만약 인간의 신비적 경험과 도덕적 행위, 신실한 기도와 그렇지 못한 기도 사이의 구분을 원한다면 정신분석학이 인간 자유의 다양한 동기와 그 이면에 존재하는 억압을 밝혀줄 수 있다고 강조했다. 한편 제2차 세계대전 이후, 마르크스주의에 개방적인 예수회 소속의 신부들이 프랑스에서 노동자로 일한 경험은 교회가 보다 보편적으로 근대성과 정신분석에 대한 기존의 입장을 재고해야 한다는 열망을 표현하였다. 그런데 당시 교황 피우스 12세는 이런 노동사제의 경험은 단죄하고 금지했지만, 프로이트주의에 대해서는 사려 깊은 태도를 취하였다. 그는 제멜리나 슈미트와 마찬가지로 프로이트의 범성욕주의를 공격하고 성은 죄의 기초에 있다는 교회의 전통적인 교의를 재확인하기는 했으나(1952-1956년), 프로이트주의 그 자체에 대해서나, 혹은 독신과 순결함을 지키는 것으로 인해 야기되는 문제를 치료하고자 신부들이 심리치료의 경험을 이용하는 것에 대해 어떤 종류의 공식적인 금지도 선언하지 않았다(Roudinesco, 2005: 70-71).

게다가 프랑스에서 많은 기독교 지성인들은 정신분석을 옹호하기를 시작했고 그것을 자신들의 신앙을 풍성하게 하는 데 활용했다. 프랑스 정신분석가 르네 라포르그(René Laforgue)의 친구이자 1946년에 잡지 『프쉬케(Psyché)』를 창간한 언론인 마리즈 슈아지(Maryse Choisy), 정신분석과 영성분야를 통합한 영성전문학술지인 『가르멜 연구(Etudes carmélitaines)』의 주간인 브뤼노 드 마리-제쉬(Bruno de Jésus-Marie), 1947년에 『영적 삶의 보충(Supplément de la Vie Spirituelle)』을 창간하고 프로이트주의에 관한 논문을 실은 도미니크회 소속의 알베르 플레(Albert Plé), 나중에 정신분석가이자 라깡주의자가 된 예수회 신부 루이 베르나에르, 1952년에 기독교인의 삶과 성 문제에 대한 신학 박사 논문을 쓴 마르크 오레종 등이 바로 그러한 인물들이다. 이들 중 오레종 신부는 프로이트처럼 선구자(précurseur) 역할을 했는데, 그는 반정신분석학적인 가톨릭교회를 비판했고 고뇌에 빠져 있는 사제나 경직

된 교의의 대상이 된 신자를 돕기 위해 심리치료를 시행하였다. 『기독교인의 삶과 성 문제(*Vie chrétienne et probléme de la sexualité*)』라는 책에서 그는 순결과 소명의 분별, 그리고 죄가 없는 성이라는 세 가지 문제를 정면으로 다루기 위해 무엇보다도 안젤로 에나르(Angelo Hesnard)의 주장에 많이 의지하였고 동성애에 매혹된 증거를 보여주는 많은 사례들을 통해 성을 인간 실존의 한 가지 기능으로 만들면서 허물(faute)이라는 개념을 상대화시켜 참된 소명과 거짓된 소명을 구별하였다. 그에 따르면 참된 소명은 신의 은총에 근거를 두며 사제로 하여금 독신이라는 운명을 자유의사로 선택하게 만든다. 반면에 거짓된 소명은 성직 지원자를 신경증적인 체념의 길로 이끄는 성에 대한 두려움에서 나온다고 보았다. 이를 근거로 오레종은 심리학적 평가를 교회에 도입해 소명에 의해서가 아니라 충동적인 선택에 따라 성직을 복종하며 '성적으로 환자(신경증, 도착증, 정신증)'가 될 가능성이 있는 사람을 사제 가운데서 제거하고자 하였다. 이러한 입장은 종교적 생활을 크게 세속화 시키고, 소명의 위기가 엄존하는 기독교 세계에서 신앙을 보다 잘 규정하는 방향으로 나아갔다. 교회는 마침내 광기가 악마에 의한 것이 아니라는 개념을 받아들인 것과 마찬가지로 정신분석의 원칙을 성직자의 경험에 적용하여 정상과 병리를 보다 잘 파악하고, 자신의 지위를 영성에 양보해야 한다고 보았다. 그러나 프로이트주의가 모든 종교적인 태도를 신경증으로 간주하는 이상 정신분석의 관점에서 진정한 신앙의 본질을 어떻게 정의 내리며, 거짓된 소명에 대한 신경증적이거나 도착적인 내용을 진정한 신앙의 본질과 어떻게 구별해야하는가 라는 문제들은 여전히 교회의 고민거리였다(Roudinesco, 2005: 72-73).

    정신분석과 신학을 통합하고자 하는 이러한 신학자들의 노력에도 불구하고 당시의 교회는 권력을 이용하여, 또한 복음을 고수한다는 명목을 내세워 이들을 과도한 종교재판에 회부하기도 하였다. 또한 교황청 이단 조사국은 피우스 12세의 지지에 힘입어 베르나에르와 플레를 비롯한 프랑스 신부들이 마리즈 슈아지가 조직한 학회가 열렸던 로

마에 들어선 그 순간, 그들의 저작을 금서 목록에 올림으로서 이 문제에 대해 응답하였다. 오레종은 자기 저서의 제2판에서는 '잘못을 수정하라'는 압력을 받았고, 1955년에는 공개적으로 자기비판을 행하였다. 그러나 그에 대한 단죄가 도도한 흐름을 막을 수는 없었다. 많은 프랑스 신부들이 정신분석을 받기 시작했고, 벨기에 신부들도 이 뒤를 따랐다. 그리고 해방신학의 선택된 땅이며, 마르크스주의에 대한 의문과 새로운 형태의 기독교적 영성이 일어나는 라틴 아메리카 신부들도 이에 동참하였다. 1955년에서 1975년까지 20년 동안 어떤 신부는 분석가가 되기 위해 환속했고, 어떤 신부는 환속하지 않고 정신분석을 행했다. 요한 23세가 교황이 되기 1년 전인 1957년부터 교회는 이러한 상황을 고려하여 사도 훈련에 관한 새로운 법률인 '지성(신성)의 권좌(Sedes Sapientiae)'를 공포하였다. 이 법률의 33조에서는 수습 지원자를 받아들일 때 정신적인 결함이나 정신질환이 있는 성직지원자를 사제직으로부터 배제시키기 위해 정신과의 감정을 의무화하였다. 이러한 규범적 조치로 인해 소명을 분별하기 위한 공식적인 조직의 창설이 가능하게 되어 1959년 플레와 베르나에르의 주도로 사제들을 대상으로 하는 '수도자 지원 의학-심리학 학회(Association Médico-psychologique d'Aide aux Religieux)'가 창설되었다. 그때까지 불법적이던 활동이 공식화된 것이다. 이 학회는 성직 지원자를 자신의 성격에 적합한 수도회로 이끄는 것뿐만 아니라, 세상으로부터 온 사제들에게 프로이트적 지식을 퍼트리는 데 큰 역할을 하였다(Roudinesco, 2005: 73). 이 학회가 창설되기 전인 1950년에는 국제 의학·심리·종교 협의회(L'Association Internationale d'Etudes Médico-Psychologiques et Religieuses)[9]도 탄생했었다. 이 협의회는 신학 및 의학 그리고 종교학과 같은 인문학에 정신분석적인 방법론을 적용하고

---

9 이 협의회는 스위스 제네바에 위치하고 있다. 12개국(프랑스, 아르헨티나, 벨기에, 캐나다, 에스파냐, 이탈리아, 그리스, 네덜란드, 스위스 등)의 약 200명의 회원이 있다. 이 협의회는 기독교 신학과 의학이나 정신분석학과 같은 전공분야 사이의 만남을 기대하며 생겨났다.

실천하는 학회로 발전해 현재까지 이어지고 있다.

그렇다면 기독교세계와 정신분석학 사이의 현재 관계는 어떠할까? 프랑스에서 기독교와 정신분석의 관계에 대한 연구는 자끄 라깡(Jacques Lacan)과 프랑수와즈 돌토(Françoise Dolto)와 같은 정신분석가들의 관심 덕택에 매우 일찍 시작되었다. 정신분석적 방법이 영혼을 치료하는 데 특별히 도움이 된다는 생각은 프로이트와 마찬가지로 무신론자였던 라깡에게나 독실한 가톨릭 신자였던 돌토에게는 결코 낯설지 않았다. 특히 라깡이 창설한 파리프로이트학교(EFP)에는 여러 명의 예수회 신부가 포함되어 있었다. 그들 가운데는 신비주의 역사가로 이름 높은 미셸 드 세르토(Michel de Certeau)[10]도 있었다(Roudinesco, 2005: 74-75). 앞서 살펴본 대로 프랑스에서 정신분석과 신학의 통합의 역사는 결코 순탄치 않았다. 그러나 오늘날 교회는 정신분석을 더 이상 이질적이거나 혹은 교회를 파괴하는 세력으로 보지 않는다. 오히려 인간과 신앙에 대하여 신학과는 다른 각도에서 또 하나의 통찰력을 던져주고 있다고 보면서 통합에 힘을 모으고 있다.

사실 1905년 교회와 정치의 분리법(Loi de séparation de l'Église et l'État) 통과 이후 프랑스는 세속화로 대표되는 나라임에도 불구하고, 정신분석학과 영성의 통합 분야와 종교심리학 영역에서 상당한 학문적 열매를 맺고 있다. 그것은 앞서 말한 대로 인간의 심성, 영성, 종교성에 대한 연구가 신학자와 심리학자 및 정신분석가들에 의해 끊임없이 연구되어졌기 때문이라고 볼 수 있다.[11]

---

10 미셸 드 세르토(1926-1986)는 1963년부터 1967년까지 영성전문학술지 『크리스투스(Christus)』의 출간 책임자였으며, 파리7대학교, 파리8대학교의 정신분석학과와 파리 고등사회과학연구소(Ecole des Hautes Etudes en Sciences Sociales)및 캘리포니아 대학교(University of California at San Diego)에서 신비주의 전통의 영성과 정신분석 및 문화이론을 가르쳤다.

11 루이 베르나에르(Louis Beirnaert), 알베르 플레(Albert Plé), 마르크 오레종(Marc Oraison), 마리즈 슈아지(Maryse Choisy), 드니 바스(Denis Vasse), 마리 발마리(Marie Balmary), 도미니크 스테인(Dominique Stein), 프랑수와즈 돌토(Françoise Dolto), 장 앙살디(Jean Ansaldi), 베르나르 캠프(Bernard Kaempf) 그리고 벨기에에서의 앙뚜완느 베르고트(Antoine Vergote)와 다니엘 시보니(Daniel Sibony)를 들 수 있다. 이들은 기독교와 관련하여 정신분석을 연구했다.

2) 정신분석과 개신교회

앞에서 살펴본 가톨릭 교회와는 달리 개신교 교회는 정신분석의 출현의 초기부터 더욱 개방적이었다. 일반적으로 1870년대 후반에 독일의 빌헬름 분트(Willhelm Wundt)에 의해서 과학적 실험심리학이 확립되었다고 보며 이와 비슷한 시기인 1880년대 말부터 프로이트에 의해서 정신분석이 시작되었다.[12] 이후 개신교 목사로 정신분석가가 된 오스카 피스터(Oskar Pfister)는 프로이트의 저서들을 샅샅이 뒤지면서, 곧장 상담과 교회에 관련된 목회의 문제들에 정신분석학적 직감들을 적용하려고 시도했다. 그는 프로이트 사상들을 처음으로 대중화했던 사람이고, 역사, 종교, 교육, 정치학, 예술, 그리고 전기학(biographie)을 정신분석학적 해석 안에 적용한 선구자였다(Lee, 2002: 1215). 그는 1909년 성이 1차적인 문제라는 주장을 받아들이고 진정한 신앙은 신경증을 예방할 수 있다는 생각을 발전시켰다.[13]

초기 목회신학의 영역에서 심리학에 대하여 개방적인 태도를 취했던 이러한 현상은 유럽에서 뿐만 아니라 북미에서도 마찬가지였다. 유럽 오스트리아 빈에서 프로이트가 자유연상과 꿈 분석을 통해서 신경증 환자들을 치료하는 정신분석을 행하고 있을 그 당시,[14] 미국의 윌리엄 제임스(William James)는 1890년에 『심리학의 원리(Principles of Psychology)』를 발간했다. 이 책을 통하여 그는 독립적인 체계와 의미로서의 심리학을 제시하였고 1902년에 출간된 그의 또 다른 저서 『종교

---

12 프로이트는 1885년 10월부터 1886년 2월까지 신경정신질환 전문 병원으로 유명했던 프랑스 파리 살페트리에르 대학병원에서 장 마르탱 샤르코(Jean Martin Charcot, 1825-1893)의 지도하에 히스테리와 최면술에 대하여 연구하고 인간의 무의식에 눈을 뜨게 된다.

13 프로이트는 이 문제에 대해 다음과 같이 말하였다. "정신분석은 종교적이기보다는 비종교적이다. 이것은 성직자와 속인이 모두 고통으로부터 벗어나기 위해 사용하는 당파성이 없는 도구이다. 나 스스로도 정신분석적 방법이 영혼을 치료하는 데 특별히 도움이 된다는 생각을 해 본적이 없다는 사실에 무척이나 놀랐다. 그러나 이것은 의심할 여지없이 정통 정신분석의 입장에서는 이단적이며, 이러한 영역에 대한 관념은 내게 낯설었다"(Freud & Pfister, 1966: 47). 이 내용은 1909년 2월 9일자 프로이트가 피스터에게 보낸 편지의 일부분이다.

14 프로이트는 1887년 최면 암시 요법을 심리치료에 사용하기 시작하였으며, 이듬해인 1888년 요셉 브로이어(Josef Breuer)를 따라 카타르시스 요법을 통한 히스테리 치료에 최면술을 이용하기 시작했다. 그러나 점차 최면술 대신 자유연상 기법을 시도하기 시작했다.

적 경험의 다양성(The Varieties of Religious Experience)』은 영혼의 치유에 있어서 고전이 되었는데 이 책은 단순히 종교적 경험을 현상학적인 측면에서 분류한 것 이상의 의미를 갖는다. 그것은 인간의 힘을 넘어서는 존재와 역동을 가리키면서, '병든 영혼' 혹은 '분열된 정신'을 통합하고 살아갈 수 있게 만드는 종교적 회심과 그 역동을 설명하는 심리적 치유에 관한 것이기도 하였다. 또한 그것은 자기를 넘어서는 어떤 힘에게 자신을 굴복시키고 자기의 의식을 보다 더 넓은 의식에게로 개방함으로써, 다시 말하면 자기를 포기하여 내적인 강제를 풀어버리고 보다 큰 실재를 받아들임으로써 삶의 변화를 가져오는 측면을 가리키고 있었다. 즉 치유의 측면을 설명하는 일종의 심리치료적인 면을 보여주고 있었던 것이다(권수영 외, 2009: 173).[15]

프로이트와 제임스 이 두 사람은 인간의 의식 밑에서 움직이는 무의식 혹은 잠재의식을 생각하고 있었고, 인간 정신의 불합리와 역기능적인 면이 인간 내면의 분열 때문이라는 생각을 하고 있었다. 동시에 이 두 사람은 그런 인간을 치유하는 데에도 깊은 관심을 두고 있었다. 그런데 제임스는 종교의 역할에 대하여 보다 긍정적이며 적극적이었던 반면에, 프로이트는 이에 대해 부정적이었다는 견해가 있다(권수영 외, 2009: 172). 큰 틀 안에서 프로이트와 제임스가 인간의 치유에 대한 공통의 관심이 있었으나, 종교에 대하여는 상반된 태도로 나타난다고 보는 권수영 교수의 지적은 충분히 일리가 있다. 그러나 종교에 대한 프로이트와 제임스의 태도에 대한 도식적인 측면은 많은 토론이 이루어져야 하므로 잠시 유보하기로 하겠다. 왜냐하면, 프로이트의 종교 이론은 보다 다각도적이고 입체적인 측면에서의 접근과 비판이 이루어져야 하기 때문이다. 여기에서는 다시 미국에서의 정신분석과 영혼의 치유의 관계로 돌아가 보기로 하자.

스탠리 홀(Stanly Hall)은 매사추세츠주의 우스터에 위치한 클라크

---

15 이에 대한 구체적인 설명은 Holifield, 1983: 184-195를 참조할 수 있다.

대학교(Clark University)의 총장이 되어 1909년 프로이트와 융을 초청하여 유럽의 정신분석이 미국에 뿌리내리게 하는 중요한 역할을 했다. 미국에서 이러한 심리학 또는 정신분석적인 운동은 후에 임마누엘 운동(Emmanuel Movement)과 임상목회교육 운동(Clinical Pastoral Education Movement)에 지대한 영향을 미치게 된다. 먼저 임마누엘 운동은 1905년 보스턴의 임마누엘 영국국교회의 사제였던 엘우드 우스터(Elwood Worcester)를 중심으로 의사들이 하나 되어 사람들을 영적으로 치유하고자했던 운동이었다(Holifield, 1983: 202). 임상목회교육 운동은 1920년대 안톤 보이슨(Anton Boisen)에 의해 주도되어 오늘에 이르고 있는데, 미국의 목회상담학의 발전은 이런 임상목회교육 운동의 성숙과 함께 이루어졌다. 특히 임상목회교육을 주도했던 초창기 목회상담학자들은 프로이트의 심리학을 통합하고자 수용한 학자들이었다. 예를 들어, 보스턴 대학교의 신학부 폴 존슨(Paul Johnson)교수와 시카고 신학대학교와 프린스턴신학대학원에서 가르쳤던 시워드 힐트너(Seward Hiltner), 남침례신학대학교의 웨인 오우츠(Wayne Oates)교수를 들 수 있다. 방법론의 차이에도 불구하고 그들은 자신들의 전통에 따라 목회상담과 심리학을 통합하고자 하였다.[16]

이상으로 정신분석의 초기의 역사에 대한 신학과 교회의 반응을 살펴보았다. 주지하다시피 교회와 정신분석의 통합은 그리 간단한 문제가 아니며 아직도 수많은 논의가 필요한 주제이다. 다만 이 글은 이러한 통합의 모델을 통해서 기독교상담신학이 정신분석의 도전에 어떻게 기독교적 해석을 제시할 수 있을지에 대한 가능성을 열어보는 시도이다.

---

16 미국의 목회상담학의 역사와 프로이트 정신분석과의 관계에 대한 논의는 헌터 (Hunter, 1990: 857-858)와 홀리필드 (Holifield, 1983)를 참조할 수 있다.

III
꿈에 대한 교회의 입장

꿈에 대한 교회의 견해를 살펴보기 전에 꿈과 관련된 다양한 언어적 지식을 종합해보고자 한다. 구어체이든, 사자성어식의 문어체이든, 언어를 통해 우리는 꿈과 관련해서 많은 것들을 말하고 있다. 먼저 구어체를 살펴보면, "꿈이냐, 생시냐(믿기 어려운 일이 일어났을 때 쓰는 말)", "꿈보다 해몽이 낫다(좋고 나쁜 것은 풀이하기에 따라 얼마든지 달라질 수 있다는 말)", "꿈을 꾸어야 임을 보지(원인 없는 결과는 있을 수 없다는 뜻)", "꿈에 서방 맞은 격(제 욕심에 차지 않는다는 말, 또는 분명하지 않은 존재를 이르는 말)", "꿈자리가 사납더니(일이 뜻대로 되지 아니하고 방해되는 것이 끼어들 때 한탄조로 이르는 말)" 등을 그 예로 들 수 있다. 고사성어의 예를 들어보면 '자아(自我)와 외계(外界)와의 구별(區別)을 잊어버린 경지(境地)'를 일컫는 장주지몽(莊周之夢), '인생이란 한갓 허무한 꿈에 지나지 않는다' 라는 의미의 부생약몽(浮生若夢), 술에 취한 듯 꿈을 꾸는 듯 아무 의미 없이 한 평생을 흐리멍덩하게 살아가는 것을 일컫는 취생몽사(醉生夢死), 한 바탕의 봄꿈처럼 덧없는 부귀영화를 의미하는 일장춘몽(一場春夢), 같은 자리에 있으면서 각각 생각이 서로 다름을 일컫는 동상이몽(同床異夢), 좋은 꿈이나 낮잠을 일컫는 화서지몽(華胥之夢), 꿈인지 생시인지 분간할 수 없는 어렴풋한 상태를 일컫는 비몽사몽(非夢似夢)과 같은 사자성어가 그것들이다.

이렇게 우리의 일상생활 속에서 빈번하게 언급되는 꿈에 대해 교회는 어떤 태도를 취해왔을까? 나는 성경학자도, 역사신학자도, 더구나 법학자도 아니지만 이 글에서 꿈과 직접적으로 관련된 많은 성경 구절들과 역사적으로 중요한 신학자들의 문헌들을 인용할 것이고, 몇

몇 법률 또한 살펴볼 것이다. 그럼으로써 꿈이 어떤 의미를 내포하고 있으며, 더 나아가 그것이 영혼의 치유를 위해 활용될 수 있는지에 대해 타진해볼 것이다.

1. 원시교회와 꿈의 이해

교회는 초기부터 꿈에 대한 해석과 관련해서 그것을 정의할 필요성을 느꼈고 초기 교부들은 영혼에 대하여, 그리고 영혼이 자유롭게 활동하는 세상인 꿈에 대한 논문을 썼다(Sanford, 1987/1999: 172). 특히 터툴리안(Tertullien)은 하나님으로부터 보내졌다고 믿는 긍정적 꿈과 악한 영으로부터 보내졌다고 믿는 부정적 꿈에 대하여 분명한 선을 그었다. 그는 꿈의 분류의 모델을 그리스-라틴의 유산에서 빌어 왔다. 그는 성경에 나타난 꿈과 환상을 상기하고, 그리스-라틴의 유산에서 빌어온 꿈들을 인용하면서 인간의 영혼을 묘사하는데 집중했다(Zama, 1997: 28). 그는 또한 마귀로부터 온 신탁(divination)과 하나님으로 부터 기인한 예언(prophétisme)을 분리했다.

또한 프로이트를 비롯한 꿈을 연구한 많은 학자들이 성 어거스틴과 같은 교부들로부터 영향을 받았다는 것에 의심의 여지가 없다. 신적인 꿈의 이론가였던 어거스틴의 '회심'을 예시했던, 그의 어머니 모니카가 꾼 그 유명한 꿈을 상기해보자. 그는 『고백록』에서 다음과 같이 적고 있다.

어머니의 꿈은 이러했습니다. 어머니가 나무로 만들어진 '자' 위에 서서 슬픔과 괴로움에 싸여 있을 때 한 잘 생긴 젊은이가 어머니를 향해 웃으면서 다가오고 있었습니다. 그 젊은이는 어머니에게 왜 그렇게 슬퍼하며 날마다 눈물로 지내느냐고 물었습니다. 그는 어머니에게 무엇을 물어 배우려고 하기보다 어머니를 가르치려는 태도인 듯했습니다. 그때 어머니가 내 멸망을 보고 운다고 대답하자 그 젊은이는 안심하라고 타이르면서 어머니가 있는 곳에 나도 같이 있다는 것을 보라고 말했습니다. 어머니가 정신을 차려 살펴보니 내가 같은 '자' 위에, 어머니 옆에 서 있었다는 것입니다. 당신이 어머니의 애타는 마음에 귀를 기울이시지 않으셨다면 어찌 어머니가 이런 꿈을 꿀 수 있겠습니까?(Augustine, 397-400/1990:92-93).

어거스틴의 고백처럼 과연 어머니 모니카의 애타는 마음을 하나님이 들었기에 자신의 회심의 전조로 그의 어머니가 이 같은 꿈을 꾸었을까? 만약 그렇다고 한다면 모니카의 꿈은 어거스틴의 말대로 분명 하나님으로부터 온 것이라고 볼 수 있을 것이고, 반면 꿈을 개인의 무의식의 산물이라고 본다면 그렇게 단정 지을 수는 없을 것이다. 그러나 여기에서 주목할 점은 그것이 굳이 하나님으로부터 왔다고 말하지 않는다 할지라도, 적어도 교부들은 꿈을 미신적인 것이나 무가치한 것으로 취급하지 않고 한 개인의 삶과 운명에 있어서 중요한 요소 중의 하나로 인식하였다는 것이다.

그러나 교회는 교부시대 이후 꿈에 이르는 모든 길을 천 년이 넘는 동안 금지시켰다. 그 기간 동안에도 인간은 어김없이 꿈을 꾸었고 시대를 막론하고 사람들이 꿈을 꾸는 것은 정상적이었지만[17] 그 꿈에 대한 이야기가 받아들여지기까지는 역설적인 잠[18]이 발견됐던 1958년을 기다려야만 했다. 미셸 주베(Michel Jouvet)박사는 꿈에 대한 가장 중요한 사실들 중 하나를 발견했는데, 꿈은 사람이 잠에 들게 하는 역할을 한다는 것이다. 이러한 '심리를 감싸는 자극막이' 로서의 꿈의 기능을 정신분석가 디디에 앙지외는 다음과 같이 말하고 있다.

---

17 그러나 꿈을 꾸지 않는 사람들이 있다는 견해도 있다. 프랑스 정신분석가 디디에 앙지외(Didier Anzieu)는 그의 대표적인 저서 중의 하나인 『피부자아』에서 다음과 같이 말한다. "꿈이 생겨나기 위해서는 피부자아의 구성이 전제되어야 한다. 그러나 아기들이나 정신병자는 엄격한 의미에서는 꿈을 꾸지 않는다. 왜냐하면 그들은 각성상태와 수면상태, 현실의 지각과 환영을 분명하게 구분할 수 없기 때문이다" (Anzieu, 1995/2008: 324).

18 수면을 취하면서 일종의 불면상태를 유지한다는 것이 역설적이라 하여 '역설적인 잠'이라고 한다. 그것은 각성상태의 특징들(손가락, 눈, 얼굴 모습의 움직임 – 따라서 촉각적이고 시각적인 이미지들의 우세가 나타남, 가빠지는 심장 박동, 발기)과 수면의 특징들(자극막이에 대한 투여를 소용없게 만드는 근육의 이완)이 결합되어 나타난다. 매 1시간 반 마다 10분에서 20분 정도의 수면이 반복되며 이루어지는 '역설적인 잠'의 발견 이후, 꿈에 대한 프로이트 학파의 개념은 많은 부분 수정되었고, 잠과 꿈에 대한 연구는 새로운 전기를 맞게 되었다. 역설적인 잠 외에도 수면에 대한 뇌 생리학과 꿈의 자료의 다양성에 대하여 앙지외는 그의 저서 『피부자아』에서 자세히 설명하고 있다(Anzieu, 1995/2008: 326-346).

꿈은 잠자는 사람의 심리를 감싸는 하나의 자극막이를 구성한다. 그리고 낮의 잔재들(유아기의 만족되지 않은 욕망들과 융합된, 깨어 있을 때의 만족되지 않은 욕망들)의 잠재적인 활동과 장 기요맹(Jean Guillaumin)이 '밤의 잔재들'(수면 중에 활동하는 빛, 소리, 열 촉감, 전신 감각, 신체적 욕구의 감각들)이라고 부른 자극들로부터 보호해 준다. 이러한 자극막이는 하나의 얇은 막으로서, 외부 자극과 내부 욕동의 압력의 차이를 없앤 상태에서 그 둘을 동일한 영역에 둔다. (...) 이것은 쉽게 끊어지고 사라지는(따라서 불안 속에서 잠이 깬다) 연약한 막이며, 순간적인 효과만을 가지고 있는 막이다. 그것은 꿈이 지속되는 동안에만 계속된다(Anzieu, 1995/2008: 323).

한편 표면적으로 꿈의 연구와 해석이 금지된 천 년의 시간 동안 꿈은 자연스럽게 전통들, 풍습들, 일상적인 민중들의 삶 속으로 스며들었다. 꿈이 제공하는 '환상의 야릇함'의 이상한 양상, 최고의 경이, 그리고 앞으로 무슨 일이 일어날 것 같은 예감 등에 강한 인상을 받은 고대 이집트, 그리스, 로마인들은 일상의 삶 속에서 꿈에 많은 주의를 기울였다(Freud, 1900/1997: 26). 그리고 꿈을 해석하기 위해서 성전들을 세우고[19] 거기에서 어떤 병에 대한 설명이나 혹은 어떤 치료의 해결을 찾기도 했다.

2. 꿈에 대한 중세 및 근대교회의 입장과 정신분석의 탄생

1) 꿈과 중세교회

앞서 언급했듯이 중세 이래로 교회는 꿈들과 그 꿈들의 풍부한 내용물들에 대한 관심을 금지했다. 교회의 권력에 의해 창설된 마니교적인

---

19 구약 성경에도 이러한 전통이 나타난다. 사닥다리를 오르내리는 천사들을 본 야곱의 벧엘에서의 꿈은 그 대표적인 예라 할 수 있다(창세기 28장 10-22절). 성경의 꿈에 대하여 우리는 다음 파트에서 좀 더 구체적으로 살펴 볼 것이다.

시각에서, 신체의 욕구로서의 꿈들은 악마로부터 온 것으로 간주되었다. 당시 교회는 이교 사회를 기독교화하고, 그들의 상징들과 신화들을 기독교적 상징으로 대체하는 작업을 실행했다. 한 예로 중세 서사시 아더왕[20]의 전설은 원래의 마술적이고 켈트적인 주제와 꿈의 실천과 관련된 내용이 있는데 이들은 철저히 배제된 채 재가공되었다. 또한 교회는 꿈의 해석자를 마술과 같은 부정적 의미에서, 직업적인 점쟁이와 동일시했다. 수도원의 밤기도(nocturnes)와 새벽 기상은 한편으로는 수도사들로부터 꿈 꿀 시간을 빼앗기 위함이었고, 꿈에 대해 언급한 자들은 밀고 되었고, 이단처럼 취급되었으며, 때로는 화형에 처해지기까지 했다. 그들이 볼 때 잠, 꿈, 사랑, 성욕은 하나님으로부터 사람을 멀어지게 하고 악과 마귀에게 가깝게 한다고 보았다. 교회는 몸의 금욕, 성욕의 거부와 세상에 대한 단념을 권장하면서 모든 중세 사회를 드라마틱한 퇴행 속으로 인도했다.

2) 꿈과 근대교회

중세시대 교회의 권력과 마찬가지로 전체주의의 권력 앞에서 꿈의 억압은 계속 이어졌다. 1789년 프랑스 혁명 이후 제1제정시대(1804-1814)의 나폴레옹 법전(형법) 479조 7항은, "꿈을 판별하거나 판단하거나, 혹은 꿈의 해석을 직업으로 삼는 자들에 대해서 11-15프랑의 벌금에 처한다" 라고 명시하고 있다.[21] 놀랍게도 이 법은 1958년에 아래와 같은 공공행정규범(règlement d'administration publique ; deuxième partie du C. Pénal.)까지 추가되어 더욱 강화된다.

―공공행정규범 34조 7항: "점을 치거나 예언하거나 꿈을 설명하는 직업을 수행하는 자들은 예외적으로 40-60프랑의 벌금형에 처한다."

---

20 1136년 웨일즈인 몬머스의 제프리가 쓴 『브리튼 왕 열전』에서 아더 왕의 생애를 다루고 있다.
21 다음에 제시하고 있는 꿈과 관련된 나폴레옹 법전을 필자에게 소개해 준 파리법과대학교의 장 폴 브랑라르(Jean-Paul Branlard)교수에게 감사의 마음을 전한다.

―공공행정규범 35조: "경우에 따라 꿈의 해석자들에 대해서는 5일간의 구류에 처한다."
―공공행정규범 36조: "점쟁이, 예언자 혹은 꿈의 해석자의 직업을 실행하는데 사용된 도구들과 의복들은 압수될 것이다."
―공공행정규범 37조: "공공행정규범 34조에서 언급된 모든 이들(예언자, 점쟁이, 꿈 해석자)에 대해 재범의 경우 8일간의 구류에 처할 수 있다."

과연 꿈은 전체주의의 권력을 흔들리게 할 만한 힘을 가지고 있는가? 만약 그렇지 않다면 어째서 꿈의 해석에 대하여 법률적인 제재수단을 강구해야만 했는가? 위에서 살펴 본대로 제도적인 종교 속에서, 그리고 국가 법률 안에서, 심리적 삶에 대한 꿈의 중요성은 20세기 중반까지도 부정되었다. 1992년 형법이 새롭게 개정된 이후에야(1994년에 적용) 위에 열거한 꿈에 대한 특수위법사항들은 폐지되었다. 물론 그 이전인 19세기의 교회 권력 쇠퇴기에 이미 신비술학이 유행했고 지식인과 유명인들은 운명이나 발견의 기원으로서 자신들의 꿈을 이야기하는 데 주저하지 않았지만 말이다.[22]

3) 꿈과 정신분석의 탄생

1924년, 1993년에 각각 출판된 프랑스어 사전의 '꿈'에 대한 항목을 비교해보면 꿈에 대한 개념의 상당한 차이점을 발견하게 된다. 라후스 불어사전(Larousse, 1924)에 의하면 꿈은 "불합리한(absurde)내용과 실

---

22 프리드리히 어거스트 케쿨레(Friedrich August Kekule von Stradonitz, 1829-1896)는 독일의 유기화학자로서 1866년 벤젠고리의 모형을 제시했다. 당시 일반화되었던 탄화수소의 배열방식인 C6H6(벤젠)에 만족할 수 없었던 케쿨레는 꿈속에서 한 마리의 뱀이 꼬리를 물고 원과 같은 형상을 이루고 있는 것을 보게 된다. 이 꿈에서 영감을 얻어 케쿨레는 기존의 탄화수소 구조인 사슬형 구조에서 벗어나 벤젠을 육각형 구조의 사이클로 배열하였고 그 구조와 화학식이 일치함을 발견하였다. 이런 케쿨레의 사례는 꿈의 경험을 통한 과학적 발견의 대표적인 일화로 전해진다. 오늘날 과학, 학문의 발전은 인간의 끊임없는 이성적 탐구력과 함께 꿈, 상상력등과 같은 영감을 통해서 이루어졌다고 보는 양지외의 다음과 같은 말은 이성적, 합리적 사고만이 진리의 잣대로 여겨지는 오늘날의 학문적 분위기 속에서 귀를 기울여 볼 만하다. "과학의 발전은 때로 이성이나 계산보다는 빛나는 영감, 즉 창조적인 상상력의 산물인 경우가 있다. 일종의 내적 신화에 의해 자극을 받는데, 그러한 내적 신화 속의 환상의 요소들은 제거하고 단순한 공식들로 진술될 수 있는 개념들을 이끌어낸다. 물론 그는 이런 내적 신화를 어떤 개념이 아닌 종교적 신앙, 철학적 고찰, 문학 혹은 미술적 창조와 연관된 활동들로 이어나갈 수도 있다. 그리고 그 개념은 특정 조건 아래서 증명될 수 있거나 변형될 수 있고, 다른 영역으로 옮겨갈 수도 있다"(Anzieu, 1995/2008: 26-27).

질적인 가치가 없는 심리적 무질서(désordre)" 인 반면 로베르 불어사전(Le Robert, 1993)에 의하면 꿈은 "수면 동안에 생성되는 심리적 현상들의 연속(이미지, 재현들, 일반적으로 의지가 배제된 자동적인 활동), 혹은 이러한 현상들" 이다. 어떻게 한 단어의 의미가 이렇게 짧은 시간 내에 현저하게 변할 수 있었을까? '꿈' 이라는 단어만큼이나 급작스러운 의미의 변화를 겪은 단어가 또 있을까? 이러한 변화의 이면에는 꿈에 대한 새로운 관심과 의식의 변화가 있지 않았을까?

그 변화의 중심에 있는 사람은 분명 프로이트와 융일 것이다. 빈의 신경생리학 의사였던 프로이트는 1897년 자기-분석(auto-analyse)을 시작하고, 1900년에 『꿈의 해석』을 쓴다. 그에게 있어서 꿈은 인간에게 외부세계의 발현으로서가 아니라, 심리적 현상으로서 이해되었고 욕망의 상상적 성취이자 잠의 안내인이었다. 또한 그는 무의식에 이르는 왕도인 꿈을 통해 가장 고양된 인간 감정의 뿌리들이 사실은 악취를 풍기는 늪지대에 잠겨있음을 밝히는데, 프로이트에게 있어서 이러한 암흑은 빛의 어머니이며, 유아시절 성욕의 억압의 결과인 종교적 감정이었다. 하지만 그의 이론은 생각을 달리하는 많은 이론가들과 부딪쳤고 그 대표적인 인물이 바로 칼 융이다. 1914년 융은 유아시절 억압의 보편적인 역할을 부인했다. 그는 원시적이고 보편적인 이미지들에 무의식을 확대했고 영성을 성적인 욕동들의 '화신' 으로서 간주하지 않았다. 융에게 있어서 영성은 어떤 개인들에게 있어서 자연적인 것이었고 꿈은 의식을 풍부하게 하고 개성화 과정(process of individuation)에 참여하게 하는 것이었다. 이런 융의 작업들은 집단 무의식의 원형들을 밝혀내면서 꿈의 개념을 풍부하게 했고 꿈과 그 꿈의 분석을 치료뿐만 아니라 각 개인의 심리적 발달을 위해서도 사용했다.

이렇듯 프로이트와 융의 꿈에 대한 입장은 달랐지만 이 둘의 선구자적인 연구에 의해 꿈의 해석에 대한 모든 형벌은 폐지되었고, 이후의 연구자들, 과학자들, 의사들, 성직자들은 꿈, 그리고 그것의 해석에 다시 관심을 가질 수 있었다.

IV
꿈에 대한 성경적 관점

1. 성경에 나타난 꿈

그러면 도대체 꿈은 어디에서 온 것일까? 꿈은 하나님으로부터 온 것일까? 아니면 악한 영으로부터 온 것일까? 만약 꿈이 어디로부터 오는 것이 아니고, 인간 내부로부터 생겨나는 것이라면, 꿈은 어떻게 해서 생겨나는 것일까? 또한 어떻게 의식화되는 것일까?

우리는 영혼의 치유에 있어서 꿈의 해석의 가치와 한계를 설정하기 위한 전제로 성경 기자가, 즉 종교 공동체가 꿈에 대하여 어떤 입장을 취하고 있는지를 살펴볼 것이다. 그리고 구약 성경과 신약 성경이 꿈에 대해 어떤 다른 입장을 보이고 있는지 살펴볼 것이다.

1) 구약 성경에 나타난 꿈과 이스라엘 백성

먼저 '꿈' 은 히브리어로 'halom' 이라고 하며 아람어로 'hélèm' 또는 'helma' 라고 한다. 'hlm' 의 어원은 '원기있다(기운차다)' , '치유하다' 또는 '꿈꾸다' 라는 의미이며, 아람어로 'halama' 는 동시에 '발정기(사춘기)이다' 와 '꿈꾸다' 의 의미를 갖고 있다. 'Mar'a' 는 일반적으로 '환상' 과 예언자적 의식을 소유하는 것을 의미하고 상황에 따라 꿈과 동일시 할 수 있는 신적인 계시를 의미하기도 한다. 그러나 이는 예언과는 다른 개념으로 예언자는 히브리어로 'nâbi' , 또는 'hôzè' 라고 한다. 예언자는 신의 정신을 비추는 진정한 하나님의 빛, 하나님의 이름으로 인간에게 말하는 사람이다(Zama, 1997: 22-29). 그리고 예언자들은 꿈과 예언 사이에 존재하는 유사성에 의해 꿈꾸는 자와 관련되어 있는 경우가 있다.

학자들에 따라 그 구분의 기준에는 약간의 차이가 있지만, 구약 성경 안에 나타난 꿈은 대개 문화적인 꿈, 정치적인 꿈 그리고 개인적인 꿈으로 나누어진다. 문화적인 꿈의 예를 든다면, 야곱의 꿈과 솔로몬의 꿈을 들 수 있을 것이다. 근본적인 계시는 유명한 사다리 꿈을 통해서 족장 야곱에게 나타났고, 벧엘의 성스러운 공간은 이로써 만들어졌다(창세기 28장 11절 이하). 여호와는 기브온에서 젊은 솔로몬에게 꿈을 통해 계시하였고 기브온 산당에서 1000마리의 짐승을 잡아 번제를 드렸던 그 날 밤에 기브온에서 주께서 꿈에 솔로몬에게 나타나셨다(열왕기상 3장 5절 이하).[23]

정치적인 꿈의 예는, 요셉의 꿈과 기드온의 꿈 그리고 다니엘의 꿈이다. 이들은 자신들의 꿈 해석을 하나님으로부터 온 것이라고 믿음으로써 꿈의 신적인 계시성을 드러내었다(창세기 41장 39절, 사사기 7장 13절 이하, 다니엘 2장 28절, 47절). 젊은 요셉의 꿈은 몽상가 그 자신에게 장차 다가올 영광이 구약 성경 안에 흐르는 전조로 알려졌다(창세기 37장 5절 이하). 그 꿈은 몽상적 환상의 이방인에게도 나타나지만 그것을 이해하고 해석하는 것은 여호와 종교의 지지자들이다. 즉 요셉은 파라오의 꿈들을 설명하고(창세기 41장), 다니엘은 느브갓네살 왕의 무서운 꿈을 밤중의 환상을 통해서 알게 되었으며, 이러한 해석들과 그들의 꿈에 대한 담론은 당시 다른 신들보다 이스라엘 하나님의 위대성을 보여주는 것이었다. 또한 기드온은 한 사람의 꿈 이야기와 해석을 친구로부터 듣고 그가 장차 승리자가 될 것이라는 확실함 속에서 용기를 내었다(사사기 7장 13절 이하).

마지막으로 개인적인 성격의 꿈의 예는 빵 굽는 사람의 꿈과 술 따르는 사람의 꿈이다(창세기 40장 1절 이하). 이러한 문화적, 정치적, 개인

---

23 솔로몬의 이 꿈을 개인의 소망 충족의 기능을 보여주는 꿈으로 보기도 한다. 왜냐하면 이 꿈에서 하나님께 지혜를 구함으로써 자신의 소망을 드러냈기 때문이다(박종수, 2004: 193-194).

적인 꿈들은 그것의 해석이 요구되든지 그렇지 않든지 간에 모두 신과 밀접한 관계 속에서 이해되어진다.

그러나 그 꿈이 문화적이든 정치적이든, 아니면 개인적인 꿈이든 간에 꿈은 대부분 알레고리적이며, 그렇기 때문에 해석을 필요로 한다.[24] 고대사회의 개념과 체계에 따르면, 꿈의 작용은 예언적이고 미래 전망적(prospective)이다. 모든 꿈은 하나의 의미를 가지며, 그의 백성과 하나님의 '역사의 단편'과 같이 표현된다. 따라서 모든 꿈은 중요하다(Kaempf, 1991: 174-175). 평소에 '도대체 꿈은 어디에서 온 것일까?' 하고 고심하던 융은 그의 자서전에서 대학시절 자신이 꾸었던 꿈들을 언급하면서 다음과 같이 쓰고 있다. "그렇기 때문에 그 무엇인가 나보다 상당히 현명한 존재가 무대 뒤에 숨어서 그 일을 조종했음이 틀림없다"(Jung, 1995: 171). 융에 따르면, 큰 꿈은 하나님과 밀접한 관계에 놓여진다(창세기 20장 6절, 28장 10절 이하, 31장 10절 이하). 하나님은 다른 방법으로도 나타날 수 있음에도 불구하고(민수기 12장 6절 이하) 자신을 계시하기 위하여 일반적으로 꿈을 사용하신다. 이렇게 꿈은 여호와 종교의 합법적인(légitime) 구성요소가 되었다(Kaempf, 1991: 174-175). 성경 속에 나타난 꿈의 이야기는 인간의 객관적인 심리(영혼)의 존재를 증명한다고 볼 수 있다. 그러나 우리에게 절실히 요구되는 것은 꿈들의 위치와 의미를 파악하는 것이다.

구약 성경에 나타나는 꿈들의 풍성함과 섬세함은 우리를 놀랍게 하지만, 어떤 꿈들은 하나님 혹은 천사로부터 왔고, 또 어떤 꿈들은 악마나 거짓 선지자들로부터 왔다고 말하고 있기 때문에 우리는 꿈이 갖는 이중의 의미를 인식해야하는 과제 또한 안고 있다. 다시 말하자면 꿈

---

24 그러나 구약 성경에는 종종 해석할 필요가 없을 정도로 분명한 꿈들도 있다. 야곱은 가나안 땅으로 돌아가라는 명령을 직접적으로 받았는데, 의미를 약간 감추고 있는 두건의 덮개가 드러나는 꿈을 통해서였다. 또 다른 예로 그 메세지를 비전문가들도 다 알 정도로 분명한 꿈도 있다. 요셉의 형제들은 요셉을 '꿈쟁이'라고 부를 만큼 요셉의 두 환상의 의미를 이해하는 데 어떠한 어려움도 없었다(창세기 37장 5-11절 참조). 그러나 반대로, 상징을 해석하는 것은 오직 신적인 영감뿐이라고 말하는 경우의 꿈도 존재한다. 이런 경우에, 뛰어난 인물에 의해 꿈이 해석되어진다. 앞서 언급한 요셉은 매우 흡사한 꿈들의 이야기에서 두 운명, 즉 술 따르는 사람의 행복과 빵 굽는 자의 비극을 예언했다.

을 통한 계시는 이중적인(양가적인) 성격을 내포하고 불행의 선포를 내포할 수도 있다는 의미(욥기 3장 13절 이하, 7장 14절, 35장 15절)에서 계시는 긍정적이면서 동시에 부정적이다. 이러한 측면에서 볼 때 꿈에 대한 구약 성경의 견해는 일반적으로 두 가지 입장이다. 첫 번째 견해는, 성경은 꿈을 하나님의 계시수단으로 간주함으로써 꿈의 메시지에 귀를 기울일 것을 촉구한다. 그에 반대하여 두 번째의 견해는 꿈이 하나님의 뜻을 가로막는 방해 요소로, 백성들을 미혹케 하기 위해서거나 하나님의 뜻을 왜곡하기 위한 전략으로 간주된다(박종수, 2004: 191). 즉 거짓 예언자들이나 복술가, 직업적인 꿈쟁이들에 의해서 행해진 꿈해석을 경계하는 것이다. 이러한 두 번째 견해에 있는 예레미야의 꿈에 대한 비판(예레미야 23장 25절 이하)은 거짓 예언자들이 잘못 알고 행하는 모든 예언의 행위를 부정하는 것과 같은 것이다(예레미야 23장 25절 이하, 27장 9절 이하, 28장 8절 이하). 꿈을 통해 거짓 예언하는 자들에 대한 예레미야의 경고를 직접 들어보자.

나의 이름을 팔아 거짓말로 예언하는 예언자들이 있다. '내가 꿈에 보았다! 내가 꿈에 계시를 받았다!'하고 주장하는 말을 내가 들었다. 이 예언자들이 언제까지 거짓으로 예언을 하겠으며, 언제까지 자기들의 마음속에서 꾸며낸 환상으로 거짓 예언을 하겠느냐? 그들은, 조상이 바알을 섬기며 내 이름을 잊었듯이, 서로 꿈 이야기를 주고받으면서, 내 백성이 내 이름을 잊어버리도록 계략을 꾸미고 있다. 꿈을 꾼 예언자가 꿈 이야기를 하더라도, 내 말을 받은 예언자는 충실하게 내 말만 전하여라. 알곡과 쭉정이가 서로 무슨 상관이 있느냐? 나 주의 말이다. 내 말이 불과 같지 않느냐? 바위를 부수는 망치와 같지 않느냐? 나 주의 말이다. 그러므로 보아라. 내 말을 도둑질이나 하는 이런 예언자들을, 내가 대적하겠다! 나 주의 말이다. 하나님의 말씀을 전한다고 제 멋대로 혀를 놀리는 예언자들을, 내가 대적하겠다! 나 주의 말이다. 허황된 꿈을 예언이라고 떠들어대는 자들은 내가 대적하겠다. 나 주의 말이다. 그들은 거짓말과 허풍으로 내 백성을 그릇된 길로 빠지게 하는 자들이다. 나는 절대로 그들을 보내지도 않았으며, 그들에게 예언을 하라고 명하지도 않았다. 그러므로 이들은 이 백성에게 아무런 유익도 끼칠 수 없는 자들이다. 나 주의 말이다(예레미야 23장 25-32절).

이렇듯 예레미야 23장 25-32절은 예언자들에 대한 예레미야의 경고의 말로 이루어져 있다. 꿈꾸는 자들과 환상을 보았다고 말하는 자들, 그리고 거짓으로 하나님의 말씀을 전하는 자들을 따르지 말라는 경고의 말씀이다. 예레미야의 경고는 꿈 자체나 환상 자체 그리고 하나님 말씀을 전하는 자체를 문제 삼았다 라기 보다는 오히려 거짓을 일삼아, 꿈을 이야기 하고 환상을 말하고 하나님의 말씀을 전하는 것이었다.[25] 그러면 왜 성경에는 꿈에 대하여 상반되는 두 가지의 견해가 공존하는 것일까? 이점에 대하여 융학파 성경심리학자 박종수 교수는 그의 저서에서 다음과 같이 말하고 있다.

이스라엘 사람들을 비롯한 고대인들은 꿈을 신의 계시수단으로 간주했다. 어떤 꿈은 실제로 그러한 경향이 있다. 따라서 사람들에게 꿈에 대한 일종의 두려움과 기대감이 동시에 존재해 왔다. 이런 심리를 이용하여 직업적인 꿈쟁이들은 백성들을 미혹하여 민심을 교란하고 맹목적 신앙을 부추겨온 경향이 있었다. (...) 예레미야 역시 꿈꾸는 자를 복술자나 술사 혹은 거짓 예언자와 동일시하고 있으며 그들의 말에 귀를 기울이지 말 것을 촉구하고 있다(예레미야 27장 9절). 예레미야는 바벨론에 포로로 끌려온 사람들에게 고향으로 돌아올 때까지 그곳에서 터전을 잡고 그 밖의 어떤 예언자나 꿈꾼 자의 말을 듣지 말라고 경고한다. 따라서 꿈에 대한 예레미야의 부정적 견해는 꿈 자체에 대한 거부라기보다는 거짓 예언자들의 잘못된 해석을 지적하고 있다(박종수, 2004: 192-193).

그런데 구약 성경의 다른 많은 곳에서는 꿈의 긍정적인 기능을 말하고 있다. 예언자 이사야(이사야 6장), 예레미야(예레미야 1장), 에스겔(에스겔 1장)이 예언자로서 사역하게 했던 것도 꿈의 중재에 의해서였다. 예언자들이 신적인 영감을 받는 이야기들의 모델에 맞추어서 구약

---

[25] 신명기 13장 1-6절에서도 이스라엘 백성들로 하여금 예언자인 척 하면서 거짓을 일삼는 직업적인 꿈쟁이들의 미혹을 경고 하고 있다.

성경의 꿈들의 중요성은 인정된다. 적어도 하나님은 이러한 방법에 의해 사람들에게 알려진다.[26] 요엘서에 의하면 종말론적인 관점에서, 신적인 소통은 꿈에 의해 거의 직접적으로 전해진다.[27] 그러면서도 동시에 어떤 꿈들은 '자연적 꿈들'(Zama, 1997: 23)이라고 번역되는 심리적인 혹은 신체적인 기인에 의해 작용되기도 한다.[28] 전도서 기자가 말하는 이러한 '자연적 꿈'은 우리의 일상사가 꿈과 긴밀한 관련이 있음을 암시하고 있다고 볼 수 있다. 그것들은 지혜문학 안에서 더욱 정확하게 나타난다(전도서 5장 2절, 시락서 34장 5절 이하, 40장 5절 이하).

이와 같은 연구로 인해 성경은 꿈에 대하여 이중적인 기준을 제시하고 있다는 것을 알게 되었다. 문제는 성경 본문은 참 예언자와 거짓 예언자들의 영감을 구별하는 방법을 결코 구체적으로 말하지 않는다는 사실이다(Zama, 1997: 24).

2) 신약 성경에 나타난 꿈과 기독교

구약 성경과 비교해 볼 때, 신약 성경에는 꿈에 대한 언급이 상대적으로 적다. 신약 성경 시대의 그리스도인들이 구약 성경 시대의 사람들보다 꿈을 덜 꾸었기 때문일까? 그것은 아닐 것이다. 그렇다면 신약 성경 시대의 사람들이 구약 성경 시대의 사람들에 비해서 꿈을 덜 중요하게 생각했던 것은 아닌가? 그리고 그것은 구약 성경 시대의 사람들에 비해서 하나님의 계시에 대하여 덜 중요하게 생각했기 때문일까? 그것 또한 아닐 것이다. 구약 성경 안에서 꿈에 대해 귀하게 여겼던 중요성은 아마도 예수 그리스도와의 새로운 연합(Nouvelle Alliance)의

---

26 사람이 꿈을 꿀 때에, 밤의 환상을 볼 때에, 또는 깊은 잠에 빠질 때에, 침실에서 잠을 잘 때에, 바로 그때에, 하나님은 사람들의 귀를 여시고, 말씀을 듣게 하십니다. 사람들은 거기에서 경고를 받고 두려워합니다(욥기 33장 15절).

27 그런 다음에, 내가 모든 사람에게 나의 영을 부어 주겠다. 너희의 아들딸은 예언을 하고, 노인들은 꿈을 꾸고, 젊은이들은 환상을 볼 것이다. 그때가 되면, 종들에게까지도 남녀를 가리지 않고 나의 영을 부어 주겠다(요엘 2장 28-29절).

28 걱정이 많으면 꿈이 많아지고(전도서 5장 3절).

사건 이후로 감소되었을 것이다. 다시 말해서, 구약 성경 시대에 여호와 하나님은 그의 백성들에게 꿈을 통해서 계시하였다. 그러나 신약 성경 시대에 하나님의 계시는 예수 그리스도의 성육신을 통해서 이뤄졌다고 믿어졌으며, 이러한 믿음 체계가 그들로 하여금 구약 성경 시대의 사람들에 비교했을 때 꿈을 상대적으로 중요하게 생각하지 않도록 만들었을 것이다.

그럼에도 불구하고, 사도행전의 사도 바울의 꿈은 구약 성경의 꿈과 비슷하게 나타난다. 왜 일까? 그것은 초기에 기독교로 회심한 사람들 가운데는 유대종교 교육을 받았고, 그래서 꿈과 친숙한 문화에 젖어있는 사람들이 많았기 때문일 것이다.[29] 바울을 마케도니아로 불렀던 꿈 (사도행전 16장 9절 이하)의 선명함과 로마를 여행하는 동안 꾸었던 꿈 (사도행전 27장 23-24절)[30]은 무척 간단하게 묘사되어 있지만 바울에게 있어서 삶의 전환을 가져다준 사건이 되었다. 만약 바울의 삶의 전환기가 꿈에 의해서 알려졌다라고 받아들인다면 사도행전 18장 9-10절과 23장 11절에 나타난 꿈은, 산헤드린 앞에 출두한 바울, 그리고 고린도서에 나타난 바울 문제의 역사성[31]과 정당성이 동시에 주장되어야 한다는 것을 의미한다.

우리는 수세기 동안 기독교 교회의 불신을 예시하는 꿈들을 신약 성경 안에서 발견하게 된다. 앞에서 잠깐 언급했듯이 신약 성경에서 꿈들에 대한 언급의 횟수가 현저히 줄었다는 것은 의심할 여지없이 몽상

---

29 베드로가 말하는 성령의 도래는 꿈들과 환상들을 내포한다. 예수의 죽음 후에 오순절 성령을 받으면서 열두 사도한 사람인 베드로는 성령의 도래를 설명하기 위하여 종말의 때 환상과 꿈을 주겠다는 구약 성경의 말씀을 인용한다. "그런 다음에, 내가 모든 사람에게 나의 영을 부어주겠다. 너희의 아들딸은 예언을 하고, 노인들은 꿈을 꾸고, 젊은이들은 환상을 볼 것이다. 그 때가 되면, 종들에게까지도 남녀를 가리지 않고 나의 영을 부어주겠다"(요엘 2장 28-29절).

30 바로 지난밤에, 나의 주인이시오 내가 섬기는 하나님의 천사가, 내 곁에 서서 '바울아, 두려워하지 말아라. 너는 반드시 황제 앞에 서야 한다. 보아라, 하나님께서는 너와 함께 타고 가는 모든 사람의 안전을 너에게 맡겨 주셨다'하고 말씀하셨습니다(행 27장 23-24절).

31 당시 바울의 사도성에 대한 문제를 의미한다. 바울은 자신을 "하나님의 뜻을 따라 그리스도 예수의 사도로 부르심을 받은 나 바울"(고린도 전서 1장 1절)이라고 하여 자신의 사도성이 하나님의 뜻이었다고 말하고 있다.

가들의 중요성과 그 위치에 대한 성경 기자들의 비판적 태도를 보여준다. 그러니 우리는 몽상적인 출현에 대한 신약 성경의 애매모호한 태도를 다시 한 번 지적할 수 있다. 예를 들어 갈라디아서 2장 2절에서 바울은 꿈꾼 것이 분명해 보이는 사실을 꿈이 아닌 것처럼 언급하는가 하면, 한편으로는 매우 드물지만 어떤 꿈들은 매우 분명하며, 알레고리적이지 않고, 해석을 필요로 하지 않을 정도로 직접적으로 드러낸다. 왜 그럴까? 아마도 그것은 신약 성경이 예수 그리스도를 통해 하나님과 인간 사이에 만들어진 신뢰의 관계를 그 어떤 것보다도 더 분명히 보여주고자 증명하는 것은 아닐까? 이러한 지적은 필연적으로 오늘날 우리가 그토록 많은 노력을 기울여 꿈들의 가치에 동의할 필요가 있는가라는 질문으로 연결될 수 있다. 아니면 적어도 하나님과 인간사이의 신뢰 관계가 예수 그리스도의 중재로 이어졌다고 믿는다면 꿈을 통한 예수 그리스도의 현현이 아닌, 꿈을 통해서 오는 메시지에 어떤 의미를 부여해야하는가라는 질문을 하게 된다. 이러한 입장에서 볼 때 우리는 꿈을 하나님으로부터 보내진 것으로서 간주하는 것에 망설일 수밖에 없게 된다.

신약시대의 그리스도인에게 있어서 하나님은 예수 그리스도에 의해 계시되었기에, 그들에게 하나님의 신앙과 소망을 갖기 위해서 구약 시대처럼 하나님의 직접적인 꿈이나 환상들은 필요하지 않았다. 좀더 구체적으로 말하자면, 신약 성경에서는 하나님이 인간에게 꿈으로 직접적으로 소통한 적은 결코 없다. 그것은 예수나 천사[32]에 의해서였다. 사도행전 이외에 마태복음에서도 꿈들은 나타난다. 마태복음은 유대인을 위한 복음으로서, 유대인의 교육 환경에 맞게 환상과 꿈들이 나타난다. 그것들은 예수 그리스도의 탄생 전에 요셉의 꿈과 관련된다(마태복음 1장10절). 동방박사들이 받아들인 꿈을 통한 지시(마태복음 2장 12절), 이스라엘 백성들이 종살이 했던 이집트로 피신했다가 돌아

---

32 그리스어로 'α χ χ ε λ ο ς(앙겔로스)'라 하며, 하늘의 전령을 의미한다.

온 요셉의 이야기가 그것들이다. 요셉은 마리아의 임신을 알고서 약혼자에게 부끄러움을 주지 않으려고 가만히 파혼하려 했으나 주의 천사가 그녀의 처녀성을 설득하자 그것을 받아들이고 이혼하지 않았다(마태복음 1장 20절). 그리고 헤롯이 아기 예수를 찾아 죽이려고 할 때 역시 꿈에 나타난 천사가 말한 대로 이집트로 피신하였다(마태복음 2장 13-15절). 헤롯이 죽은 후에도 꿈에 나타난 천사의 지시대로 이스라엘 땅으로 들어왔고, 아켈라오가 아버지 헤롯의 뒤를 이어 유대의 왕이 되었다는 말을 듣고 두려웠을 때에도 요셉은 꿈속에 나타난 천사의 말대로 나사렛으로 갔다(마태복음 2장 19-23절). 예수의 조상인 요셉의 꿈은 확실히 그들에게 있어서 이집트 파라오의 꿈의 해석자가 된 야곱의 아들 요셉의 운명을 가리키는 것이었다(Kaempf, 1991: 175-176). 그러나 이 회귀는 그리스도인에게 예수와 함께하는 능력과 새로운 역사의 출발점이 된다.

그 후 누가복음에 의하면, 주의 천사가 제사장 사가랴에게 아내 엘리사벳이 아들을 낳을 것인데, 그의 이름은 요한이라고 말하기 위해서 나타났다(누가복음 1장). 이것은 마치 100살 된 아브라함이 90살 된 아내 사라에게서 아들을 낳을 것이고, 그 이름은 이삭이라고 말하기 위해 아브라함에게 나타났던 하나님의 현현(창세기 17장)의 새로운 해석으로 볼 수 있다. 세례 요한의 탄생은 새로 태어나야할 한 아들(예수 그리스도)의 탄생을 전조로 알려주는 사건이라고 볼 수 있다(누가복음 1장 36-37절). 천사 가브리엘은, 요셉이라는 사람과 약혼한 처녀이자 엘리사벳의 친척인 마리아에게 나타나서 아들을 낳을 것이라고 말했다(누가복음 1장 30-33). 마리아의 아들 출생 이후에 천사는 자기들의 양떼를 지키며 밤을 새우고 있는 목자들에게 나타나서 '마리아에게 태어난 아들은 그리스도 주님이시다' 라고 말했다(누가복음 2장 8-12절). 이렇듯 신약 성경의 많은 꿈들은 예수 그리스도의 탄생과 관련되어 있고, 또한 사도 바울의 꿈에서처럼 복음의 전파와 관련되어 있다는 것을 알 수 있다.

이렇게 볼 때 우리는 신약의 꿈들이 영혼 치유의 실천에서 유용하게 사용될 수 있다고 볼 수 있을 것이다. 왜냐하면 그것들은 신자들을 인도하고 강화하기 때문이다. 신약 성경에 나타난 꿈들의 의미는 다음과 같은 방식으로 요약되어질 수 있다. 하나님은 그의 자녀들을 인도하시며, 자녀들에게 길이나 의미를 가르쳐준다(마태복음 1장 20절[33], 2장 13절[34], 사도행전 16장 9-10절[35]). 또한 만약 그것이 하나님의 의지라면 꿈을 통해서 자신의 자녀를 위로하고 강하게 하신다(사도행전 18장 19절, 23장 11절, 27장 23절). 바울은 그의 사역으로 어려움에 부딪쳤을 때, 예수에 의해서 여러 차례 권면 받는다. 바울의 꿈에 나타난 예수 그리스도의 음성을 들어보자.

그런데 어느 날 밤에 환상 가운데 주께서 바울에게 말씀하셨다. "두려워하지 말아라. 잠자코 있지 말고, 끊임없이 말하여라. 내가 너와 함께 있을 터이니, 아무도 너에게 손을 대서 해하지 못할 것이다. 이 도시에는 나의 백성이 많다"(사도행전 18장 9-10절).
그 날 밤에 주께서 바울 곁에 서서 말씀하셨다. "용기를 내어라. 네가 예루살렘에서, 나를 두고 증언한 것과 같이, 로마에서도 증언하여야 한다"(사도행전 23장 11절).

이처럼 신약 성경의 꿈들과 꿈들에 대한 이야기는 더 이상 악몽이 아니며, 한 가지, 혹은 같은 주제인 그리스도에 대하여 다양하게 나타내고 있다. 그리고 그것들은 맹목적인 신앙과 이성주의 사이의 오래된 대

---

33 요셉이 이렇게 생각하고 있는데, 주의 천사가 꿈에 그에게 나타나서 말하였다. "다윗의 자손 요셉아, 두려워하지 말고, 마리아를 네 아내로 맞아들여라. 그 몸에 잉태된 아기는 성령으로 말미암은 것이다"(마 1장 20절).

34 박사들이 돌아간 뒤에, 주의 천사가 꿈에 요셉에게 나타나서 말하였다. "헤롯이 아기를 찾아서 죽이려고 하니, 일어나서, 아기와 어머니를 데리고, 이집트로 피신하고, 내가 네게 일러줄 때까지 그곳에 있어라"(마 2장 13절).

35 여기에서 밤에 바울에게 환상이 나타났는데, 마케도니아 사람 하나가 바울 앞에 서서 "마케도니아로 건너와서, 우리를 도와주십시오" 하고 간청하였다. 바울이 그 환상을 본 뒤에, 우리는 곧 마케도니아로 건너가려고 하였다. 마케도니아 사람들에게 복음을 전하게 하시려고 하나님께서 우리를 부르신 것이라고, 우리가 확신하였기 때문이다(행16장 9-10절).

립을 극복하면서 초월적 통합 안에서, 즉 그리스도 안에서 나타난다고 볼 수 있다.

2. 성경에 나타난 꿈의 분석의 가치와 한계

예언자들이 사라지면서 구약 성경의 꿈의 해석은 줄어들기 시작하였고, 신약 성경에서는 예수 그리스도와 맺은 새로운 언약으로 그 횟수가 현저하게 줄어 든 것을 앞서 살펴보았다. 성경 안에서 꿈은 하나님의 뜻을 전하는 하나의 방법이지, 그것만이 하나님의 뜻을 전하는 유일한 수단은 아니다. 예를 들면 환상, 신화, 이야기 등도 하나님의 뜻을 전하는 수단이다. 이렇게 하나님의 뜻을 전하는 방법에 여러 가지가 있다는 것은, 달리 말하면 각각의 방법마다 자신만의 한계와 가치가 있다는 의미일 것이다. 그렇다면 성경에 나타나는 꿈들의 한계점과 가치는 어떤 것일까? 이점에 대해서 박종수 교수는 다음과 같이 말하고 있다.

문제는 성경에 소개되는 꿈을 분석하고자 할 때 발생한다. 꿈을 꾼 당사자가 우리 옆에 없다는 점이다. 꿈꾼 사람은 없고 해석자만 있을 때 그 꿈은 기록에 의존하여 해석될 수밖에 없다. 이점은 꿈 분석은 꿈꾼 사람과 분석가 사이의 공동 작업이라는 기본전제와도 부합되지 않는다. 여기에 심리학적 꿈 분석과 성경의 꿈 분석 사이에 거리가 존재할 수밖에 없다. 따라서 우리는 기록만을 의존해서 꿈을 분석 할 때 꿈의 진정한 의미에 가까이 갈 수 없다는 한계를 인정해야한다. 이처럼 성경의 꿈을 분석하는 데 현실적인 어려움이 있음에도 불구하고 이 작업은 의미가 있을 것이다. 성경에 소개된 꿈을 분석함으로써 정신분석이나 분석심리학과 성경학의 대화가 가능해지며, 더 나아가 성경의 꿈 분석을 통해 영혼의 치유나 목회상담을 위한 많은 통찰력을 얻을 수 있기 때문이다(박종수, 2004: 194-195).

성경에 나타난 꿈의 이해를 통해 신자들은 성경과 개인적이고 주관적인 관계를 형성하는 데 도움을 받을 수 있을 것이다. 성경의 강독자는 자신의 내면세계를 더 잘 이해하기 위해서 이러한 상징들을 활용하고, 자신의 꿈속에 나타난 상징들의 의미를 되새겨 볼 수 있을 것이다. 특히 주관적인 수준에서의 강독자는 성경의 꿈과 자신의 꿈과의 대화 안에서 생명력 있는 상징들의 실제를 깨달아 갈 것이다. 강독자와 성경 사이의 올바른 대화는 이러한 의미에서 내적인(본질적인) 대면으로의 '이동'을 창조하는 것이라고 말할 수 있다. 그러나 이러한 내적인 대면으로의 이동은 텍스트들에 생명을 주는 꿈(몽환상태)같은 비전의 능력을 실현시키는 조건 하에서만 나타날 수 있다. 강독자는 새로운 이해에 접근하게 하는 내적 세계의 양상으로서, 자신의 꿈의 내용에 착수해야 한다. 그 과정 속에서 그 자신은 함축되고, 그럼으로써 그는 변화될 수 있을 것이다.

V
영혼의 치유에 있어서 꿈의 해석의 활용과 그 한계

이번에는 영혼의 치유를 위한 꿈에 대한 개념을 분명히 하기 위한 비교의 도구로 프로이트학파와 융학파의 꿈의 이해를 간략하게 살펴볼 것이다. 그러고 난 후에 현대 정신의학의 꿈에 대한 이해와 기독교적인 꿈의 이해에 대하여 살펴볼 것이다. 영혼의 치유를 위하여 꿈을 연구하고자 할 때 특정 정신분석학파의 이론을 추종하기 보다는 다양한 정신분석 이론을 섭렵해야 한다. 그것은 프로이트의 이론을 거부하지 않으면서, 꿈들은 원인과 기원만 있는 것이 아니라 의미와 목적을 가지고 있다는 것을 설명하기 위해서, 오히려 그것을 완성하고 확대하는 것과 같은 것이다.

1. 프로이트와 융의 꿈 이해

1) 프로이트와 꿈

프로이트가 단지 정신적인 질환을 앓고 있는 환자들뿐만 아니라 모든 주체를 위해서 '무의식에 이르는 왕도' 라는 꿈을 발견하기까지 우리는 오랜 시간을 기다려야 했다. 프로이트는 교회와 과학에 의해 무시되었던 꿈에 과학적이고 치료적인 가치를 부여했다. 또한 그는 심리적 기제의 콤플렉스의 원인을 꿈을 통해서 밝혀내었다. 앙뚜완느 베르고트(Antoine Vergote)[36]에 따르면 프로이트는 꿈을 성스러운 텍스

---

36 앙뚜완느 베르고트는 가톨릭 사제이자 신학자이면서 프로이트 학파의 정신분석가다. 그는 벨기에 가톨릭 루뱅대학교에서 철학, 심리학, 종교심리학을 가르치면서 정신분석적 임상에도 공헌하였다. 『종교

트로서 다루었는데, 유대인이었던 그는 꿈을 연구하는 데 있어서 토라(Torah)에서 많은 영감을 받았으며 히브리 성경의 이야기들 속에서 많은 아이디어를 얻었다고 보았다.

프로이트가 가진 유대교 전통은 한편으로는 그를 토라의 탈무드적이고, 미드라쉬 전통적인 해석들에 익숙하게끔 했다. 모든 랍비 성경해석자들처럼, 프로이트는 심지어는 꿈과 같은 텍스트의 모든 세부사항들을 심각하게 다루었다. 그리고 얼핏 보기에 이해할 수 없는 어떤 부분들을 재빨리 즉흥적으로 제작된 것이나, 혹은 우연한 것으로 간주하는 것과는 거리가 멀었다. 그는 그것들을 성스러운 텍스트로서 다루었다(Vergote, 1973-1975: 253-254).

프로이트에게 있어서 꿈들은 무의식 속에 억압된 환상을 분석하는 가장 적합한 도구였다. 과학과 문명이 발달한 시대에 성경의 관점이 부적절하고 낡아빠진 '신화'로 간주되며 기껏해야 초기 교회의 신앙을 나타낼 뿐 객관적인 그 어떤 실재가 될 수 없다고 보는 견해는, 프로이트가 무의식을 발견한 이후에 도전받고 있다. 그것은 프로이트 이래 우리가 무의식의 역동성에 대해서 발견하고, 무의식이 지니고 있는 힘과 그 힘에 얽힌 여러 가지 법칙들에 관해서 알게 되면서, 성경에 대해서 점점 더 깊은 관심을 가지게 되었으며, 성경은 언어로 된 보화 속에서 인간에 관한 진실을 이야기 하고 있기 때문이다(Dolto, 1996/2000: 24-25). 즉 성경은 읽는 이 누구나 보편적으로 취할 수 있는 원형의 보고(寶庫)이며, 인류의 보편적인 삶을 보여주는 거울이자 원형적 이야기들을 만날 수 있는 곳이기 때문이다. 정신분석은 꿈과 환상을 비롯하여 신화, 민담, 동화 등의 원형적 이야기들의 분석을 통해 무의식을 발견했듯이 성경의 이야기 속에서 인간 무의식의 깊이를 캐낼 수 있기 때문이다. 또한 프로이트는 내면세계의 실재와 우리의 의식 상태에 깊

언어의 해석』, (1974), 『죄의식과 욕망: 강박신경증과 히스테리의 근원』(1978), 『종교, 신앙, 불신앙』(1984), 『정신분석과 승화』(1997) 등의 저서에서 현대사회의 종교적 현상을 정신분석적 시각으로 고찰하였다.

이 영향을 미칠 수 있는 무의식의 힘을 임상적으로 증명하는 데 성공했기 때문이다(Sanford, 1987/1999: 20). 이와 같은 프로이트의 발견이 기독교의 방향과 조화되지 않는다 할지라도, 적어도 꿈의 해석에 관한 한 그의 공헌은 과소평가 될 수 없을 것이다.

2) 융과 꿈

그러면 융은 꿈을 어떻게 이해했을까? 융은 꿈을 단순히 과학적 도구로만 사용하는 게 아니라, 꿈의 내용물들을 성경[37] 속에서 연구하면서, 거기서 인류의 집단 무의식과 신과의 관계에 대한 표현을 이끌어낸다. 융은 정신분석 과정에서 사람 개개인은 그 자신이 되도록, 자기를 성취하도록, 자신의 길을 좇도록 불러지며 통과의례처럼 혼란스러운 길을 만나고, 많은 장애물들로 인해 종종 고통을 경험한다고 보았다. 그에게 있어서 꿈은 자신의 실현을 위한 안내자로서 나타난다고 보았다. 또한 융은 내면의 실재가 본질적으로 원형적이라는 것을 보여주었다. 즉 그것은 모든 인간에게 공통적으로 적용되는 구조를 가지며, 따라서 어느 개인 혼자만의 관점에서 배타적으로 이해될 수 없는 것임을 보여주었다. 무의식은 마음의 최하부로부터 우리 자신의 삶의 폐기물을 두는 곳일 뿐 아니라, 우리의 의식적인 삶들이 솟아나며 그 위로 영혼의 배가 삶의 전 과정 동안 항해를 하는 큰 바다이다. 따라서 융학파의 기독교영성심리학자 샌포드는 무의식의 실재를 참작하지 않고서는 예수께서 하신 말씀의 내적 의미를 완전하게 다룰 수 없다고 보았다(Sanford, 1987/1999: 20-21). 꿈에 대한 융의 설명은 다음과 같다.

꿈이란 우리 정신의 가장 비밀스럽고 은밀한 곳 또는 가장 깊숙한 곳으로 우리를 이끌어 가는 작은, 숨겨진 문이다. 그런데 우리의 정신(psyche)은 그 자체 속에 먼 옛날에는 자아의식(ego-consciousness)이 있었던 하나의 정신인 우주적

---

[37] 융도 프로이트가 그랬었던 것처럼 성경 본문들을 늘 가까이 했다는 것은 잘 알려져 있는 사실이다.

인 밤(cosmic night), 그리고 우리의 자아의식이 얼마나 멀리까지 뻗어나가고 있을지라도 계속해서 하나의 정신으로 남아 있을 우주적인 밤에로 개방되어 있는 것이다. (...) 꿈속에서 우리는 이 원초적인 밤의 어둠 속에서 살고 있는 보다 더 보편적이며, 진실하고, 영원한 사람이 살고 있는 듯한 장면들을 연출해 내고 있다. 그 어둠속에서 그는 전일성을 이루고 있으며, 전일성은 그의 내면 속에 깃들어 있다. 그것은 그의 본성과 다른 것이며, 모든 자아성(自我性)을 벗어나고 있는 것이다. 이렇게 모든 것을 통일하고 있는 심연 그 자체가 결코 유치하다든지 기괴하다든지, 부도덕한 것은 아니라고 할지라도, 그 속에서부터 우리의 꿈들이 생겨나고 있다(Jung, 1962/1995: 644).

융에게 있어서 꿈은 인격의 심층을 드러내는 능력이 있기 때문에 꿈의 해석은 심층심리학의 모든 유형에 있어서 필수적이다. 게다가 융에 의하면 꿈은 많은 경우에 있어서 종교적 기능으로 채워진다. 왜냐하면 꿈은 원인이 있으며, 특히 의미와 목적이 있으며 '하나님의 이미지'를 계시하기 때문이다. 융은 꿈에서 무의식의 표상들을 보았고 그 꿈들을 통해서 인간 심리의 자율적 구조들인 콤플렉스들과 원형들을 발견했다. 그 가능한 인격화들 중의 하나는 융이 정확한 본성에 대하여 의견을 표시하는 것을 거부했던 바로 하나님이다. 그에 따르면, 몇몇 꿈들은 특별한 영적 의미를 가질 수 있고, 혹은 진정한 종교적 경험들이므로, 꿈의 해석은 영혼의 치유에 있어서 한층 더 중요한 자리를 차지한다고 보았다. 종교적이라 규정할 수 있는 누미노즘적인 표현을 꿈에서 만날 수 있기 때문이다. 또한 초월적 통합은 융의 사상의 중요한 양상인데 자아(Soi)에 이르는, 또는 그리스도인에게 있어서 그리스도에 이르는 대극의 통합에 있어 꿈의 이해는 매우 중요하다고 볼 수 있다.

2. 현대 정신의학에서의 꿈과 수면 그리고 무의식과의 관계

꿈과 수면과 무의식과의 관계를 살펴보면, 우선 꿈은 수면 중에 일어나는 일련의 시각적 심상이라고 볼 수 있다. 보통 꿈이라고 할 때는 수면 중에 꿈꾼 경험이 깨어난 후에도 회상되는 회상몽(回想夢)을 말한다. 수면상태에 들어가면 뇌수의 활동상태가 각성시와는 달라지는데, 이때 일어나는 표상(表象)의 과정을 '꿈의 의식'이라 하며, 깨어난 후에 회상되는 것을 '꿈의 내용'이라고 말한다. 최근에는 발달된 과학기술을 바탕으로 꿈꾸는 상태, 또는 꿈을 꾸고 있을 때의 뇌의 활동 상태에 대해서 뇌파적인 수면연구가 행해지고 있다. 예를 들면, 잠을 자고 있는 사람을 깨워서 꿈에 대한 공술(供述)을 시킬 때의 뇌파적인 수면의 깊이와 그 수면의 깊이에 따르는 뇌파의 변동을 연구하는 방법들이 그것들이다.

일반적으로 프로이트 전까지만 하더라도 깨어났을 때 기억에 남는 꿈은 수면이 깊지 않을 때 꾸는 꿈으로 알려졌다. 즉 꿈은 수면을 방해한다고 보았다. 그러나 많은 연구들은 꿈이 수면을 방해하는 것이 아니라 앞서 말한 대로 오히려 잠을 보호한다는 것을 보여주었다. 예를 들면 생리학적인 면에서는 인간은 꿈꾸는 동안 수면 과정과 더불어 중추신경 내부의 흥분성이 저하된다고 본다. 따라서 뇌 속의 여러 영역에 생기는 흥분이 넓게 전달되지 않게 되고, 그 결과 전체적으로 뇌의 활동상태가 점점 해체되어 소위 해리상태에서 표상작용이 일어난다는 것이다. 즉 우리는 어떤 깊이의 수면상태에서도 꿈을 꿀 수 있다.

사실 이러한 수면과 꿈 그리고 무의식의 관계는 오늘날 신경정신의학에서도 계속 연구되고 있다. 일반적으로 인간의 수면은 비렘(NREM) 수면(non-rapid eye movement-sleep)과 렘(REM) 수면(rapid eye movement-sleep)으로 구분한다. 정상 성인의 밤 수면은 보통 4~6회의 주기가 반복되는데 대개 비렘 수면으로 시작하여 점점 깊은 수면으로 들어간다. 수면 시작 후 80~100분에 첫 번째 비렘 수면이 나타나고, 그 후로는 비렘 수면과 렘 수면이 약 90분을 주기로 반복된다. 렘 수면은 전체 수면 시간의 20~25%를 차지하고 바로 이 렘 수면시기에 사람은 꿈을 꾸게 되는데, 렘 수면 중에 깨어나면 대부분 꿈을 기억하지만, 렘 수면이 끝난 후에 깨어나면 꿈을 거의 기억하지 못하는 것으로 알려져 있다.

정신분석적 측면에서 볼 때 한 개인이 꿈의 자료로부터 회상몽이 구성되려면 꿈에 대한 극화(劇化) 또는 소설화(小說化) 같은 것이 시도되어야 한다고 본다. 이때 방어 메커니즘이 작용하여 꿈의 내용이 위장되기도 하는데 바로 이것이 꿈을 해석해야 하는 연유이다. 또한 이것은 꿈을 중개로 한 정신분석적 임상 가능성의 이론적 근거가 되는 것이다.

3. 꿈에 대한 기독교적 평가

꿈에 대한 위와 같은 전제를 통해 우리는 다음과 같은 질문을 제기할 수 있을 것이다. 영혼의 돌봄의 영역 안에서 꿈은 영적 삶의 촉진을 위해 무엇을 할 수 있을 것인가? 꿈에 대하여 기독교적인 시각을 견지한다는 것은 어떤 의미가 있는가? 영적인 삶에 있어서 꿈의 해석 또는 정신분석의 고유한 자리는 무엇이며 어떠한 역할을 기대할 수 있는가? 앞서 살펴본 대로 꿈의 해석은 인간 심리의 상태를 밝혀주기 때문에 매우 중요하다. 특히 몇몇 꿈들은 특별한 영적 의미를 가지거나 종교적인 경험을 표현할 수도 있기 때문에, 꿈 해석은 기독교(목회)상담에서 한 층 더 큰 의미를 가진다.

한편 목회 돌봄에서 꿈 해석을 사용하는, 꿈에 대한 특별한 흥미와 지식을 가진 기독교(목회)상담전문가나 학자들이 있다. 예를 들면, 켈지(Morton Kelsey)[38]와 샌포드(John Sanford)는 신적 계시의 중재로서 몇몇 꿈들에 의미를 부여하는 탁월한 신학적 논쟁을 전개했다(Hunter

---

38 특히 기독교적 시각에서 꿈의 의미에 대한 논의는 모턴 켈지(Kelsey, 1974)의 저서를 참조할 수 있다. 켈지는 꿈, 병 고침의 주제에 관해 풍부하게 다루었다. 어린 시절에 받은 정서적인 상처를 치유하는 '내적 치유'에 대하여 기술하였으며, 이는 심리학과 영성을 통합한 예라고 볼 수 있다.

et al., 1990: 309).

헬름스(C. G. Helms)에 의하면 특히 기독교(목회)상담에서 보고되는 꿈들은 외부의 사람들과 사건보다는 꿈꾸는 사람의 인격의 심층에서 무슨 일이 일어나는지에 대해 고려되어야만 한다고 보았다. 사실 꿈 중에는 외부세계에 대한 지식을 포함하거나 외부 세계의 실제 인물에 대한 감정과 태도를 나타내는 꿈들이 있다. 그러나 이러한 두 종류의 꿈들과는 대조적으로, 기독교(목회)상담에서의 꿈들은 꿈꾸는 사람의 인격과 연관된다고 보았다. 따라서 기독교(목회)상담가는 꿈속에서의 꿈꾸는 사람의 모습은 꿈꾸는 사람의 의식적 자아를 대표한다는 점을 이해해야한다고 보았다.[39] 꿈을 이해하기 위한 최상의 방법은 예수께서 자주 '천국은 마치…' 이라는 말로 소개하신 다음에 그 비유의 이미지를 말씀하신 것과 똑 같이, '이 꿈은 마치…' 라는 말로 스스로에게 설명을 시작하는 것이 가장 좋다. 꿈과 비유들은 모두 인간 영혼의 창고로부터 심상들을 이끌어 냄으로써 목적을 달성한다. 꿈과 예수 그리스도의 교훈은 개념화된 진술이 아니라 심상들로서, 우리는 그 심상을 통해서 우리 자신의 모습을 비추어 볼 수 있다. 예수 그리스도의 비유와 말씀이 예수 시대의 사람들과 마찬가지로 현재 우리들의 상황에도 적용되는 것은 바로 이런 이유 때문이다(Sanford, 1987/1999: 23).

꿈 이론의 현대학파인 '트랜스퍼스날 심리학(transpersonal psychology)' 은 기독교적인 꿈의 이해에 기여했다. 왜냐하면 이 학파는 꿈 이론에 대한 심리학적 관점을 포기하지 않으면서 동시에 영적이고 성경적 관점을 말하고 있기 때문이다. 다시 말하자면 프로이트와 융, 그리고 성경적 관점을 포함하는 포괄적인 의미를 제시하고 있다. 트랜스퍼스날 심리학자들은 꿈이 인간 작용의 다양한 층위로부터 해석 가능한 메시지를 주는 것으로 보고 있다. 즉 꿈의 동기는 꿈꾸는 사람의 생물학적, 심리학적 그리고 영적인 필요를 표현한다는 것이다. 이런 트

---

[39] 기독교(목회)상담에서 꿈의 해석에 대하여 헬름스(Helms, 1990: 308-310)을 참조하시오.

랜스퍼스널 심리학의 학문적인 기여 중 하나는 꿈속에서의 동시 발현에 대한 강조이다. 달리 말하면 전자아 및 본능은 자아와 공존하고 사회심리적 관심은 영적 관심과 공존한다는 것이다(Hunter et al., 1990: 310). 왜냐하면 인간은 영, 혼, 육으로 이루어진 통합적인 존재이기 때문이다.[40] 이러한 관점에서 볼 때 우리는 심리학에 대한 신학적인 통합의 가능성을 보게 된다.

본 장을 마무리하기 전에 한국 교회에서의 꿈에 대한 시각을 살펴보는 것은 영혼의 치유를 목표로 하는 기독교(목회)상담을 염두에 둘 때 유용한 정보가 되리라 생각한다. 다행스럽게도 한국 교회에서 꿈에 대하여 말하거나 꿈을 해석하는 것을 금기시 한 적은 없었다. 그러나 교회에서 꿈은 영혼의 치유를 위한 분석의 대상이기보다는 하나님으로부터 온 직접적인 '계시'로 받아들여지는 경우가 많아서 여기에 따르는 문제를 야기하기도 했다. 그것은 계시에 대한 정확한 의미의 결여에서 비롯된 것이라고 볼 수 있다. 이러한 의미에서 나는 '계시적인 꿈'과 '계시가 아닌 꿈'을 구별해야한다고 본다. 물론 여기에서 '계시'라 함은 '일반 계시'[41]를 의미한다.

우리가 알고 있는 바와 같이 일반 계시는 언어(verva)의 형태로 인간에게 주어지는 것이 아니고 사물(res)로 된 것이다. 그것은 인간 마음의 구성과 자연의 전체 구조 그리고 하나님의 섭리적인 다스리심의 과정으로 인간에게 오는, 인간의 지각과 의식을 향한 적극적인 나타남이다. 하나님의 생각들은 자연 현상들 속에, 인간의 의식 속에, 그리고 경험 및 역사의 사실에 나타나 있다(Berkhof, 1974, 1988: 139).

---

40 트랜스퍼스널 심리학에 대한 논의는 윌버(Wilber, 1984: 137-166)를 참조할 수 있다.

41 개혁 신학은 처음부터 일반 계시가 있음을 가르쳐 왔다. 칼뱅(Jean Calvin)은 『기독교 강요』에서 다음과 같이 말하고 있다. "인간의 마음 가운데는 타고난 본능에 의해 하나님에 대한 지각이 있다는 것이 확실하다. 우리는 이점에 대해 논쟁의 여지가 없는 것으로 받아들인다. 그 어느 누구도 무지를 가장하여 도피하지 못하도록 하나님은 그의 신성한 위엄을 어느 정도 이해할 수 있는 마음을 모든 사람들 속에 심어주셨다. (...) 비록 다른 면에 있어서는 짐승과 다를 바가 없는 것처럼 보이는 사람일지라도 종교의 씨앗을 어느 정도 지니고 있는 것이다. 이 보편적인 개념이 모든 인간의 마음속에 굳게 자리 잡고 있다" (Calvin, 1535/1990: 77-79).

위와 같은 개혁주의 신학자 벌코프(L. Berkhof)의 지적대로 '일반계시'는 인간의 의식과 마음에 나타나는 하나님의 다스리심이다. 이러한 차원에서 한국 교회에서 꿈에 대한 연구가 영혼의 치유를 위해, '일반 계시'로서, 혹은 분석의 대상으로서, 신앙인의 무의식의 표현으로서, 분별력 있게 받아들여질 때 그 의미는 더할 것이다. 그렇다고 그 연구가 무턱대고 심리학적으로 환원되어서도 안 된다. 왜냐하면 인간 정신에 대한 심리학적 체계나 혹은 가장 정확하게 보이는 서술조차도 하나의 역사적인 현상에 불과한 것이기 때문이다. 그럼에도 불구하고 영혼의 치유에 있어서 꿈 분석의 유용성에 대하여 박종수 교수는 다음과 같이 말한 적이 있다.

꿈 분석은 영혼의 치유와 목회상담을 위해서 좋은 도구가 될 수 있다. 이때 꿈꾼 사람(내담자)과 분석가(상담자) 사이에 하나님의 음성(하나님의 말씀)이 있어야 할 것이다. 다시 말해서, 꿈꾼 사람이나 꿈 분석가 모두는 하나님의 음성을 듣기 위해 진지한 자세로 임해야 한다는 것이다. 하나님의 음성은 단순히 어떤 성경 구절을 암송한다거나 혹은 교회법을 외운다고 해서 들려지는 것은 아닐 것이다. 하나님의 음성은 서로의 내면세계에 귀를 기울일 때 우리 안에서 들려 올 것이다. 이때 분석가나 목회자가 반드시 흠이 없는 온전한 전문가일 필요는 없을 것이다. 상처 있는 사람만이 형제의 아픔을 감쌀 줄 안다. 상처입은 치유자(wounded healer)가 다른 사람과 함께 하나님의 치유사역에 들어가기 위해, 꿈 분석 작업과 같은 인간 심리의 지식은 기독교(목회)상담에 도입될 필요가 있다(박종수, 2004: 252-253).

VI
나오는 말

우리는 불합리한 시대 속에서 꿈(무의식)의 끈질긴 활동, 특히 꿈의 해석과 연구의 의미를 영혼의 치유의 관계선상에서 살펴보았다. 이 글을 시작하면서 밝혔듯이 나는 다음과 같은 질문들에 우회적인 방법으로 대답하기 위해 꿈을 연구했다. 과연 과학적이기를 바라는 정신분석학의 이론적 개념과 체계들은 영적인 삶을 목표로 하는 종교적인 삶에 대해서 파멸을 초래하는 하나의 가장 위험한 적이 아닌가? 정신분석학적인 태도는 종교의 세계에 혐의를 야기하지 않는가? 이러한 비판 섞인 질문처럼 사실 현대의 일부 기독교(목회)상담학이 지나치리만큼 심리학(특히 정신분석학)과 결부되어서 정신분석의 분석 기법에 치중하는 흐름이 있음을 전적으로 부인할 수 없다. 그럼에도 불구하고 왜 우리는 혹자들이 교회와 경쟁관계에 놓여있다고 보는 정신분석학에게 도움을 청하여야 하는가라는 질문 또한 계속하지 않을 수 없다.

오늘날 신학자, 종교학자들은 정신분석학의 무의식적 영역의 발견과 인간의 종교적 심성의 발견, 그 둘 모두에 관심을 가지고 있다. 정신분석학은 영성신학, 성경신학뿐만 아니라 영혼의 치유를 그 중심주제로 삼는 기독교(목회)상담학 분야에 근본적이며 다양한 문제들을 제기했다. 사실 신학(교회)과 정신분석학이 서로 대화를 하는 것은 계시로부터 오는 측면의 어떤 것과 치료적 도구가 되는 측면의 어떤 것, 어쩌면 서로 어울리지 않는 이 두 실재들 사이의 관계를 알아보기 위함이다. 그리고 이 두 학문 사이에서 대화를 유도할 수 있는 유일한 공간은 의식적이든 그렇지 않든 각각의 두 흐름 사이의 교리적인 측면(정신분석 역시 '도그마'라는 용어를 사용함)이 아닌 인류학적인 측면이 될 것이다. 이런 인간의 마음과 그 생명력, 본성, 그리고 영성에 대한 문제는 두말할 나위 없이 상담신학과 정신분석 사이의 건설적인 대화를 위한 잠재력 있는 출발점을 구성할 것이다. 이 두 학문은 인간의 중심에 있는 신성(하나님의 이미지)이나 욕망을 각각 설정하면서 어떤 질문들에 대답하도록 체계화되어 있기 때문이다.

앞에서 살펴 본대로, 꿈의 해석은 영혼의 치유의 실천에서 매우 유용한 도구가 될 수 있다. 영혼의 치유에서 꿈의 해석은 두 명의 파트너들 사이의 협력 관계이다. 즉 꿈을 꾼 사람은 해석을 확인해 주고, 치료자 또한 꿈의 핵심적인 사항을 가져와야 하는 것이다. 이때 치료자의 이론들이 정확할수록 또한 임상 경험이 풍부할수록 꿈은 보다 원활하게 해석될 수 있을 것이다. 즉 꿈은 유희적이고 상상으로 가득 찬 상징들로 구성되기 때문에 영혼의 치유자는 꿈의 연구에 대해 객관적 이론에 입각한 철저한 태도를 취하면서도 동시에 개방적인 임상적 태도를 취해야 한다. 더 나아가 어떤 꿈들은 영적 엑스터시와 경의, 경탄이 가능한 인격의 부분들로부터 비롯될 수도 있다는 점을 인식하여야 할 것이다. 달리 말해, 영혼의 치유자는 위와 같은 객관적 이론에 입각한 태도와 동시에 누미노즘적인 측면도 무시하거나 피하지 말아야 할 것이다. 왜냐하면 인간의 종교성은 인간의 내면적인 것과 초월의 실제 사이에 존재하는 심리의 역동성과 상징에 의해 설명되어져야 하기 때문이다. 또한 꿈들이 우리가 주문하지 않는 상징들을 생산해 낸다는 관점에서 볼 때, 꿈은 신학자들이 '은총' 이라 부르는 것에 대해 생각할 수 있게 하기 때문이다.

그러나 꿈의 해석과 같은 정신분석적인 작업이 인간의 내면세계의 이해에 빛을 던져주었고, 영혼의 치유를 담당하는 성직자나 상담가에게 많은 정보와 지식을 가져다주었다고 할지라도, 우리는 정신분석적 작업의 한계를 지적하지 않을 수 없다. 사실, 인간의 심리와 영혼의 세계의 심층은 깊고도 넓다. 또 변화무쌍하다. 이러한 인간내면 세계의 치유에 개입하고자 할 때 인간내면에 대한 지적인 탐구와 열정은 당연히 중요하다. 그러나 인간의 노력과 의지를 넘어서 있는 또 하나의 세계에 대한 인식 역시 중요하다. 그것은 영혼의 치유자와 내담자 사이에서 화해, 회복, 위로의 영으로 활동하시는 성령의 존재에 대한 인식이다. 물론 이는 같은 신앙체계(belief system) 안에 들어와 있는 교회공동체에 해당되는 경우이고, 신앙체계의 밖에 있는 내담자들에게 영혼의 치유는 과연 어디에서, 어떻게 일어나는 것인가라는 문제는 우리가 밝혀 나가야 하는 또 다른 과제 중의 하나이다. 그리고 '기도 없는' 꿈의 해석과 같은 정신분석적 작업이 영혼의 치유를 중심주제로 하는 기독교(목회)상담신학을 어디까지 풍요롭게 할 수 있는 도구가 될지, 또한 그 한계는 무엇인지에 대한 대답도 기독교상담신학이 풀어야 하는 과제 중의 하나일 것이다.

VII
토론

정신분석과 신학_영혼의 치유와 꿈의 해석에 대한 토론

안석 박사의 제1장은 정신분석학(특히 꿈 해석)이 기독교 영혼의 치유에 수용 가능한지를 타진해 보는 연구였다고 볼 수 있다. 안 박사는 유럽, 특히 프랑스권 신학자들이 정신분석을 교회와 신학에 어떻게 수용했는지를 소개하면서 결국 우리도 그것을 수용해 볼 수 있는 가능성을 가지고 응용, 적용해야 한다는 입장을 조심스럽게 드러내고 있다. 그동안 기독교(목회)상담학계에서는 정신분석에 대해서 긍정적 입장을 취하지 않은 정도가 아니라, 적대적 관계로까지 이해하는 일각도 있었는데 최근 정신분석과 교회 및 신학은 더 이상 적대적인 관계가 아니라 서로를 풍성하게 하는 동반자가 되어가고 있으며 그렇게 되어야 한다는 것이 안 박사의 지론이다.

또한 안 박사는 원시교회로부터 시작하여 중세 및 근대교회의 꿈에 대한 입장을 살펴보고 있으나, 이는 꿈 자체에 대한 연구라기보다는 인간의 무의식에 대한 교회의 입장에 대한 연구라고 해야 할 것이다. 사실 인간의 무의식에 대한 연구가 마치 정신분석학의 독점적 주제처럼 인식되고 있지만 무의식의 역사는 인류의 기원부터 시작되었다고 볼 수 있다. 그래서 안 박사는 교회사에서 인간의 무의식에 대하여 어떤 태도를 견지해 왔는지에 대한 논의를 펴면서, 특히 교부들의 꿈 이해, 중세교회의 꿈의 억압, 꿈 해석 금지 등의 내용을 전개하고 있다. 이에 더해 안 박사는 신·구약 성경을 통해서 꿈 해석의 가치와 한계를 제시하고 있는데 하나님으로부터 왔다고 보는 꿈과 악마로부터 왔다고 보는 꿈의 두 가지 견해를 분석하고, 이성이나 합리주의가 팽배해 있는 오늘날 영혼의 치유를 위한 꿈 해석의 활용 및 한계에 대하여 프로이트 학파(정신분석학)와 융 학파(분석심리학)의 입장을 각각 설명하고 있다. 결국 안 박사의 입장은 꿈 해석은 영혼의 치유에 유용한 도구가 될 수 있다는 것인데 그 이유는 꿈이 인간 정신세계, 무의식의 세계를 보여주고 있을 뿐만 아니라, 그 안에는 영적 메시지가 상징적으로 내포되어 있기 때문이라는 것이다.

토론자는 토론의 활성화를 위해 다소 아쉽게 느꼈던 점과 몇 가지 질문을 제시하고자 한다. 먼저, 안 박사 본인도 지적하고 있듯이 정신분석은 그 시초부터 신학적인 시각에서 볼 때 불편하리만큼 상당히 이질적인 내용을 담고 있다. 이렇듯 정신분석의 근간이 비신학적이고 비신앙적인 사상인데 그 학문적 결과를 기독교, 교회, 기독교(목회)상담학 등에서 영혼의 치유에 도움이 된다 하여 그것을 적용할 수 있는지에 대한 입장이 명확했으면 좋았겠다는 아쉬움을 갖게 한다. 즉 정신분석학이 구체적으로 기독교신앙의 영역에서 어떤 순기능과 역기능을 할 수 있을지에 대하여 입체적 시각을 갖고 비평적 입장에 대해서도 소개했더라면 더 객관적인 글이 되었을 것이라고 사료된다. 앞의 글에서 제시된 정신분석 이론들에 대해서도 기독교(목회)상담 성향에 따라, 어떤 입장에서는 많은 정보와 깊이를 제공해 주었다고 평가되지만, 일부 복음주의적 성향에서는 아직도 이를 심리적 이설로 여기는 양극화가 나타나는 것이 현실이다. 이렇듯 정신분석 선구자들의 무신론적 입장에 기초된 이론 및 그 학문적 결과들을 수용하기 어렵다는 거부의 입장에 대해서 어떻게 동의를 구하거나 설득시킬 수 있을지도 궁금하다.

두 번째로 이 책의 제1장은 심리학과 신학의 간학문적 연구에 대한 우회적 방법으로 꿈을 연구한 것으로 이해되는데, 이는 결국 심리학과 신학의 통합에 대한 시도라고 볼 수 있을 것이다. 그렇다면 안 박사는 심리학과 신학의 통합에 있어서 어떤 구조를 가지고 있는지, 또 가장 바람직한 통합 구조는 어떤 것이어야 하는지에 대한 논의가 있었으면

독자들에게 균형 잡힌 시각을 갖도록 했을 것이라고 생각된다. 아울러 통합 구조를 수립하는 것은 정신분석학의 꿈 해석뿐만 아니라 여타의 심리학 이론과 기법을 기독교(목회)상담학 및 영혼의 치유에 적용, 활용할 수 있는 유용성을 갖게 하리라고 생각한다. 토론자는 기독교(목회)상담학 분야의 신진학자로서 안 박사의 통합에 대한 노력을 치하하고 싶다. 향후 안 박사의 이런 통합적 노력을 통해 한국 신학 및 기독교(목회)상담학계가 더욱 풍성해 질 것을 기대하면서 토론을 마치고자 한다.

VIII
더 읽을거리 및 볼거리

꿈에 대한 좀더 깊은 이해를 원하는 사람들에게는 다음과 같은 도서를 추천한다. 꿈의 형성 원인, 꿈에 대한 임상적 특징과 사례, 꿈에 대한 다양한 이론, 그리고 꿈의 분석과 꿈 분석의 임상적 의미에 대하여 자세하게 설명되어 있는 책으로는『꿈 분석』(Lillie Welss 저, 하나의학사, 1987)이 있다. 아울러 꿈에 대한 분석심리학(심층심리학)적 접근으로서, 꿈의 영적 의미, 꿈과 기독교적 세계관, 꿈과 영성과의 관계 등을 자세히 다루고 있는『꿈의 해석과 영적 세계』(김성민 저, 다산글방, 2002)의 일독을 권한다. 또한 프로이트의『꿈의 해석』을 쉽게 풀어 재미있게 만화로 엮은『프로이트 꿈의 해석』(최현석 저, 이상윤 그림, 주니어 김영사, 2009)은 이제 막 꿈에 대해 관심을 갖기 시작한 독자들에게 권할 만하다. 특히 성경의 꿈 이야기뿐만 아니라 성경 이야기를 융의 분석심리학적 관점에서 해석함으로써 성경에 대한 분석심리학적 통찰력이 상담과 심리치료에 어떻게 활용될 수 있는지를 제시하고 있는『융 심리학과 성서적 상담』(박종수 저, 학지사, 2009)의 일독을 권한다.

꿈을 소재로 다룬 영화나 비디오를 시청하는 것 또한 꿈에 대한 임상적 의미를 이해하는데 커다란 도움이 될 것이다. 조셉 루벤 감독의 '드림스케이프'(Dreamscape, 1984)는 천부적인 심령술을 지니고 있는 청년 알렉스가 노보트니 교수가 연구하는 꿈 프로젝트에 참여하게 된다는 내용이다. 이 프로젝트의 최초 목적은 정신질환자의 꿈속에 들어가 질병의 원인을 알아내고 치료하는 것이었으나 정보책임자인 밥은 심령술을 이용하여 미국 대통령의 꿈에 잠입해 그를 제거하려는 음모를 꾸미고 있었다. 밥은 또 다른 미치광이 심령술사인 토미를 이용하여 대통령의 꿈속에 잠입하여 대통령을 제거하려고 하지만 알렉스가 그의 음모를 알아채고 역시 꿈속에 들어가 토미를 죽이고 대통령을 구해낸다. 정치적 음모의 내용을 다룬 이 영화의 스토리 자체는 치밀하다고 말하기 힘들다. 그러나 꿈에 대한 풍부한 상상력과 꿈을 통한 치유의 예를 보여주고 있다는 점에서 매우 돋보이는 영화라 할 수 있다.

소망충족으로서의 꿈은 미쉘 공드리 감독의 '수면의 과학' (The Science of Sleep, 2006)과 김기덕 감독의 '비몽(悲夢)' (2008)이 잘 보여주고 있다. '수면의 과학'에서 주인공 스테판이 꾸는 꿈은 모두 소망충족으로서의 꿈을 잘 보여준다. 또한 '비몽'은 진(오다기리 죠)이라는 인물이 꿈을 꾸면 여주인공 란(이나영)이 그의 꿈대로 행동하게 된다는 내용이다. 진이 꾸게 되는 꿈은 확실히 사랑하는 여자를 꿈에서라도 만나기 위한 소망충족으로서의 꿈이다. 이것이 일종의 예지몽이 되어 란의 행동으로 이어지게 되는 것이다. 예지몽으로서의 꿈에 대한 입장은 독자마다 다르리라 생각한다. 그러나 이 영화들은 소망충족으로서의 꿈을 잘 보여주고 있기 때문에 꿈에 대해 관심이 있는 분이라면 한 번쯤 감상해볼 만하다.

꿈에 대한 풍부한 상상력과 꿈을 통한 치유의
예를 보여주고 있는 영화 '드림스케이프'

소망충족으로서 꿈의 예를 보여주고 있는
영화 '수면의 과학'

정신분석과 상담신학_
피스터와 투르나이젠의 영혼의 치유

2

> 사람의 심령은 그의 병을 능히 이기려니와
> 심령이 상하면 그것을 누가 일으키겠느냐!
> (잠언 18장 14절)

이 장의 목적은 오스카 피스터와 에드워드 투르나이젠의 영혼의 치유의 방법론을 비교 연구함으로써 영혼의 치유에 대한 새로운 방법론을 탐색하고 정신분석과 목회적 돌봄의 통합적 가능성을 제시하는 것이다. 이를 위하여 영혼의 치유에 있어서 피스터의 정신분석적 이해, 그리고 심리학을 하나의 보조학문으로 보면서 하나님의 말씀, 기도, 고백 등과 같은 신학적 전통에 더욱 충실한 투르나이젠의 입장을 각각 살펴본 뒤, 영혼의 치유에 있어서 이 두 가지 방법론의 공헌과 한계점을 기술하였다. 역사 속에서 기독교상담신학과 정신분석은 오랫동안 갈등해왔다. 그러나 나는 이번 장을 통해 기독교(목회)상담자가 영혼의 치유를 위해 신학적 전통을 근거로 하면서 동시에 정신분석적 성찰의 임상적 함의를 받아들일 때 효과적이고 전인적인 치유자가 될 수 있다고 제언할 것이다.

주제어: 기도, 기독교(목회)상담, 성경, 영혼의 치유, 정신분석

I
들어가는 말

이번 장에서는 기독교상담신학을 함에 있어서 정신분석학의 공헌과 한계에 대하여 연구해보고자 한다. 우리는 계속해서 '정신분석(학)' 이라는 용어를 사용할 것인데 이 용어는 그 자체에서 의미론적인 문제를 제기하고 있다. '정신분석(학)' 은 프로이트 학파가 종종 다른 어떤 학파는 그것을 사용할 권리가 없다고 주장하면서 독점하려는 특별한 어휘일 수도 있다. 그러나 우리는 지난 세기 동안 있어온 이 용어의 확장과 변형에 적합하게 사용할 것이다. 그럼에도 정신분석학의 발달은 확실히 프로이트의 근본적인 발견, 즉 무의식의 역할에 달려 있었다고 해도 과언은 아니다. 그래서 우리는 먼저 프로이트의 정신분석에 대해 그 기원으로부터 현재에 이르기까지 기독교 신학이 취해 온 입장을 간략히 정리할 것이다. 그 후에 영혼의 치유를 위하여 정신분석, 심층심리학을 도입한 신학자의 예를 살펴볼 것이다. 프로이트의 제자이자 동료였던 스위스 개신교회 오스카 피스터(Oskar Pfister, 1873-1956)의 영혼의 치유와 종교교육에 있어서의 정신분석의 적용의 예를 살펴 볼 것이고, 칼 바르트의 제자이자 동시에 동료였던, 변증법적 신학(theologie dialectique)의 선구자였던 에드워드 투르나이젠(Eduard Thurneysen, 1888-1974)의 기독교(목회)상담신학을 고찰할 것이다. 투르나이젠은 자신의 기독교(목회)상담신학의 확장을 위해 융의 분석심리학을 도입했다. 피스터가 프로이트의 정신분석을 적극 도입하면서도, 정신분석을 신학을 위한 보조학문이 아닌 정신분석 고유의 학문 영역으로 인정하였다면, 투르나이젠은 분석심리학을 신학을 위한 하나의 보조학문으로 받아들인 경우로 볼 수 있다. 여기에서 신학과 정신분석(또는 심층심리학), 좀더 넓은 의미에서 신학과 심리학과의 관계에 대한 모델들이 나타난다.[1] 또한 그 모델들의 양상에 따라서 신학과 정신분석(또는 심층심리학) 사이의 학제간의 연구의 방법론이 설정될 수 있을 것이다. 그 후에는 두 명의 신학자의 정신분석적 방법론의 긍정적인 면과 한계점도 지적 할 것이다. 마지막으로는 영혼의 치유에 있어서의 정신분석적 공헌의 구체적인 예와 신학적으로 풀어야할 과제들을 살펴 볼 것이다. 우리나라의 정신분석학은 그 역사에 비해 신학적 활용에 대해서는 거의 소개되지 않았다. 이런 국내의 상황을 고려할 때 위와 같은 연구들은 그 의미와 가치를 가질 것이다.

---

[1] 신학과 심리학의 학제간 연구의 모델과 방법론에 대하여 카터와 내러모어의 공저(Carter & Narramore, 1979/1997)와 헌싱거(Hunsinger, 1995/2000)를 참조할 수 있다.

II
정신분석에 대한 기독교의 시각

 신에 대하여, 영성에 대하여 정신분석의 관심을 자극했던 종교 안에는 본질적으로 무엇이 있는가? 그리고 신에 대한, 종교에 대한 이러한 정신분석학적인 관심은 언제부터 시작되었는가? 프로이트학파의 개신교 신학자인 떼오 프리메르(Théo Pfrimmer)와 종교심리학자 앙뚜완느 베르고트(Antoine Vergote)의 지적에 의하면, 정신분석학은 역사 초기부터 철학자들과 신학자들뿐만 아니라 심리학자들 사이에서 부분적으로 철학적 담론과 신학적 담론을 독점했음에도 불구하고, 사실 서구세계의 사상에 이질적이며(hétérogène), 이단적인 현상으로 나타났다고 보았다(Pfrimmer, 1982: 6).

 그러면 왜 정신분석학은 서구사회에 이질적인 것으로 비춰졌을까? 그것은 기존사회의 선입견 때문이 아니었을까? 그러나 어쨌든, 정신분석의 초기에 교회는 정신분석을 거부하는 입장이었다. 그것은 단지 프로이트가 종교를 노이로제와 동일시하고 귀신 쫓아내는 일을 비난했기 때문만이 아니라(초기의 프로이트는 종교 역사와 귀신이 들린 유명한 사례에 큰 관심을 가졌다), 정신분석이 교회가 받아들일 수 없는 성 이론과 가족의 개념위에 서 있기 때문이었다(Roudinesco, 2002/2005: 70). 정신분석학이 숨겨진 성적 의미만을 도처에서 본다는 명백한 선입견은 심리학자들, 철학자들 그리고 신학자들의 가장 큰 충돌 원인이었고, 성경학자들로 하여금 정신분석학은 정신질환자들하고만 관련이 있을 뿐이라고 생각하게 하여 정신병리학 너머의 모든 정신분석학 이론의 확장은 범성욕주의자의 고정관념을 드러내는 것으로 치부되었다. 그러나 그것은 단순한 오해였을 뿐만 아니라 그 오해의 근원은 깊었다(Vergote, 1973-1975: 252). 정신분석이 서구사회에서 이질적인 것으로 보여졌던 이유에 대해서 베르고트는 다음과 같이 설명하고 있다.

사실, 문제시 되어온 것은 여러 세기를 지배해온 이성주의적(rationaliste)이고 이원론적(dualiste)인 모든 인류학이다. 우리는 인간을 의식적인 주체로서 생각해왔고, 육체를 물질과 본능의 근원으로 간주해 왔다. 따라서 의식과 정신적 의지는 책임을 질수 있고, 그렇게 해야만 한다. 정신분석학은 의식과 자아가 심리 구조의 내부에 있는 작용들이라는 것과 언어, 의식 그리고 행위는 억압되고 항상 활동적인 재현(représentation)으로 되어진 무의식에 의해서만 실현될 수 있다는 점을 보여주었다(Vergote, 1973-1975: 252).

베르고트의 말대로라면, 정신분석학은 여러 세기를 지배해온 이성주의적이고, 이원론적인 인류학을 바로 보게 했다. 비록 우리에게 이질적인 것으로 보인다 할지라도, 그러한 이질성이 영성과 성경해석의 문제들뿐만 아니라 영혼의 치유를 그 주제로 하는 기독교(목회)상담 분야의 기독교 신학을 풍성하게 하고 인간의 심성을 밝혀주는 데 공헌할 수 있다고 가정할 수 있다. 베르고트는 이 새로운 인류학은 인간과 삶의 총체를 내포하면서 기독교 신앙의 근간을 이루는 성경의 강독을 풍부하게 할 수 있음을 다음과 같이 지적한바 있다.

정신분석학은 동일한 심층적인 심리적 법칙들이 병리학적인 인간 행동에 대해서뿐만 아니라 정상적인 인간행동에 대해서도 어느 정도 잘 설명해 주는 일반 인류학의 기초를 발달시켰다. 그리고 만약 성(sexualité)이 이러한 인류학의 중심에 있다면, 그것은 성적으로 분화되고 욕동적이라는 성의 본성으로 인해 인간은 출생과 죽음, 법과 죄의식, 주이쌍스(희열, jouissance)와 욕망이라는 존재론적인 실제에 직면하고 있는 것이다. 인류학에서의 그러한 발달은 텍스트의 독해에 영향을 미치지 않을 수 없었다(Vergote, 1973-1975: 252-253).

III
오스카 피스터와 에드워드 투르나이젠의 영혼의 치유와 정신분석

다음과 같은 하나의 질문에서 출발해보자. 영적 동행과 영혼의 치유를 위해 가져올 수 있는 정신분석학적(분석심리학적)측면들은 어떤 것들인가? 우리는 심리학에 대하여 각각 다른 입장을 취하고 있는 두 명의 신학자를 살펴볼 것이다. 한 명은 프로이트학파인 피스터(O. Pfister)이고, 다른 한 명은 융학파라고 부를 수는 없지만 프로이트 보다 융의 심리학에 기대고 있는 투르나이젠(E. Thurneysen)이다. 영혼의 치유의 실천에 있어서 이 둘의 고유한 방법론은 분명한 한계를 지니고 있지만, 우리는 그들로부터 오늘날 영혼의 치유를 행할 때 고려해야할 점들에 대한 유익한 단초들을 발견할 수 있을 것이다.

1. 피스터의 영혼의 치유와 정신분석

프로이트는 종교를 억압된 신경증으로 간주하였고 과학으로 되돌아가기 위해서 종교를 거부하며 무신론주의를 표명했다. 이런 이유들로 교회들과 종교적인 그룹들은 정신분석을 신뢰하지 않았었고 '적대적이었으며, 특정 그리스도인에게 있어서는 정신분석을 가까이 한다는 것이 《마귀와 가까이 하는 것》을 의미하기까지 했다(Falque, 2003: 130). 사실 앞에서 살펴본 대로 정신분석과 교회의 이러한 첨예한 갈등 구조는 오랜 시간 이어져왔다. 그러나 그 와중에서도 몇몇 신학자와 종교적인 작가들은 정신분석에 관심을 기울이며 프로이트의 종교 이론에 대한 절대적인 반대에 의문을 제기했다. 그들 가운데 오스카 피스터는 신학과 영혼의 치유의 정신분석학적 해석에 있어서 선구자였다.

그는 '스위스 목사 오스카 피스터' 라고 불리기도 하는데 이 명칭은 정신분석에 대한 그의 기여를 상징하는 것이다. 피스터는 모든 도그마를 거부하고, 규격화되고 형식화된 방법이 아닌 치료를 실천하면서, 그는 스위스에서 일반인(의사가 아닌 사람)분석을 반대하는 사람들과 충돌했다.

피스터는 빈의 최고 실력자인 프로이트의 앞에서도 어떤 이견이 있으면 주저 없이 논쟁에 임했고 특히 신앙에 대해서 그리하여 종교에 대한 불신을 가지고 있는 프로이트를 위해 진정한 사랑의 본을 보이며, 그에게 사랑을 찾아보도록 확신을 주었다. 프로이트 역시 목사 피스터에게 호의적인 존경을 표했다. 그것에 관해서 어네스트 존스는 다음과 같이 기록한다.

프로이트는 피스터에 대해 대단한 열의를 갖고 있었다. 프로이트는 피스터가 보인 인간 본성에 대한 낙관주의는 물론 그의 고귀한 도덕적 생활과 모든 이에 대한 그의 이타심을 존경하였다. 프로이트가 '신의 사람' 이라고 시작되는 편지를 쓸 만큼 훌륭한 개신교 목사의 친구가 되려고 했다는 것은 프로이트 자신이 정의한 대로 '무례한 이방인'이 신뢰할 수 있는 목사의 인자함에서 어떤 즐거움을 발견했기 때문이다(Roudinesco, 2002: 812).

1) 피스터의 생애와 정신분석과의 인연

목사이자 스위스 교육학자인 피스터는 쮜리히(Zurich) 외곽의 비디콘(Wiedekon)에서 1873년 2월 23일 태어나, 1956년 8월 6일 같은 곳에서 사망했다. 그는 비디콘에서 목회활동을 했던 아버지의 진보적이고 자유주의적인 기독교와 어머니의 경건주의에 깊게 영향을 받았다.[2]

---

[2] 피스터의 아버지는 그가 겨우 세 살 때 사망했지만, 목사로 살다 가신 아버지가 남긴 인생의 흔적들은 그의 성장 과정 속에서 지속적인 영향을 끼쳤다. 이런 아버지의 자유주의적 신학과 어머니의 경건주의의 종교적 성장 배경은 칼 융의 종교적 성장 배경과 흡사하다. 자신의 심리적, 영적인 욕구의 목마름을 채워주지 못했던 당시의 이성적이고 메마른 합리주의에 물든 신학에서 정신분석에 눈을 돌린 후, 정신분석의 이해를 통해 그들의 종교적 전통을 풍성하게 했던 이들의 심리적 메커니즘에 대한 종교심리학적 연구는 그들의 종교적 심성은 물론 당시의 신학적, 종교적 색채를 어느 정도 밝혀줄 수 있을 것이다.

1891~1895년 사이에 바젤과 쮜리히에서 철학, 신학, 역사, 심리학, 그리고 베를린에서 정신과학과 심리학 그리고 철학을 공부한 그는 첫 번째 부인 에리카 분더리(Wunderli)와, 후에 정신과 의사가 된 아들과 함께 발트(Wald)에 정착하여 처음으로 목회활동을 시작한다. 이후로 피스터는 쮜리히의 목사로서 1902년부터 쮜리히의 선교 소교구와 연합목회를 시작으로 1939년까지 이 사역을 계속하였는데 이와 거의 비슷한 시기에 고등학교의 교사와(1906-1936), 정신분석가로서의 활동도 병행하였다. 이런 복합적인 활동들을 통해 그는 신학, 교육학, 그리고 인간과 자연과학에 정신분석학적인 사상의 적용을 감행했다.

정신분석학의 처음 단계에서(1908-1914), 피스터는 조셉 브로이어, 칼 구스타브 융과 같은 정신분석학 운동의 선두주자들과 함께 긴밀하게 공동 작업을 수행했다. 1908년 1월 칼 융의 조언에 의해 그는 그의 첫 정신분석학적 연구에 대해 프로이트에게 문의했는데 이것을 시작으로 둘의 교류는 30년 동안 계속되었다. 1909-1939년 사이에, 프로이트와 피스터가 주고받은 서신은(피스터의 편지보다 프로이트가 보낸 편지의 양이 더 많다) 두 사람에 대한 중요한 정보의 근원으로 남아있을 뿐만 아니라 피스터의 모든 사역기간을 상세하게 보여주고 있다. 또한 이들 사이에 오고간 서신들을 살펴보면 서로의 이론에 대한 신랄한 비판으로 이른바 '날카로운 무기(armes acérées)' 의 사용을 허용하기도 했지만 동시에 현실적 관용과 상호간의 본질적인 이해 또한 보여주고 있다(Meng, 1966: 11). 이 아름다운 관계를 확인시켜주는 100여 통의 편지는 후에 안나 프로이트와 에른스트 프로이트에 의해 1963년에 출판되었다.[3] 한편 피스터는 융과도 지속적으로 교류했는데,[4] 1913년 7월

---

[3] 필자는 이 글에서 피스터와 프로이트가 주고받은 서신과 그의 대표적인 저서중 하나인 『기독교와 두려움』을 중심으로 오스카의 정신분석적 신학 사상을 살펴볼 것이다.

[4] 융은 피스터와 공동 작업으로 적지 않은 글을 썼다. 1903년 「경험적 과학으로서 소개된 조직적인 정신분석학적인 방법」이라는 제목으로 프로이트의 서문과 함께 편찬된 소논문이 그것이다. 이 책의 첫 출판을 위해서 융은 어린아이의 심리학에 대하여 일부분을 할애하였다. 그 외에 융과 피스터는 다른 다양한 주제에 대해서 공동 작업을 했다. 예를 들면, 진젠도르프 백작의 정신병리학에 대해서 쓴 『리비도의 은유와 상징』이라는 책에서 융은 피스터의 연구서를 여러 차례 인용하였다.

10일 쥐리히 사람들이 국제정신분석학협회에 정식적으로 절교를 선언할 때, 즉 프로이트와 융의 결별 시에 오스카 피스터의 신의는 무거운 시험에 맡겨졌다. 프로이트는 그와 가장 가까운 동료들인 에네스트 존스와 산도르 페렌찌는 신뢰했음에도 불구하고 피스터가 자신에게 반대하고 융의 학파를 추종할까봐 걱정했던 것이다. 그러나 피스터는 1919년 3월에 에밀(Drs Emil), 오베홀쩨(Mira Oberholzer)와 함께 스위스 정신분석협회(Société Suisse de Psychanalyse)를 창설하는 등 프로이트학파 정신분석학의 대열에 계속해서 머물러 있었다.

2) 피스터의 정신분석적 영혼의 치유

우리는 여기에서 영혼의 치유를 위한 피스터의 정신분석적 활용을 간단히 살펴보면서 다음과 같은 질문을 제기할 수 있다. 정신분석학은 영적 삶의 촉진을 위해 무엇을 할 수 있을 것인가? 영적인 삶에 있어서 정신분석학의 고유한 자리는 어디이고 어떠한 역할을 담당하며 또 어떤 역할을 기대할 수 있는가? 정신분석의 초기부터, 영혼의 치유에 정신분석학적 성과들을 도입했던 피스터의 방법론은 어떤 장단점을 갖고 있는가?

피스터는 신학자로서, 목사로서, 영혼의 치유자로서 관대함과 온화한 인격을 갖추고 있었다. 우선 그가 정신분석학적인 연구와 활동을 위해서 목사로서의 기능과 교회의 사역을 소홀히 했다고 믿는 것은 잘못된 것이다. 그는 어중간하게 활동한 사람이 아니다. 그는 통합적이고 확고한 신학자로서 그의 사역을 담당했으며, 영혼의 치유를 위해 찾아오는 많은 사람들을 언제나 진정어린 호의와 밝은 표정으로 대했다. 이러한 그의 인상을 그의 친구 페닝거(Pfenninger) 목사는 다음과 같이 쓰고 있다.

그는 개방적인 기독교의 대표자로서, 교리적인 모든 속박에 저항하는 자였다. 그러나 관대하고 애정이 넘치는 환대를 도그마들에 연결하기 위해서는 기다리고 보류해야 한 다는 것 또한 알고 있었다. 이러한 태도로 인해 그는 교회 성도들의 지지와 존경을 받았다(Meng, 1966: 11).

1908년 초 피스터는 파리의 살페트리에르 대학병원과 함께 유럽에서 가장 유명한 정신병원인 쮜리히의 뷔르그휠츨리(Burghölzli)병원에서 조교로 일하던 칼 융의 소개로 십 여 년 동안 그 자신을 고무케 했던 문제에 대답하고 있는 프로이트의 저서들을 발견했다. 그것은 다름 아닌, 심리학적인 그리고 신학적 사상의 구성적이며 논리적인 종합의 문제였다. 그러면 이제 하나의 질문에서 출발해보자. 피스터에 있어서 영혼의 치유를 위한 영적인 동행의 정신분석적 조건은 어떤 것인가?

피스터는 인간의 이성이 극도로 중시되던 당시 19세기 말의 이성적이고 합리적인 신학에 회의를 느끼고 인간의 심리적, 영적 세계의 탐구를 위해서 정신분석에 귀를 기울인다. 1908년에 피스터는 프로이트의 연구에 몰두했고, 거기에서 오랫동안 찾아왔던, 사람들의 영혼의 치유를 도울 수 있는 새로운 도구를 발견했다. 그것은 다름 아닌 정신분석이었다(Meng, 1966: 10). 피스터는 산업화에 무너진 도덕성과 현대 인간들의 불안감에 대해 구체적이고 현실적인 답을 주지 못하는 무기력한 낡은 신학에 충격을 받고, 정신분석에 관심을 갖게 된다 (Roudinesco, 2002: 812). 그렇다고 해서 피스터가 전통적인 신학적 방법론을 버렸다는 것을 의미하지는 않는다. 오히려 그는 신학의 풍부함을 위해서 프로이트의 정신분석적 해석을 시도했다. 즉 예수의 가르침의 근원인 신앙 안에서의 사랑과 사랑 안에서의 신앙의 일치에 기초한 삶의 형태를 정신분석적인 방법을 통해 보여주고자 했다. 피스터는 다음과 같이 말했다.

만약 우리가 그것을 심리학적이고 의학적인 관점에서 고려한다면, 예수의 업적의 역사적 중요성은 두려움과 억압을 가져오는 엄격한 권위의 형태를 보다 부드럽고 선의에 가득 찬 권위의 형태인 사랑으로 대체했다는 점에 있다. 그는 영혼을 위한 최선의 사회적, 개인적, 치료, 예방을 보여주었다. 그는 순전히 권위적이고 지시적인 종교적 실천의 윤리적 체계에 사랑에 대한 믿음과 믿음에 의한 사랑이 존속되도록 했다. 그 속에서 의무와 성향은 하나로 연합되고, 가장 높은 권위는 그 뒤에 있다. 예수와 함께, 〈계명들〉은 강도와 범위에서 동시에 확장되고, 그것들의 실현은 더 이상 외적 의지를 위한 것이 아니라 개인과 보편적인 인류의 행복을 위한 것이 된다. 그리고 그것들은 더 이상 가혹하고 엄격한 성격을 가지지 않는다. 왜냐하면 그 목적은 사랑과 자유이기 때문이다(Pfister, 1944/1948: 215-216).

피스터는 프로이트의 저서들을 강독하면서 얻은 직감과 임상 경험을 토대로, 상담과 교회에 관련된 목양의 문제들에 정신분석학적 임상적 함의를 적용하려고 노력했다. 그는 개신교 목사로서, 신학자로서 종교뿐만 아니라 교육, 역사, 정치학, 예술 분야에 정신분석학적 해석을 적용하는 등 프로이트 동시대 인물들 중에서 프로이트의 정신분석적 사상과 가치를 처음으로 대중화한 인물이기도 하다. 그에게 있어서 정신분석은 목회적 동행과 상담 과정에서 내담자를 위한 도움의 근원이었고 그의 영향으로 인해 오늘날 많은 영혼의 치유자들 역시 정신분석학에 관심을 기울이고 있다. 왜냐하면 정신분석은 인간들 안에 나타나는(구체적으로 질병, 장애, 절망, 실업, 이혼, 사랑하는 대상의 죽음 등과 같은 인간이 연약해질 수밖에 없는 상황 하에서) 복잡한 마음과 심리적 메커니즘들을 이해할 수 있도록 하는 데 있어서 신앙적인 측면을 부정하지 않으면서도 함께 할 수 있는 동반자이기 때문이다.

피스터는 1909년부터 정신분석학을 중심으로 전개시킨 목회사역과 교육학의 원리들을 개인적으로 가공했고, 그에게 도움을 청하러 오는 사람들의 무의식적인 근원들과 불안상태와 양심의 가책(scrupules), 그리고 강박증에 대한 반-무의식적인(demi conscientes) 지점에 이르는 길을 개척하여(Meng, 1966: 10), 1956년 타계할 때까지 신학과 정신분석에 관련된 많은 책과 논문을 썼다. 그는 저서들 속에서 정신분석학적인 심리치료의 방법들의 기술에 대하여, 신경증의 형태 안에서 성욕의 병인학적(étiologique de la sexualité) 중요성에 대하여, 종교와 히스테리에 대하여, 예술심리학, 철학 그리고 정신분석학에 대하여, 정신분석학적 영적 사역 및 기독교와 불안(angoisse)에 대하여, 그리고 유비적인 다른 주제들에 대한 관찰과 연구의 결과들을 제시하고 있다(Meng, 1966: 10). 그밖에도 분석적 교육학의 이점 그리고 정신분석학적인 신학에 대한 100여 편의 소논문과 많은 책들이 있는데 그 중 가장 중요한 저서들을 뽑자면, 정신분석학의 첫 번째 개요인『경험적 과학으로서 소개된 조직적인 정신분석학적인 방법』과 앞에서 인용한『기독교와 두려움(Das Christentum und die Angst)』(1944)일 것이다. 또한 프로이트에 의해 행해진 기독교에 대한 공격들(1927)[5]에 대해서 엄격하고도 설득력 있게 대답한『미래의 환상』(1928)과『정신분석학적 주위의 투쟁을 위하여』라는 제목으로 출판된 에세이집도 주목할 만하다. 특히『미래의 환상』은 프로이트와 과학적이며 학문적인 논쟁을 할 수 있게 하는 바탕이 되었는데, 이 책에서 그는 진정한 신앙은 신경증으로부터 인간을 보호한다고 확신하며 프로이트 입장 그 자체는 기독교인의 진실한 태도를 빗겨나가는 환상으로 보았다.

한편『기독교와 두려움』에서는 «영혼의 치유(Soin psychique analytique)» 라는 목회적 책임의 정신분석학적 접근을 보여주었다. 예수의 사랑의 권위는 두려움을 제거하고 긍휼과 치료의 전달자가 된다고 보았던 피스터는 이 책에서 다음과 같이 말하고 있다.

정신분석 치료에서처럼 예수에게 있어서 두려움은 속죄나 용서 없이, 죄책감의 경감에 의해 치료된다. 치유는 최고의 신적인 권위로서 사랑과 사랑의 치유에 기초한다. 예수는 가장 위대한 능력의 선구자이다. 그것을 잊어버린다면 두려움과 강요가 오게 된다. 그는 권위를 재현하고, 그의 지위는 자신의 능력의 발현에 의해 증명된다. 예수는 또한 긍휼과 치료의 전달자가 된다. 그는 또한 구원적 사랑의 대상이 된다(전이). 예수에 대한 몇 가지 두려움의 요소가 남아 있지만 이는 사람들로 하여금 구원의 길로부터 떠나는 것을 막고, 하나님을 영광스럽게 하도록 초청하

---

5 프로이트의 종교에 대한 논쟁을 담은 『환상의 미래』를 말한다.

기 위한, 매우 주의 깊은 경고들이다(Pfister, 1944/1948: 216).

피스터는 영혼의 치유자는 기본적으로 인간심리에 대한 지식이 있어야 한다고 보았다. 그래서 그는 프로이트와 주고받은 서신 속에서 여러 가지 의미로 해석되는 'Seelsorge(영혼의 돌봄)' 이라는 독일어를 자주 사용하면서, 영혼의 치유에 정신분석학의 적용을 고려하지 않는 것에 대하여 프로이트를 비난하기도 했다. 피스터에 따르면 영적 지도의 영역 안에서 초자연적인 요소에 의지해야 한다고 주장하는 것은 무의미하다. 오히려 영혼의 치유자는 인간의 특별한 감정 안에 새겨진 (s'inscrivent) 종교적 경험의 요소들인 모든 《영적》 실재를 위하여 개인의 심성을 이해해야 하며, 또한 주체성의 활동들(jeux de la subjectivité)을 이해하기 위해서 인간의 무의식의 심층을 배워야 하기 때문에 필연적으로 심리학자가 되어야 한다고 보았다(Widlöcher, 1966: 31). 그러나 영혼의 치유자가 반드시 인간심리의 전문가일 필요가 있는가라는 문제는 여전히 남는다. 보다 중요한 것은 영혼의 치유를 위해서는 인간 심리에 대한 전문적인 지식이 필요하다는 인식 그 자체일 것이다. 다시 말해서 영혼의 치유자는 반드시 인간심리의 전문가일 필요도 없고 흠이나 실수가 없는 온전한 인간일 필요도 없다. 상처입은 치유자(wounded healer) 역시 내담자의 아픔을 감쌀 줄 알기 때문이다. 그러나 치유자는 성공적인 치유를 위해 인간 심리의 전문가와 긴밀한 협조를 필요로 한다는 인식이 중요하다.

피스터가 정신분석학에 대한 지식의 필요성을 인정하면서 보여준 지성과 현실주의는 인간에 대한 존중심에 의해 더욱 보완된다. 사실 그는 우리가 이미 말했던, 영혼의 치유자(일반적으로 성직자)라는 자신의 위치가 불러일으키는 신뢰에 의한 손쉬운 전의에 기초한 권위를 사용하는 것을 거부했다. 다시 말하자면 진정한 영혼의 치유는 성직자의 권위에 의해 이루어지는 것이 아니라, 독립적인 각각의 존재로서, 인간의 자율성 안에서 이루어진다고 보았다. 또한 그는 도움을 요청하러 오는 사람들에게, 실질적인 근거를 공급하기 위하여 논리적인 논증(argumentation)을 사용해야 한다고 보았고, 도덕의 영역에서와 마찬가지로 신앙의 영역에서 이를 지지하기 위해 필요한 감정적 논증(argumentation «sensible»)은 영적 상담의 자율성을 지향하면서 세울 수 있다고 보았다(Widlöcher, 1966: 31). 이렇듯 자신이 속해 있었던 영적 가치들을 인정, 방어하면서도 정신분석가들과 긴밀한 관계를 유지한 덕분에, 피스터는 프로이트로 하여금 종교인들이 정신분석을 사용하도록 허가하게 만들었다. 그는 목사로서 영혼의 교화와 정신분석치료법을 혼합하여, 의사들의 계급 체계와 종교적 권위주의의 불쾌함을 벗어나는 임상적 실천을 하였는데, 이것은 후에 『일반인에 의한 분석 문제』에 대한 추서(postscriptum)에서 프로이트가 언급할 정도로 프로이트에게 깊은 영향을 주었다. 이 후 프로이트는 정신분석의 시행을 의사에게만 맡기고 비전문가를 이로부터 배제하는 것은 더 이상 불가능하게 되었다고 보았으며, 의사가 아닌 사람도 제대로 준비를 하고 때때로 의사의 도움을 받는다면 신경증 환자를 분석적으로 치료하는 과제를 수행할 수 있다고 보았다(Freud, 1925/1997: 89). 또한 전문성을 갖춘 분석가는 그가 성직자와 같은 마음을 갖추고 있는지를 평가받고 또 그렇게 간주되는 데 전혀 문제가 없을 것이라고 보았다(Roudinesco 2002: 813).

3) 피스터의 정신분석적 영혼의 치유의 영향

미국정신과협회(American Psychiatric Association)는 해마다 정신의학과 종교심리학 분야의 최우수 연구자에게 오스카 피스터 상(Oskar Pfister Award)을 수여하고 있다. 이는 이 분야에서의 피스터의 위상을 가늠하게 해주는 것이다. 또한 1973년 쮜리히에서는 정신분석학과 영혼의 치유 그리고 교육학에 대한 그의 공헌을 기념하고 단행본을 편찬하면서 피스터 탄생 100주년을 축하하기도 했으며, 피스터가 학파를 창립하지 않았음에도 불구하고 한스 줄리거(Hans Zulliger)와 에

른스트 슈나이더(Ernst Schneider)을 중심으로 한 쥐리히 목사들이 작은 그룹을 이루어 정신분석학적 교육학의 영역 안에서 그에 대한 연구를 오랫동안 지속하고 있다. 특히 피스터는 아동교육학에 정신분석을 응용한 학자로도 잘 알려져 있다. 피스터는 프로이트에게 보내는 편지에서 그가 교육학에 정신분석을 도입하였고, 당시 쥐리히에서 이 분야에 성공을 거두고 있음을 알렸다. 그는 이 영역을 «소아정신분석(pédanalyse)»이라 칭하며 다음과 같이 편지에 적고 있다.

제가 다양한 장소에서 공개적으로 정신분석에 대해 말해온 것은 이제 네 번째입니다. 저는 그때마다 큰 성공을 거두었습니다. 쥐리히의 수많은 교육자들이 모여서 소아정신분석에 친숙해 질 수 있는 기회를 제공해 달라고 국가에 요구하고 있습니다(Freud & Pfister, 1966: 123).[6]

그는 후크 헬무트(Hug-Hellmuth), 베른펠트(S. Bernfeld)와 함께 이 분야에 대해 지속적으로 연구하였고, 프로이트는 건강한 아이의 예방적 교육과 아직 신경증적이지는 않지만 빗나간 아이의 교정을 위해 정신분석을 응용함으로써 실천적으로 중요한 결과를 갖게 되었다고 피스터를 평가하였다(Freud, 1925/1997: 89). 이후 멜라니 클라인(Melanie Klein)과 안나 프로이트(Anna Freud)의 연구에 의해 아동 정신분석은 비약적으로 발전했다.

스위스 일부 독일어권에서 피스터는 정신분석의 선구자로, 고대 개신교에서의 '영혼의 돌봄(Seelsorge)' 과 프로이트적 기법을 잘 혼합시킨 학자로 이름을 알렸다. 그러나 피스터에게 있어서 정신분석을 사용하는 최종 목적은 항상 내담자(환자)를 그의 종교적 실천에 의해 증명된 치유로 인도하는 것이었다. 결국 피스터는 환자들로 하여금 신경증으로부터 벗어나게 한 후, 신경증을 이겨내게 함으로써 때로는 기

---

6 1920년 7월 12일 피스터가 프로이트에게 보내는 서신(Lettre le 12. 07. 1920)중에서 인용함.

독교인으로서 가치를 다시 알게 하고, 때로는 신에게 귀의하게 하는 것이 분석과 목회자 역할이라고 생각한 것이다. 이렇듯 영혼의 치유는 정신분석에 의해 더욱 풍성해진다는 것이 그의 일관된 생각이었다(Roudinesco, 2002: 813).

4) 피스터의 정신분석적 영혼의 치유의 평가

피스터를 떠나기 전에 몇 가지 질문을 제기해 보겠다. 첫째, 목회적 영혼의 치유와 정신분석학적 심리치료 사이에 모순이 있는가? 사실 이러한 우호적인 대면이 제기하는 질문은 피스터 당시로부터 오늘에 이르기까지 «분석적 당파»의 확산을 생각할 때 해결되지 않은 상태로 남아있다. 영혼의 치유에 정신분석적 방법을 감행했던 피스터는 프로이트에게 그의 논리와 확신을 강조했지만 프로이트의 학문적 입장의 본질까지는 변화시킬 수 없었다.[7] 둘째, 영혼의 치유와 정신분석이라는 주제 속에서 선구자 피스터는 왜 그가 당연히 가졌어야 하는 영향력을 소유하지 못했던가?(피스터는 재평가 받기 전까지 프로이트의 저서『환상의 미래』에 등장하는 '알려지지 않는 대화 상대자(interlocuteur)' 일 뿐이었다). 그것은 유감스럽게도 개방적인 그의 신학은 다음에 살펴볼 투르나이젠의 «변증법적 신학»의 영혼의 치유의 개념과 유리한 만남을 허용하지 않았기 때문이라고 볼 수 있다. 투르나이젠은 영혼의 치유에 있어서 심리학적인 방법론을 적극 도입한 학자들에 대해 날카로운 비판을 서슴지 않았고 거기의 핵심에 피스터가 있었다. 다음은 피스터의 방법론에 대한 투르나이젠의 비판이다.

다소간 직접 심리지도와 상담을 문제로 다루면서 심리학을 응용한 목회방법을 다루고 있는 다른 책들을 소개하겠다. 그 중에는 의사들의 저술도 있고 신학자들의

---

[7] 프로이트는 그에게 이렇게 대답한다. "정신분석 자체는 비종교적이기보다는 종교적이지 않다. 종교적인 것이나 세속적인 것에 얽매이지 않는 입장을 도구로 삼아야 괴로움으로부터 벗어나는 유일한 도움이 되는 것이다"(Roudinesco, 2002: 813-814).

저술도 있는데, 목회자로서 도움이 더 되는 것은 신학자들의 것보다 의사들의 것이 낫다고 생각하는 입장이다. 그 단적인 예로 쮜리히에서 목회를 하던 피스터의 저술을 들 수 있겠는데 아무리 잘 봐주려고 해도, 역시 신학적 깊이와 관점이 빈약한 저서에 불과하다. 그는 이론상으로도 아주 정신분석학에 치우쳐 기독교 이론을 단순한 윤리적 강령 정도로 격하시킨 잘못을 범하고 있다(Thurneysen, 1946/1997: 177).

그러나 이러한 혹평을 견디어 내고 그의 선구자적인 저서들은 최근에 재발견되고 있다(Genre, 1995: 1149). 분명 피스터는 영혼의 치유에 있어서 정신분석을 활용한 선구자였고 우리는 그의 심오하고 고요한 믿음과 정신분석적 지식들을 연계하면서 영혼의 치유를 실천할 수 있을 것이다. 그러나 미셸 바롱(Michel Baron)이 보여주는 것처럼 피스터는 일부 보수주의적 신학자들에 의해 비난받았으며, 때로는 은혜의 메시지를 배반하는 것으로 고발되었다. 보수주의 신학자들은 피스터가 죄를 지은 내담자를 자유롭게 하고 믿음에 자유로운 표현을 주기 위해 정신분석을 사용한다고 보았다. 그들이 볼 때 이러한 작업은 전이와 고전적 방식의 해석에 의해 진행되며 오직 신만이 인간 주체를 구원할 수 있음에도 불구하고 인간 주체가 스스로 죄로부터 벗어나는 것으로 귀결되는 약점을 가지고 있었다. 그리고 더 심각한 점은 피스터가 자신의 작업에 의해 인간 속에서 그의 구원의 원동력이 될 수 있는 〈지대〉를 풀어준다는 점이며, 이점에서 피스터의 이론에 대한 비난의 소리는 더욱 커질 여지가 있다. 인간 안에 죄를 피해가는 작은 일부분이 있을 수 있다고 생각하는 것 또한, 그리스도에 의한 구원이 아니라 인간 스스로에 의한 구원으로 향하게 되는 것이기 때문이다. 그러나 피스터에게 속하는 진보주의 신학자들은 피스터가 인간의 심리적 고통의 현실을 좀더 가까이 보았을 뿐이라고 변호하고 있다(Baron, 1999: 163-164).

2. 투르나이젠의 영혼의 치유와 정신분석

이번에는 피스터의 영혼의 치유의 방법론보다 더욱 신학적인 전통에 서있는 투르나이젠의 영혼의 치유의 방법론을 살펴보자. 스위스의 개신교 목사이자 1930년부터 1959년 은퇴할 때까지 바젤대학교의 실천신학 교수였던 투르나이젠은 칼 바르트(Karl Barth)와 프리드릭 고가르텐(Friedrich Gogarten)과 함께 «변증법적 신학»을 창시하였다. 그리고 하나님의 말씀의 선포에 대하여 강조점을 두면서 변증법적 신학의 한 분파인 바르트학파 신학의 정신에 맞도록, 실천적 영역을 발전시키기 위해서 특별한 양상에 대하여 집중하는 작업을 이어 나갔다. 즉 해방신학과 긍정신학이 인간이 가진 모든 문제의 기점을 인간 그 자체로 보았다고 한다면, 투르나이젠은 그 기점은 오직 성경에 의해서 확인되고, 성령에 의해서 보증된 그리스도 안에서의 하나님의 계시에서만 가능하다고 보았다.[8] 이러한 출발점은 처음부터 말씀의 선포를 함축하면서 영혼의 치유는 각각 특별한 상황 안에서 개인에게 관계될 뿐만 아니라 인간과 세상의 어두움들을 비추는 복음의 선포이며, 현저하게 케리그마적이라고 보았다. 그럼에도 불구하고 투르나이젠은 인간에게 용서의 말씀과 희망의 말씀의 영향이 나타나게 하는 보조학문으로서 심리학의 중요성에 동의하기도 했다.

1) 투르나이젠의 영혼의 치유에 있어서 하나님의 말씀

투르나이젠의 저서 『목회학 원론(*Die Lehre von der Seelsorge*)』[9] (1946)은

---

8 여기에서 투르나이젠이 인간 실존의 구원자로서 하나님과 예수 그리스도의 계시에 절대적인 가치를 부여했던 특수한 역사적 상황을 고려해 볼만하다. 히틀러와 스탈린과 같은 독재자들은 인류의 구원자로서의 그 역할을 하려고 했고, 여러 해 동안 그리스도인들을 박해해왔다. 제2차 세계대전의 파괴 이후에 진정한 구원자 안에서 신뢰를 되찾는 것은 가장 중요한 것이었다.

9 이 책은 우리말로 『목회학 원론』, (박근원 역, 서울:성서교재간행사, 1979)으로 번역되었다. 원전뿐만 아니라 불어의 번역을 참조할 때 "목회학 원론" 보다는 "영혼의 치유의 원론", 혹은 "목회적 돌봄의 원론" 정도로 번역될 때, 보다 더 쉽게 저자의 의도를 파악할 수 있을 것이다. 이 글에서 필자는 독일어 단어 "Seelsorge"를 "목회"라는 말 대신 "영혼의 치유"로 표기했다. 왜냐하면 오늘날 "목회"라는 단어가 갖는

영혼의 치유를 위한 가장 중요한 책들 중의 하나로 잘 알려져 있다. 투르나이젠은 프로이트 사상을 간파하고 있었으나 발달론적인 접근에 흥미가 없었던 것으로 보인다. 그는 모든 세속적 치료요법 이면의 회의주의(scepticisme)는 필요하지 않다고 하면서 세속적 심리치료요법보다는 기독교(목회)상담가로서, 교회 안에서 상담과 영혼의 치유의 실천을 강조하였다. 이것은 영혼의 치유에 있어서 투르나이젠의 모든 신학을 특징짓고 있다고 볼 수 있다. 이러한 이유로 투르나이젠은 『목회학 원론』에서 심리치료와 영혼의 치유를 지나치다 할 정도의 이분법적인 사유체계로 구분하고 있다. 투르나이젠에 의하면 세속의 학문인 심리학, 사회학 등은 목회적 태도를 견지하는 데 분명히 도움을 줄 수가 있지만 그것들이 영혼의 치유의 자리를 대신할 수 없다. 투르나이젠에게 있어서 영혼의 치유와 상담은 «특별한 담론(discours spécial)»이며, 따라서 «세속적인 담론(discours profane)»과는 구분된다고 보았다. 영혼의 치유는 그 자체로 충분하고, 세속적인 지혜에 의존하지 않는다고 보았던 것이다.

스트라스부르그 국립대학교(프랑스)의 개신교 신학자 베르나르 캠프(Bernard Kaempf)는 투르나이젠에 따른 영혼의 치유의 조건들을 명확하게 보여주었다. 그는 투르나이젠이 각 개인의 어려움들을 고려하면서도 심리학을 «영혼의 치유의 보조 학문»로 제한하였고, 그럼으로써 하나님의 말씀의 선포와 종교적 실천의 우월성에 강조점을 두었던 것을 지적하였다.[10] 또한 영혼의 치유란 하나님의 말씀을 개인의 삶의

의미가 교회 공동체의 조직 운용을 위한 행정적, 기술적인 차원의 뉘앙스도 풍기기 때문에, "Seelsorge"가 의미하는 보다 근원적인 차원을 나타내기 위해서는 "영혼의 치유"가 적절할 것으로 생각했기 때문이다. 참고로 앞의 저서가 불어로는 다음과 같이 번역되었다. Edouard Thurneysen, *La doctrine de la cure d'âme*(영혼의 치유의 원론), Neuchâtel, Delachaux et Niestlé, 1958 (Traduit de l'allemand par Georges Casalis de *Die Lehre von der Seelsorge*, paru en 1946). 그러나 독자들이 겪을 혼란을 막기 위해서 앞으로 본문 속에서 이 책을 인용할 때 우리말로 번역된 제목 『목회학 원론』을 그대로 표기 할 것이다.

10 "투르나이젠에게 있어서, 영혼의 치유는 마치 설교가 공동체에 대한 하나님의 말씀의 선포이듯이 개인에 대한 하나님의 말씀의 선포이며, 그리고 극도로 발달한 인문학, 심리학은 영혼의 치료의 보조학문이다"(Kaempf, 1997: 27).

정황에 맞게 적용시키는 것이라고 보았던 투르나이젠은 자연스럽게 인간의 말의 역할도 강조했다. 왜냐하면 말은 하나님의 말씀을 위해 사용되는 것인 만큼, 정신분석에서처럼 고통의 해결과 성찰의 도구이기 때문이다. 그리고 영혼의 치유에 있어서 인간이 주고받는 말은 인간이해를 그 전제로 하므로 영혼의 치유는 인간의 내면 성품을 파헤치고 이에 대한 지식을 전달해 줄 수 있는 보조학문으로서의 심리학을 필요로 한다(Thurneysen, 1946/1979: 173).

여기에서 잠시 언어의 중요성에 대하여 언급해 보자. 언어는 생명처럼 간주되기도 한다. 모든 것을 허용하거나 모든 것을 금지하고, 증명하고 제공하는 것은 언어에 의해서이다. 축복이 될 수도 있고, 저주가 되기도 하는 것이 언어이다. 언어의 중요성을 한 마디로 표현하자면, '언어는 곧 생명'인 것이다. 상담이나 분석의 임상현장에서의 언어의 중요성에 대해서 프로이트는 다음과 같이 말한 적이 있다.

언어란 원래 마술이었으며, 그것은 오늘날까지도 이러한 오래된 마술의 힘을 그대로 간직하고 있습니다. 언어를 통해서 어떤 사람이 다른 사람을 행복하게 만들 수도 있고, 저주로 내몰 수도 있는 것이며 (…) 언어는 감정을 불러일으키며 사람들 사이에 영향을 줄 수 있는 가장 일반적인 수단이기도 합니다. 그러므로 우리는 심리치료에 있어서의 언어 사용을 평가 절하해서는 안 되고, 분석가와 그의 환자 사이에 오고 가는 말들을 들을 수 있는 청취자가 될 수 있는 것만으로도 만족해야 합니다(Freud, 1917/2000: 18-19).

사실 언어는 정신분석학이 의지하는 유일한 치료수단이다. 따라서 모든 치료는 육체적 증상들 속에서, 강박적인 의례들 속에서, 혼란스러운 인간관계들 속에서, 억압이 구체화되도록 하는 의미들을 외상에 의해 끄집어내는 해석 기술이 진실로 인도하는 주체 상호간의 담화 속에 존재한다(이런 분석기술은 이론에 의해 정당화된다). 인간은 의식적인 담화로 승인된 전체 속에 삽입된 말 속에서 수용되어지기를 요구하는 무의식적인 재현들로 인해 심리적으로 고통당하기도 한다(Vergote,

1973-1975: 253).

더 나아가 종교적 삶 속에서 하나님과 인간들 사이의 의사소통을 위해서 언어가 사용되고 있다는 것을 상상해 보자. 그렇게 보면 인간은 언어의 풍부함 덕택에 하나님과 의사소통할 수 있는 기회를 갖게 되었다. 우리가 말하고 있는 언어란 단순히 구강운동을 통해 전달되는 음성만을 의미하지 않는다. 정신분석 이전에 종교는 이미 언어를 성화했고, 그것을 하나님의 은혜를 가르치고 전달하는 수단으로 삼았다. 하나님은 예수 그리스도에게서 그의 성육신으로 말씀하셨다. 요한은 이 점을 우리에게 생생한 언어로 전해준다.[11] 더 나아가 이 말씀의 하나님은 우리를 치료할 수 있고, 빛에 둘 수 있게 하는 모든 말씀의 덕스러운 구원을 가르치고 있다고 디모데는 말한다.[12] 일상적인 대화에서는 격식이 없이, 또는 모호하게 말을 해도 우리가 말하고자 하는 바가 전달되고, 특히 오래된 사이일수록 이러한 대화가 가능하다. 말하는 사람이 무엇을 말하고 싶은지 미리 예측을 할 수 있기 때문이다. 그러나 일반적으로 영혼의 치유의 대화는 문법적인 차원에서가 아닌, 의미의 차원에서 더욱 정교화된 의사소통의 수준을 요구하게 된다. 즉 영혼의 치유를 통해서 타인을 도울 때, 우리는 일상적인 대화보다 타인이 생각하는 것, 혹은 그가 느끼는 것을 덜 알고 있다는 가정 하에서 출발해야 한다. 모든 상처, 모든 부재, 모든 내적인 혼돈, 모든 심리적이고 정신적인 착란은 말해질 때 수리공을 만나게 된다. 나의 아픔을 말한다는 것, 그것은 사회와 가정의 주위에서 나를 둘러싸고 있는 나와, 나 자신을 재건축 하도록 나를 작업대에 올려놓는 것이다. 말한다는

---

11 태초에 말씀이 계셨다. 그 말씀은 하나님과 함께 계셨다. 그 말씀은 하나님이셨다. 그는 태초에 하나님과 함께 계셨다. 모든 것이 그로 말미암아 생겨났으니, 그가 없이는 생겨난 것은 하나도 없다. 그의 안에서 생겨난 것은 생명이었으니, 그 생명은 모든 사람의 빛이었다. (…) 말씀이 육신이 되어 우리 가운데 사셨다. 우리는 그의 영광을 보았다. 그 영광은 아버지께서 주신 독생자의 영광이며, 그 안에는 은혜와 진리가 충만하였다(요한복음 1장 1-4절, 14절).

12 모든 성경은 하나님의 영감으로 된 것으로, 교훈과 책망과 바르게 함과 의로 교육하기에 유익합니다. 그것은 하나님의 사람으로 하여금 유능하게 하고, 온갖 선한 일을 할 준비를 갖추게 하려는 것입니다(디모데 전서 3장 16-17절).

것, 그것은 우리 안에서 영원하고 동시에 덧없는 우리들의 정체성의 기초를 이루는 절대타자의 말씀이 되고, 타인의 말이 되며, 싹트게 하는 종자를 맞이하기 위해서 내적인 밭이랑을 가는 것이다.

언어의 중요성을 염두에 두면서 다시 영혼의 치유에 있어서 하나님의 말씀에 대한 투르나이젠의 이해로 돌아가 보자. 투르나이젠은 심리학과 영혼의 치유의 관계를 어떻게 보고 있는가? 그 나름대로의 과제와 방법을 갖고 있는 영혼의 치유가 인간의 내면의 삶에 대한 정신역동적인 분석과 해명을 근본적으로 참고할 이유는 어디에 있는가? 하나님의 말씀을 전한다는 의미에서 영혼의 치유가 정신역동의 이론과 임상적 가치를 알아야 한다는 것은 무엇을 의미하는가? 사실 투르나이젠은 인간의 내면에 깊이 도사리고 있는 단절감과 아집으로 생긴 장벽을 치료할 때 정신과 의사가 대화를 통하여 심리학적 기교를 발휘해서 그런 장벽을 무너뜨리고 말끔히 없애 줄 수 있다고 보았다. 그러나 한편으로는 순수한 심리학적 입장만으로는 그런 심리적인 단절의 원인과 현상을 설명 할 수가 없기 때문에, 심리학적 기교 사용이 가능하고 효과가 있을지라도 그것은 임시적인 방편에 불과하다고 보았다. 투르나이젠이 볼 때 심리적인 단절의 원인과 현상은 오직 하나님의 말씀에 입각하여 모든 심리적 단절감과 예속감의 원인이 죄에 있다는 점을 확실히 알아야만 해명이 되는 것이었다. 이와 꼭 마찬가지로 대화를 통하여 심리적인 장벽을 제거한다고 하지만 그것은 오직 대화를 뒷받침하고 실제로 열매를 맺게 해주는 사죄의 말씀에 바탕을 둔 대화일 때만 가능한 것이라고 간주하였다(Thurneysen, 1946/1979: 255). 그 결과 투르나이젠은 일반 심리치료와 영혼의 치유를 지나치게 이분법적으로 분석했다. 그에게 있어서 영혼의 치유는 성직자들의 전통적인 방법에 따르기 때문에, 영혼의 치유는 무엇보다도 선포이자 훈육이었다. 또한 영혼의 치유는 성경의 말씀을 설명하고, 성경의 가르침을 듣고자 청하는 내담자들을 격려하는 것이기 때문에 일반 심리치료와는 분명한 차이점이 있고 심리학은 하나님의 말씀이 선포되어야 할 개인적 상황을 성직자가 잘 파악할 수 있도록 도움을 주는 보조학문일 뿐이라고 보았다. 이점에 대해서 캠프(Kaempf)는 다음과 같이 투르나이젠의 견해를 이해하고 있다.

하나님의 말씀은 두 중심인물(주역)사이에 공통분모(공통점)이다. 하나님의 말씀은 복잡하고 생명의 문제를 말할 수 있는 두 중심인물을 동시에 회복시키고 그것들을 해결한다. 이러한 관점에서 투르나이젠에게 있어서 심리학은 인간의 지식을 위한 영혼의 치유의 보조도구가 될 수 있다. 그 결과 그는 현대 심리학의 주어진 경험보다 성경의 인류학적인 확립에 더 많이 의거하였다(Kaempf, 1997: 161-162).

투르나이젠은 정신분석과 같은 심리학의 언어에 대해서도 그것이 타인을 객관화하고 이성적으로 이해하는 데 너무 치중하는 것으로 보고, 분해하거나 분석함이 없이 감정적이고, 감성적인 부분에서 성경에 더욱 무게를 두어야 한다고 주장하였다. 이에 대해 우리는 내담자들의 언어를 객관화하면서 동시에 감정을 받아들이는 능력이 있는 영혼의 치유자들이나 정신분석가들이 존재한다는 것을 언급할 수 있을 것이다.[13]

2) 투르나이젠의 영혼의 치유에 있어서 죄의 용서

투르나이젠에 따르면, 영혼의 치유의 또 한 가지 중요한 차원은 죄의 용서이다. 왜냐하면 영혼의 치유에 있어서 예수 그리스도 안에서 죄의 용서의 선포 내용은 말씀의 선포, 성례전과 같이 중요하기 때문이다(Kaempf, 1997: 162). 투르나이젠에 있어서 영혼의 치유는 '회개의 부름', 즉 회개하고 돌아오라는 부름 그 자체를 말한다.

---

13 예를 들면, 영국의 정신분석가이자, 소아과 의사인 도날드 위니콧(D. Winnicott)은 그의 저서(1971)에서 정신분석 이론을 유지하면서 환자와 분석가 사이에 존재하는 감정과 감성에 대해서 잘 언급하였다.

영혼의 치유의 핵심은 역시 사죄의 선포이며 사죄의 말씀은 곧 힘이 있고 인간을 구체적으로 붙잡아 매는 말씀이며 (…) 그것은 바로 인간이 힘 있게 응답을 보내야 할 은총인 것이다. 그러므로 사죄는 그리스도의 위대한 은총이며 교회는 그 은총에 대하여 성만찬 기도를 통하여 감사를 드리는 것이다(Thurneysen, 1946/1979: 225).

더 나아가 투르나이젠에게 있어서 죄의 고백 자체는 도움을 베풀어주고 해방을 가져다주는 모든 진정한 영혼의 치유의 핵심을 이루며 없어서는 안 될 영혼의 치유의 중심 요소이다(Thurneysen, 1946/1979: 248). 투르나이젠에 의하면 성직자가 개인의 삶의 상황에 맞게 죄 용서의 말씀을 선포하려면, 우선 인간 심리세계에 대한 지식을 갖추어야 한다. 그러나 여기에서 심리세계에 대한 지식은 심리치료를 목적으로 하는 심리치료사와는 전적으로 다른 방식의 사용을 의미한다. 영혼의 치유는 개인들에게 말씀을 선포하는 것이지 결코 다른 어떤 것일 수 없다. 그러나 인간에게 사죄의 말씀으로 보여주기 위해서는 가능한 한 정확하고 방법론적이고 포괄적으로 그의 내면적인 정신 상태를 알고 있어야 한다. 이것을 모르고서는 영혼의 치유자가 내담자에게 전달하는 말씀이 목적을 달성치도 못하고 쓸모없게 되어 버린다는 것이 투르나이젠의 생각이다. 그는 우리가 영혼의 치유를 하면서도 사실 무지했으며, 개방적이기 보다는 오히려 폐쇄적이었으며, 고침을 주기보다는 오히려 상처만 주었다고 보았다. 정말로 어머니 같은 인자하심으로 인간을 감싸주며 영육의 실존을 주장하며, 인간을 최대한으로 이해해 주라는 명령을 하시는 이는 바로 하나님이요, 그가 주는 사죄의 말씀이라고 확신한 투르나이젠은, 설령 인간의 내면적인 삶을 알려주고 인간에게 도움을 베풀어 주려고 하는 심리학이나 정신치료학이 존재하지 않는다고 가정하더라도, 사죄의 말씀(선포의 말씀)이 그것들을 만들어 발전시켜 갈 것이라고 보았다. 그런 점에서 투르나이젠에게 진정한 영혼의 치유자는 진정한 심리학자이기도 했고, 그러므로 영혼의 치유자는 하나님의 말씀과 인간의 심리, 두 가지 모두를 알아야만 한다고 생각했다. 여기서 투르나이젠은 바로 영혼의 치유와 심리학과의 관계를 규명할 수 있었다. 즉 투르나이젠에게 있어서 심리학은 영혼의 치유를 위한 '보조학문'이었던 것이다(Thurneysen, 1946/1979: 175).

일찍이 어거스틴은 그의 저서 『고백록(*Confessions*)』에서 자신의 죄를 용서하시는 하나님께 감사하며 죄의 용서가 영혼이 치유되는 길임을 말하고 있다. 자신이 과거에 저지른 죄의 용서뿐만 아니라, 비록 행동으로는 옮기지 않는 죄, 즉 심리적이고 무의식적인 죄의 용서에 대해서도 언급하고 있다. 그는 죄라는 병이 영혼을 치유하는 의사에 의해서 치유를 받았다고 말하며 다음과 같이 적고 있다.

이런 일들을 상기하는 데도 내 영혼은 그것으로 인해 두려움을 느끼지 않게 되니 내가 무엇으로 주님께 보답하여야 되겠습니까? 오, 주님, 당신이 그러한 악하고 가증한 나의 행동을 용서해 주셨으니 내가 당신을 사랑하고자 하며 당신께 감사와 찬송을 드리려 합니다. 당신의 은혜와 자비로 말미암아 내 죄가 얼음이 녹듯이 녹아 없어졌습니다. 또한 내가 무슨 악한 일을 하지 않게 된 것도 당신의 은혜 때문입니다. 사실 죄 때문에 죄를 사랑한 내가 무슨 짓은 못하였겠습니까? 이제도 당신은 나의 모든 죄, 즉 내가 행동으로 옮기지 않는 죄까지도 다 용서해 주신 것을 압니다. (…) 또한 누가 감히—당신께 돌아오는 자들의 죄를 용서해 주시는—당신의 자비가 덜 필요하다고 하여 당신을 덜 사랑해도 된다고 말할 수 있습니까? (…) 나는 한때 병든 자였으나 (영혼의) 의사에게 고침을 받았습니다(Augustine, 397-400/1990: 65-66).

『고백록』에서 어거스틴은 자기의 과거의 죄를 고백함으로써 하나님의 위대하심과 은혜를 찬양하고 동시에 자기의 신앙을 고백한다. 그러므로 그가 『고백록』을 "오! 주님, 당신은 위대하시니, 크게 찬양을 받으실 만합니다. 당신의 능력은 심히 크시고 당신의 지혜는 헤아릴 수 없습니다"(Augustine, 397-400/1990: 19) 라는 고백으로 시작한 것도 이러한 맥락에서 이해될 수 있을 것이다.

3) 투르나이젠의 영혼의 치유와 기도

한 걸음 더 나아가 투르나이젠은 영혼의 치유를 위해 신실한 기도가 지닌 치유의 힘을 상기시킨다. 동시에 그는 다른 많은 신학자들처럼 기도에서 행위의 필요성을 강조한다. 영혼의 치유는 결코 종교적 또는 심리적 조언으로 요약되어서는 안 된다는 것이다. 이것을 위해서 그는 하나님은 결코 상정된 본성들과 인간들에게 의존하는 것이 아니라, 회심을 유발하게하고, 그의 메시지를 위해서 마음과 귀를 열게 하는 것은 바로 성령이란 점을 강조한다. 그러나 성령은 스스로가 원하는 장소와 시간에서 역사할 것이라고 말하면서 영적 정적주의로 가는 것을 방임해서는 안 되며, 은총의 능력을 아는 것은 가장 큰 행위의 단계가 요구된다는 점을 인식해야 한다. 모두에 의해서 들을 수 있는 용서의 말이 이행되기 위해서는 그 어떤 단계라도 무시되어서는 안 되며 모든 단계가 착수되어야 한다. 그러나 동시에 성령을 위한 기도는 영혼의 치유의 모든 행위의 중심이 되는 결정적인 행위라는 의미에서, 기도는 하나님과 대화하는 것이라는 사실 또한 알아야 한다. 영혼의 치유의 과정 중 기도는 내담자가 필요로 할 때 하나님과 대화하도록 도와주는 것이다. 기독교 전통 안에서, 특히 영혼의 치유에서 기도는 성경의 강독과 관련되어 있고 이것은 소통의 개념을 확대시키는 것과도 관련된다. 왜냐하면 하나님은 성경을 통해서 말하기도 하기 때문이다. 그러므로 기도는 곧 경청과 말함이다. 기도는 인간이 필요로 할 때 말해지기도 하고, 하나님의 초대에 대한 대답이기도 한 것이다.[14]

영혼의 치유와 기도의 관계에 대한 투르나이젠의 입장을 좀더 살펴보자. 투르나이젠에 의하면 인간의 지혜, 심리학적 지식, 영력(靈力), 사죄의 말씀에 의거했다는 우리 행위, 인간을 이롭게 하는 어떠한 행동, 이 모든 것 가운데 어느 하나도 기도에서 이루어 질 수 있는 행위

---

14   그러므로 재난의 날에 나를 불러라. 내가 너를 구하여 줄 것이요, 너는 나에게 영광을 돌리게 될 것이다(시편 50편 15절).

를 대체할 수가 없다고 보았다. 그는 물론 영혼의 치유가 구체적인 삶의 지혜나 방편을 결핍하고 있을 수야 없는 일이기 때문에 위에 적은 모든 요인들을 충분히 지니고 있어야 한다고 말한다. 그러나 투르나이젠이 보기에 영혼의 치유의 가장 중심에, 또한 가장 깊이에 있어야 할 것은 바로 기도였다. 그에 의하면 기도는 영혼의 치유에 있어서 항상 실천되어야 하며, 늘 새롭고 끊임없이 추진되어야 할 하나의 결정적인 행위이다. 그래서 그에게 있어서 영혼의 치유를 실천한다는 것과 기도는 똑같은 것, 즉 영혼의 치유가 바로 기도인 것이다(Thurneysen, 1946/1979: 164). 기도에 대한 투르나이젠의 강조는 긍정적으로 평가할 수 있다. 그러나 기도를 위해 합장한 이후에, 팔짱을 끼지 않는 조건하에서이다. 다시 말해서, 기도하며 동시에 그들의 일터에서 일한다는 조건하에서 긍정적으로 평가된다(Kaempf, 1997: 162-163).

영혼의 치유에서 기도의 목표들 중 첫 번째는 개인의 신체, 심리, 영혼, 뿐만 아니라 부부 및 가족 관계의 치유를 도와주는 것이다. 기도는 하나님의 치유 방법들 중 하나이다. 기도의 두 번째 목표는 모든 의미가 상실 되고 위협받을 때, 절망에도 불구하고 의미의 맥락을 지탱하는 것이다. 의미의 부재로부터 오는 불안은 인생의 시련과 사건들에 의해 증가된다. 시련의 시기 동안 우리는 우리를 성가시게 하는 감각적 지각들의 구속과 세상에 의해 부과되는 한계들로 인해 불쾌해 진다. 기도는 신의 섭리 속에서 믿기 위한 실천이다. 기도는 고통에서 의미를 찾도록 도와준다. 특히 예수가 십자가 위에서 경험한 것처럼, 신이 우리를 고통 속에서 시험한다고 인식할 때 그러하다. 기도의 세 번째 목표는 우리의 믿음을 다시 가동시키는 것이다. 기도는 신앙의 표현이고, 믿음을 가지는 것은 받아들이는 한 방법이다. 따라서 기도의 끝에, 영혼의 치유자는 "우리로 하여금 우리가 기도하는 것을 받아들이기 위해 열려지도록 도와주소서!" 라는 청원을 덧붙일 수 있다. 심리적 측면에서, 영혼의 치유의 기도는 이러한 수용의 능력을 심리 속에서 자극할 수 있다. 투르나이젠은 영혼의 치유에 있어서 이러한 기도의 중요성을 세 단계로 나누며 다음과 같이 말하고 있다.

영혼의 치유의 기도에는 세 가지 형태가 있다. 첫째로, 영혼의 치유자로서 나 자신의 정신을 정화하고 순화시키기 위하여 드리는 '나 자신을 위한 기도'이다. (…) 이것은 다름 아닌 사죄를 비는 기도이다. (…) 둘째로, 이웃을 위해 드리는 기도, 즉 '중보의 기도'가 있다. (…) 중보의 기도는 성령을 통하여, 그리고 하나님의 말씀을 힘입어 우리 이웃을 정화시키고 순화시켜 달라는 간구인 것이다. (…) 셋째로, 영혼의 치유의 기도는 상대방과 함께 드리는 기도이다. 기도한다는 말은 인간이 스스로 무엇을 기다리며 바라보는 무익한 이론적 지식에서 탈피하여 하나님을 참되게 이해하는 새로운 차원으로 옮긴다는 뜻이다. (…) 이러한 목표에 항상 새롭게 발걸음을 옮겨가게 하는 것이 바로 영혼의 치유의 본질적인 목표인 것이다. 나의 이웃이 스스로 그러한 간구를 드릴 용기와 능력이 없기 때문에 영혼의 치유자인 내가 그를 대신하여 간구하는 것이다. 그를 위해서 나 혼자만이 아니라 함께 기도를 드릴 때만이 공동의 기도가 되는 것이다. 그런 점에서 영혼의 치유의 대화 역시 항상 공동 기도 속에서 진척되어야 하는 것이다(Thurneysen, 1946/1979: 168-171).

투르나이젠의 기도에 대한 이해는 다음의 두 가지 차원에서 그 중요성이 있겠다. 첫째는 영혼의 치유에 있어서 심리적이고, 초자연적인, 영적인 에너지로서의 기도에 대한 이해이다. 이러한 기도의 이해는 심리적이며, 신학적인 차원의 깊은 이해에서 우러나온 것으로 볼 수 있다. 둘째는 영혼의 치유는 심리적이고, 영적인 세계에의 치유뿐만 아니라, 기도함으로써 사회적 동물로서의 현실을 받아들이고 현실에 충실해야 한다는 것을 의미한다고 볼 수 있다. 이러한 면은 잘못 인식된 기도에 대하여 경각심을 갖게 할 수 있을 것이다. 행함이 없이 종교적인 의례만을 중요시 여긴 나머지 의례적 행위에만 몰두하는 일부 신앙인에게 올바른 기도의 모습을 제시하고 있다고 볼 수 있다. 파리 예수회 신학대학교 종교심리학자 장 프랑수와 카탈랑(Jean-François Catalan) 교수의 '기도'에 대한 간략한 설명은 투르나이젠의 말에 응답하는 메아리처럼 들린다.

어떤 기도들, 즉 성공하기를 바라는 기도, 건강하기를 바라는 기도, 자기 안위를 위한 기도는 이러한 의미에서의 기도가 아니다. 기도한다는 것은 수고하고 일하는 것을 면제한다는 의미는 결코 아니다. «하늘은 스스로 돕는 자를 돕는다(Aide-toi, le Ciel t'aidera)»라는 격언은 언제나 일하며 기도하는 사람에게 해당되는 말이다(Catalan, 1991: 64).

IV
피스터와 투르나이젠의
정신역동적 영혼의 치유의 공헌과 한계

앞에서 우리는 영혼의 치유를 위하여 정신분석과 심층심리학을 도입한 신학자의 예를 살펴보았다. 프로이트의 제자이자 동료였던 피스터의 영혼의 치유와 종교교육에 있어서의 정신분석의 적용의 예를 살펴보았고, 칼 바르트의 제자이자 동시에 동료였던, 변증법적 신학(theologie dialectique)의 선구자였던 투르나이젠의 기독교(목회)상담신학을 고찰했다. 투르나이젠은 자신의 기독교(목회)상담신학의 확장을 위해 융의 분석심리학을 인용했다. 피스터가 프로이트의 정신분석을 적극 도입하면서도, 정신분석을 신학을 위한 보조학문이 아닌 정신분석 고유의 학문 영역으로 인정하였다면, 투르나이젠은 분석심리학을 신학을 위한 하나의 보조학문으로 받아들인 경우로 볼 수 있다. 여기에서 신학과 정신분석 또는 심층심리학, 좀더 넓은 의미에서 신학과 심리학과의 관계에 대한 모델들이 나타난다. 또한 그 모델들의 양상에 따라서, 신학과 정신분석 및 심층심리학 사이의 학제간의 연구방법론이 설정될 수 있을 것이다.

1. 피스터의 정신역동적 영혼의 치유의 공헌과 한계

피스터에 의하면 영혼의 치유에서도 종교적인 위기와 일반적인 위기 뒤에 있는 무의식적인 동기를 찾아내야 한다고 보았다. 그는 이제 인간미를 갖춘 학문으로 새롭게 부각되고 있는 프로이트의 정신분석적 방법이 모든 영혼의 치유에서 빠뜨릴 수 없는 필수 조건이 되었다고 생각했다. 또한 현대에는 오직 프로이트의 정신분석적 방법을 가지고 기독교에서 말하는 사랑(여기에서는 예수의 행동이 표준적인 것이 된다)을 '분석적인 영혼의 치유'의 방법으로 현실화시킬 수 있다고 보았다. 이는 수많은 갈등 및 위기 상황과 질병들이 인간의 무의식적 활동과 의식적 활동의 차원에서 '욕망이 억제' 되어 일어난 결과로 이해 될 수 있기 때문이다. 따라서 우리는 그러한 태도를 '분석적인 영혼의 치유' 라고 부른다. 피스터는 이를 "그러한 태도를 무의식적인 동기가 추구하는 욕망과 그것이 주는 영향을 통하여 종교적이고 일반적인 피해사례를 극복하려는 시도"(Pfister, 1927: 10)라고 말했다. 그는 계속해서 "장기간에 걸친 연구 결과에 의하면 일반적인 갈등의 경우 대부분 매우 심한 억압 증상이 나타난다"고 말하며, 또한 "정신분석적 방법은 이러한 인식 방법을 통하여 완전히 새로운 차원에 있는 놀라운 양심의 힘을 밝혀내게 된다"고 보았다. 피스터에 따르면 "이전의 그 어떤 영혼을 탐구하는 학문도 인간의 삶을 새롭게 만들기 위해 우리 인간의 중요성을 이렇게까지 깊고 분명하게 밝혀낼 수 없었다"(Pfister, 1927: 13).

그러나 피스터가 무조건적으로 정신분석만을 의지하고 있는 것은 아니다. 그는 다음과 같이 말하고 있다. "우리들이 하는 분석은 무엇보다도 사람의 무의식적인 본능적 욕구에 대한 분석으로 끝난다는 데에 큰 비중을 두고 있다. 그러나 예수는 그것에 대해서 조금이라도 알고 있는 상태에서 사람들과 상담했을까? 그것이 우리의 분명한 상황이다"(Pfister, 1927: 21). "예수가 우리 인간 속에 있는 어둡고 깊은 무의식 세력이 어떻게 생겼으며 인간에게 어떤 영향을 주고 있는지 학문적으로 연구했을 것이라고 기대하는 자체가 어리석은 일이다. 마찬가지로 우리들은 예수에게서 영혼의 치유의 이론을 기대할 수 없다. 그러나 우리는 예수의 구원 사역들 가운데 정신분석적인 영혼의 치유와 근본적으로 일치하는 몇 가지 특징들을 확인할 수 있다. 예수는 사람들이 저지른 불의한 행동에 대해서 그들이 고백하고 말하는 것에 보다 큰 비중을 두고 있었다"(Pfister, 1927: 21). "그래서 예수는 사랑과 그 중요성, 그리고 자유를 조금이라도 억누르려 하지 않고 오히려 그것들을 보다 강조하고 강하게 만들었다. 예수에게 가장 숭고한 사랑이야 말로 정신분석적인 영혼의 치유에서 말하는 것과 같이 영혼의 치유가 추구하는 가장 최상의 목적이다"(Pfister, 1927: 24) 따라서 피스터에게 있어서 영혼의 치유와 정신분석은 서로가 서로를 보완하는 하나의 자연스러운 동반자 관계라고 볼 수 있다(Winkler, 2007: 200).

개신교인들과 현대 분석가들은 피스터의 정신분석적인 적용 덕분에 영혼의 치유가 진보를 이루었다는 점을 인정하고 있다. 피스터는 종교 교육(교리문답)과 영혼의 치유를 하는 데 있어서 실제적인 적용안에서 정신분석학의 가치를 인정했던 최초의 목사이자 신학자였다 (Genre, 1995: 1149). 결국, 피스터는 기독교 신앙의 공존(coexistence)을 보증하면서 정신분석학적 이론에의 점착(adhésion)을 보여주었다 (Widlöcher, 1966: 19). 종교에 대한 프로이트의 부정적인 시각에도 불구하고, 피스터는 영혼의 치유에 있어서 정신분석적 접근의 신학 연구뿐만 아니라, 종교심리학과 교육학의 연구에도 공헌한 학자로 기억될 것이다.

2. 투르나이젠의 정신역동적 영혼의 치유의 공헌과 한계

투르나이젠은 프로이트를 통과하면서 여러 번 되풀이하여 융의 저서들을 긍정적으로 인용했다. 그러나 융의 심리학이 영혼의 치유에 봉사할 수 있을지라도 만약 신학과의 관계에서 지나치게 독립적인 관계로 나타난다면, 융의 심리학은 오히려 영혼의 치유에 있어서 위험을 함축하게 된다고 보았다. 왜냐하면 영혼의 치유에 있어서 심리학이 필요하다면, 그것은 보조학문(science auxiliaire)으로서이기 때문이다 (Kaempf, 1991: 217). 그러나 심리학, 엄밀한 의미에서 분석심리학을 영혼의 치유를 위한 보조학문으로 삭감시킨 투르나이젠의 방법론에 우리는 결국 의문을 제기해야만 한다. 왜냐하면 목회적 돌봄 가운데 우리는 종종 심리적 고통의 치유가 하나님의 은총의 선포를 위해서 선행되어질 때도 보기 때문이다. 또한 경우에 따라서는 심리적 치유와 은총의 선포는 동시에 일어나기도 한다. 이것은 순서상의 문제라기보다는 어디에서 이러한 경험이 일어나는지에 대한 문제로 나아가야 할 것이다. 이러한 관점에 대하여 프린스턴신학대학원의 헌싱거(Deusen Hunsinger) 교수는 잘 지적한 바 있다. 예컨대 과연 실제의 차원에서도 죄와 신경증이 그렇게 철저하게 분리될 수 있을까? 만일 신경증이 죄의 증상 또는 표징이라고 한다면, 실제에서도 그 둘이 언제나 동시에 발생해야 하지 않을까? 물론 죄는 신경증과 전적으로 다른 것이지만 투르나이젠이 말한 바 대로, 만일 신앙의 관점에서 볼 때 신경증이 궁극적으로 죄에 근거한 것이어서 신학적으로도 결코 죄의 개념과 따로 떼어 생각할 수 없는 것이라고 한다면, 그것들은 일종의 일치성 안에서 발생한다고 보아야 하지 않을까? 죄와 신경증 모두 다 인간의 주요 핵심인 마음을 차지한다면, 그 둘 사이의 다름은 정도의 문제이지 전적으로 다르다고 할 수는 없지 않을까? 물론 그 둘은 분명히 서로 구별되어야 한다. 하지만 과연 그것이 정말로 투르나이젠의 주장처럼 이론과 실제에서 그렇게 철저히 구별될 수 있을까? 게다가 만일 용서의 말씀을 통해 이루어지는 치유가 어느 정도는 심리적 건강의 회복을 내포하는 것이라고 한다면, 심리적 갈등의 치유가 어떻게 해서 용서의 말씀을 통해 발생하는 치유와 전적으로 다른 것이 될 수 있는 것인가? 비록 목회적 대화가 정신분석적 대화와는 본질적으로 다른 노선을 따라 진행된다고 하는 주장에 동의하더라도, 그러한 대화에서 발생하는 치유와 정신분석학적 대화로부터 발생하는 치유가 전적으로 다르다라는 주장에 동의할 필요가 있을까?(Hunsinger, 1995/2000: 138-139).

투르나이젠은 이른바 "종교적 옷을 입은 심리학적 변호사"라고 불렀던 사람들에 대하여 날카로운 비판을 서슴지 않았고, 앞서 지적한 대로 피스터에 대해서도 예외는 아니었다. 그러나 그 자신도 유럽이나 북미의 기독교(목회)상담가들로부터 많은 비판을 받았다. 예를 들어 프랑스에서 캠프(Bernard Kaempf) 교수는 투르나이젠의 방법론이 "영혼의 치유 안에서 수직적 영역과 수평적 영역을 하나로 검토하지 않았던 방법론"(Kaempf, 1997: 163) 이라고 비판했으며, 미국에서 오덴(Thomas Oden)은 투르나이젠의 사상이 "모든 세속적 치유에 대하여 불필요한 냉소주의를 짊어지고"(Oden, 1967: 73)있음을 지적했다. 투르나이젠에 대한 미국 학계의 기본 입장은 『목회 돌봄과 상담사전(Dictionary of Pastoral Care and Counseling)』(Hunter et al., 1990)의 '개신교 목회신학(Protestant Pastoral Theology)' 항목에 잘 요약되어 있다.

본토에서 바르트 신학의 대표적 옹호자라고 할 수 있는 투르나이젠은 미국의 목회지도자들 사이에 거의 알려져 있지 않으며, 그를 잘 알고 있는 미국의 목회지도자들은 그를 임상 전통의 반대자로 간주하면서 대체로 반감을 갖고 있다(Hunter, 1990: Hunsinger, 1995/2000: 141).

투르나이젠이 그토록 반 심리학적이었던 것은 본질적으로 신학적인 개념들을 심리학적인 개념들로 변칙적으로 '해석' 하는 형태를 거부하기 위한 일종의 몸부림이었다고 볼 수 있다. 그러나 심리학의 변칙적 사용에 대한 그의 논쟁적 자세는 심리학에 관한 그의 실제적 확신을 묵살해 버리는 경향이 있다. 그는 진정한 영혼의 치유는 학문적 가치를 지닌 심리 치료에 대하여 긍정적인 자세를 취해야 한다고 말하기도 했지만 다른 맥락에서는 오히려 개개인을 치유하는 심리학의 정당한 공헌을 과소평가하기도 한다. 투르나이젠은 하나님 말씀의 선포의 임무에 우선권을 부여하겠다는 일념 하나로 정작 심리학이 그 자체로 권리를 주장하거나 본질적인 방식으로 영혼의 치유자의 임무에 공헌하는 학문이 될 수 있는 여지를 전혀 남겨 두지 않았다(Hunsinger, 1995/2000: 139-141).

또 투르나이젠은 하나님 말씀에의 이행을 분명히 하기 위해서는 목회적 돌봄의 순간이나 기독교(목회)상담시간에 영혼의 치유는 초자연적인 능력을 발휘해야 하는데, 그것은 선포로서 하나님의 말씀이라고 하였다. 다시 말해서 투르나이젠에게 있어서 하나님의 말씀은 영혼의 치유에 있어서 모든 것인 반면, 심리학은 하나님 말씀의 선포를 위한 보조역할일 뿐인 것이다. 투르나이젠도 분명한 언어적 표현이 없이는 하나님의 말씀이 인간 상호간의 관계에 중재될 수 없다고 하였고 영혼의 치유는 대답을 찾는 것을 목표로 하는, 공공의 죄와 동일한 기초에 있다고 생각하기는 했다. 그러나 이렇듯 경청을 추천했음에도 불구하고, 그는 결국 성경은 열려야만 하고 성경의 메시지는 해석되고 존중되어야만 한다고 보면서, 영혼의 치유와 상담의 중심에 있는 것은 감정이 아니라 성경이고, 영혼의 치유자는 이러한 우선순위를 지켜야만 한다고 주장하였다. 투르나이젠의 이러한 개념 또한 비판을 피할 수 없다. 하나님의 말씀에 우선권을 두면서 인간 심리에 대한 애정 어린 학문으로서의 심리학적 통찰을 간과했던 투르나이젠을 날카롭게 비판하면서 동시에 심리학적 통찰과 하나님의 말씀으로서의 치유의 통합적인 가능성을 제시하고 있는 헌싱거의 관점은 되새겨볼 만하다. 투르나이젠은 하나님의 말씀에 우선권을 두고 또 오직 말씀만을 토대로 하여 영혼의 치유를 이끌어 나가겠다는 열의 때문에, 결국은 영혼의 치유의 실제에서 신학과 심리학의 '불가분리성' 이 자리 잡을 수 있는 여지를 거의 남겨 두지 않았다. 그는 선포만이 영혼의 치유의 유일한 임무라고 주장함으로써, 증거된 내용으로서의 용서와 증거하는 표징으로서의 치유를 갈라놓은 것처럼 보인다. 사실 그는 심리학이 그 자체의 고유한 출처로서 개개인이 치유에 공헌 할 수 있는 여지를 전혀 남겨두지 않았다. 투르나이젠은 자신의 관심이 두 학문의 순서를 올바르게 징하는 것에 있다고 말한다. 하지만 결국 그는 심리학의 독특한 공헌에 대하여 너무 여지를 남겨두지 않은 것이 아닌가? 비록 하나님의 말씀 선포가 구원에서 반드시 필요한 것임을 인정하는 것이 그의 기본적인 입장이라고 할지라도, 그렇다고 해서 다른 종류의 도움이 전혀 필요 없다는 주장까지 내세울 수는 없지 않을까? 사실 인간의 삶은 다른 요인, 좀더 근접한 요인들에 기초하여 해석되고 이해되며, 이런 사실들로 인해서 신학이나 말씀 선포가 실제적으로 위협을 받는 것은 결코 아니다. 구원은 본질적으로 이런 다른 요인들로부터 기대할 수 있는 것이 아니지만, 중요한 측면들에서 그 요인들로부터 실제적인 도움을 기대하는 것까지 무조건 불합리하다고 말할 수는 없다. 직접적인 용서의 선포보다 오히려 심리적 조건에 관한 통찰과 이해가 치료에 더 도움이 되는 경우는 이루 말할 수 없이 많다.[15] 게다가 용서와 치유가 깊이 얽혀 있는 구체적인 예들도 상당히 많다. 용서와 치유를 언제나 그렇게 철저히 분리시키다가는, 죄로부터의 구원과 정서적인 상처의 치유를 동시에 필요로 하는 사람들의 경우 "분리될 수 없는 일치성"을 해칠 수밖에 없다(Hunsinger, 1995/2000: 139-141).

신학자 오덴(Oden)[16]과 캠프(Kaempf)는 투르나이젠의 방법론에 대한 비판과 그리고 그의 방법론이 넘어서야할 과제를 제시하고 있다. 이는 우리가 투르나이젠의 영혼의 치유의 방법론을 버리지 않고 보완할 수 있는 길이라 생각할 수 있다. 투르나이젠은 두 양상들, 즉 수직적인 영역으로서 말씀의 선포와 수평적인 영역인 용서의 선포로서 상담을 언제나 통합하려고 노력했음에도 불구하고 하나님의 말씀의 선포와 용서의 선포는 언제나 초월적인 실제인 하나님으로부터 일방적으로 오는 것으로 귀결된다. 그러나 영적 치유는 위로부터 내려오는 특별한 은혜인 말씀의 선포와 하나님으로부터 오는 용서의 선포도 중요하지만, 수평적인 차원 또한 배제할 수 없다. 우리는 영혼의 치유의 실천에서 필요한 특성들과 다른 능력들을 적절하게 종합한 캠프의 글을 참조할 필요가 있다.

---

15 제3장 〈정신분석과 기독교상담 : 죄책감〉에서, 특히 "무의식적 죄책감"에 대한 논의를 통해서 심리적 통찰과 이해가 용서의 선포보다 더 선행되어질 때, 보다 효과적인 치유를 기대할 수 있다는 점을 확인할 수 있을 것이다.

16 오덴은 마치 말씀이 세상의 구조 속에서, 그리고 인간의 언어와 행위의 모순들 속에서 실제적으로 나타나지 않는 것처럼 투르나이젠의 토론하는 방식은 하나님의 말씀을 독점하려했고, 하나님의 말씀이 인간의 담화 속에 담겨 있을 때에만 마치 하나님의 말씀이 있는 양 그것을 제한하려고 했다고 비판한바 있다 (Oden, 1967: 78).

영혼의 치유는 도움을 청하는 사람들에게 대답하고, 이러한 경우에 가장 잘 적용될 수 있도록 하기 위해서 직접적인 것과 비 직접적인 것, 물질적 영역과 영적 영역, 몸과 영혼, 실제 안에서 구체적인 유연성(réelle flexibilité)의 주장과 상당한 유의(vigilance)의 주장들을 위한 동시의 관심, 영혼의 치유 안에서 수직적 영역(dimension verticale)과 수평적 영역(dimension horizontale)을 하나로 검토해야 하지 않는가?(Kaempf, 1997: 163).

V
나오는 말

　지금까지 우리는 피스터와 투르나이젠의 영혼의 치유에 대한 정신분석학의 상담신학적 활용의 공헌과 한계를 살펴보았다. 영혼의 치유는 정신분석을 대하는 입장에 있어서 일반적으로 다음의 두 가지 경향으로 나타난다고 볼 수 있다.
　첫 번째 입장은 정신분석에 무게를 두면서, 영혼의 치유에 정신분석 방법론을 적용하는 방식이다. 프로이트의 정신분석에 중점을 둔 피스터가 바로 이러한 경우이다. 즉 내담자의 심리적 성향에 초점을 맞추어, 정신분석을 더욱 적극적으로 활용하면서, 영혼의 치유에 적용하는 방식인 것이다.
　두 번째의 입장은 전통적인 기독교 입장으로서, 성경적 상담에 기초를 두고 현대의 프로이트의 정신분석(또는 심리학)의 통찰력을 제한적으로 도입하는 방식이다. 영혼의 치유에 있어서 기독교의 성경적 교훈에 확고한 기반을 두었고 융의 분석심리학을 영혼의 치유를 위한 하나의 보조학문으로 간주하였던 투르나이젠이 이러한 경우이다. 즉 성경적 교훈과 교리적 전통을 더욱 중요시하고 정신분석이나 분석심리학은 영혼의 치유를 위한 하나의 보조학문으로 보는 입장인 것이다.
　그러나 두 가지 중 어떤 입장을 취하든지 간에 영혼의 치유나 기독교(목회)상담의 중심은 다름 아닌, 인간이어야 할 것이다. 왜냐하면 정신분석이나 분석심리학과 같은 학문의 최종 목적은 인간을 위한 것이고, 성경적 교훈이나 메시지 역시 인간을 위해 해석될 때 존재 가치가 있기 때문이다. 프로이트의 정신분석이나 융의 분석심리학의 통찰은 인간을 이해하고, 영혼의 치유에 있어서 많은 정보를 제공해주고 있다.

따라서 기독교적인 세계관을 토대로 정신분석이나 분석심리학을 영혼의 치유에 적용할 때 다양한 문제에 직면해 있는 현대인들을 효과적으로 도울 수 있을 것이다.

헌싱거 교수는 칼케돈 회의(A.D.451)에서 결의된 예수 그리스도의 신성과 인성과의 관계에 대한 칼 바르트(Karl Barth)의 관점을 수용하여, 신학과 심리학의 관계를 유비(analogy)로 설명하려고 시도하였다. 즉 그리스도의 신성과 인성의 구별(differentiation), 통일성(unity), 순서(order)의 틀로 신학과 심리학과의 관계를 설명하였는데, 이는 신학과 심리학은 하나의 체계로 완전히 통합 될 수 없는 각각의 독특한 체계를 갖고 있음으로 인하여 구별되어야 하지만 분리(separation or division)되어서는 안 된다는 것이다. 신학과 심리학은 또한 특별계시와 일반계시의 관계 속에서 계시라는 통일성과 단일성을 이루면서도 혼동하거나 변화시키지 않고(without confusion or change) 관계를 맺는다고 보았다. 그리고 신학이 심리학에 선행하며 우위를 점하는(with the conceptual priority of theology over psychology) 비대칭성(asymmetry)의 순서를 갖고 있다고 설명하였다(Hunsinger, 1995: 62-63 ; 이관직, 2009: 29-30). 그녀는 목회상담의 정체성을 신학과 심리학의 학제 간의 접근에 있어서 유창한 '이중언어 구사 능력(bilingual competencies)' 으로 보았다(이관직, 2009: 30).

이렇게 인간의 행복과 구원을 전제로 하는 정신분석과 신학의 상호 침투의 관계는 두 학문을 서로 풍요롭게 할 뿐만 아니라 서로를 위한 거울이 될 수 있을 것이다. 이러한 관점에서 폴 틸리히가 바라보고 있는 정신분석학과 신학 사이의 관계에 대한 모델은 우리에게 흥미롭게 다가온다. 폴 틸리히는 다음과 같이 말한바 있다.

정신분석과 신학과의 관계의 문제도 좀더 크고, 좀더 근본적인 체계 속에 옮겨진다. 그렇게 되면, 이들 두 개의 영역을 조심스럽게 분류하여 그것 하나하나에 특별한 지위를 주려는 어떤 신학자들이나 어떤 심리학자들의 시도를 물리칠 수 있다. 그 다음에 여기에는 신학적 교의체계가 있고, 저기에는 심리학적 통찰이의 모음이 있다고, 우리로 하여금 이 영역에 또는 저 영역에 머물도록 명령하는 사람들을 무시할 수 있다. 여기에는 체계가 있고, 저기에는 모음이 있는 것이 아니다. 이 관계는 서로 나란히 존재하는 것이 아니고 상호침투관계에 있다(Tillich, 1959/1991: 129).

우리는 파괴된 존재들의 회복을 위해 자신의 마음을 정신적, 영적 기능으로 사용할 수 있게 해주는 직업을 가진 사람들을 알고 있다. 그들은 영혼의 치유자, 혹은 목회상담가(목회심리치료사)라고 불리는 사람들이다. 영혼의 치유자는 사람들의 영적, 종교적 가치들을 헤아리는 영적 돌봄을 맡은 자로서의 직업을 행사하기 위해서 필요한 능력을 획득한다. 그들은 개인들의 역동적 심층과 무의식, 그리고 의미의 탐구(추구)와 하나님의 부재를 동시에 읽을 줄 안다. 이러한 의미에서 필자가 보기에 영혼의 치유의 공헌은 기도와 말씀 선포의 내적 성찰을 통해 획득한 공감과 통찰력 이외에도 그것이 윤리적 가치와 함께 공동체 구성원들 사이의 관계를 유지한다는 점에 있어서, 정신분석의 공헌을 능가하는 것으로 보인다.

이 글을 끝내면서 오늘날 정신분석과 같은 심리학과의 관계 속에서 영혼의 치유자가 인식해야할 내적 태도에 대하여 언급해 보겠다. 영혼의 치유자들이 내담자의 심리와 영적 작용에 대해서 형상화하고, 발견하고자 노력하는 것은 이들이 가져야할 마땅한 자세일 것이다. 영혼의 치유자는 그들의 내담자들로 하여금 내적인 풍성한 삶을 살 수 있도록 도울 뿐만 아니라 상담의 밖에서, 인간관계 안에서 홀로 설수 있도록 지지해 주어야 한다. 마치 «충분히 좋은 어머니(good enough mother)»로서, 영혼의 치유자는 그의 내담자가 상담가 자기로부터 분리되어 다른 대상들과 관계를 맺도록 도울 것이다. 그러나 상담가에게는 내담자가 필요로 하는 심리적, 신체적, 그리고 영적인 지지들이 자신에게 먼저 내재되어 있어야 할 것이다. 이러한 이유로 오늘날 영혼의 치유는 듣는 것과 최소한의 심리학적인 지식 없이는 행하기 어려운 일이라고 말할 수 있다. 인간에 대하여, 신앙에 대하여 영혼의 치유자가 근본적으로 관심을 갖는 것이 '관계'라고 한다면, 그 관계는 모든 제도상의 질서들 뒤에 있는 보다 근원적인 관계를 말할 수 있을 것이다. 즉 그 관계는 절대타자의 목마름인 '신(神)과의 관계'이며, 혹은 욕망의 개념 안에서 이해될 수 있는 근원적인 '인간과의 관계'이다. 왜냐하면 〈인간은 빵으로만 살아가는 존재가 아니기 때문이다〉.

VI
토론

정신분석과 상담신학_피스터와 투르나이젠의 영혼의 치유에 관한 토론

안석 박사의 앞의 글은 프로이트 학파의 정신분석을 영혼의 치유의 분야에 적극적으로 수용한 오스카 피스터와 영혼의 치유에 있어서 심리학의 공헌을 제한하면서 하나님의 말씀과 용서, 기도에 초점을 맞춘 에드워드 투르나이젠의 이론을 통합적으로 재구성하고, 이를 재해석하여 신앙과 정신분석의 통합 가능성을 제시한 통찰력 있는 연구의 결과로 볼 수 있다. 안석 박사가 그의 글에서도 말하고 있듯이, 이미 한국사회에 몇 십 년 이래로 알려진 정신분석은 그 나이에 비하여 신학안에 통합 또는 흡수되지 못했다. 거기에는 정신분석이 신학적인 안경을 끼고 볼 때 불편하리만큼 이질적인 이론을 담고 있기 때문이기도 하다. 그럼에도 불구하고 이러한 이론을 신학적으로 소화하고 재구성하여 소개하는 안석 박사의 노력은 영혼의 치유를 중심 주제로 하는 목회신학, 기독교(목회)상담신학을 위해 매우 의미 있는 작업이라 할 수 있겠다.

안석 박사는 자신의 글에서 피스터의 정신분석적 신학이 대두되게 된 배경은 인간의 심리적, 영적 세계가 빈곤해지기 쉬웠던 계몽주의 이후의 이성주의적이며 합리주의적인 신학이었으며 그 속에서 피스터는 하나의 탈출구로서 정신분석을 가까이 했다는 점을 지적했다. 칼 융은 그의 자서전에서 자신의 심리적, 영적 배고픔을 해소해주지 못했던 아버지의 교리적인 인간 이해와 자유주의적인 성향의 기독교 이해에 불만을 품었고 결국 자신의 내적 문제를 정신분석을 통해서 해결하고자 했던 경험을 밝히고 있다. 이러한 예를 통해 우리는 삶의 의미나 인간의 심층에 대해 대답을 주지 못하는 낡은 신학의 한계에 정신분석이 지대한 영향을 끼칠 수 있을 뿐만 아니라, 정신분석이 신학을 풍성하게 할 수 있다는 가능성을 고찰해볼 수 있다. 정신분석은 인간의 내적 심리세계라는 주관적인 영역을 다루지만, 이론적으로 매우 철두철미한 일관성을 가졌다고 볼 수 있다. 왜냐하면 정신분석은 인간의 정신세계를 다루기 위한 기본 개념과 체계로 구성되었으며, 그 이론들은 임상의 결과를 통해서 이루어지기 때문이다. 이러한 정신분석적인 틀과 이론, 인간 이해를 영혼의 치유나 교육학에 적극 도입한 피스터의 견해를 안석 박사는 잘 정리하면서 정신분석적 신학의 가능성을 열어주었다.

동시에 피스터의 방법론과 비교를 하고 그 방법론의 한계를 설정하기 위해서 안석 박사는 심리학을 영혼의 치유를 위한 하나의 보조학문 정도로 다루었던 투르나이젠의 방법론을 함께 소개 하고 있다. 투르나이젠은 인간의 구원은 성경에 의해 확인되고 그리스도 안에서의 하나님의 계시에서만이 가능하다고 보았다. 그래서 투르나이젠에게 있어서 영혼의 치유는 인간의 어두움을 비쳐주는 하나님의 선포의 말씀으로 가능한 것이었다. 이런 투르나이젠에 대한 연구가 국내에서 적지 않게 이루어졌으나 안석 박사는 그의 방법론의 긍정적인 요소와 한계점을 분명히 하면서 이를 영혼의 치유의 새로운 모델로 통합하고자 했으며, 피스터나 투르나이젠, 둘 중 어느 어떤 방법론에도 치우치지 않으면서, 유럽과 북미신학자들의 견해를 참조하여 이 둘을 통합하고 보완하는 입장을 취하고 있다. 특히 안석 박사는 영혼의 치유에 있어서 방법론으로서 심리학과 같은 인문학에 강조점을 둘 것인지, 아니면 하나님 말씀의 선포, 기도, 성령의 역사와 같은 전통적인 신학에서 행해졌던 방법론에 강조점을 둘 것인지와 같은 취사선택의 문제에 대하여 어떤 하나만을 선택하지 않는다. 또한 안석 박사는 영혼의 치유에 있어서 순서적으로 하나님의 말씀의 선포가 먼저인지, 혹은 하나님의 말씀을 선포하기 전에 인간의 마음을 이해하고 탐구하고 애정 어린 시각으로 그를 돌보아 주는 심리학적 의미에서의 돌봄이 먼저인지를 묻는, 우선 순서에 대한 물음에 대해서도 어느 하나만을 선택하지 않는다. 안석 박사에 의하면 영혼의 치유는 취사선택의 문제나 우선순위의 문제라기보다는 양자가 같이 동시에 나타나야 한다고 보았다. 그러면서 오히려 문제의 핵심 자리에 '인간'을 상정하면서 이 문제를 해결하고자 하였다. 왜냐하면 영혼의 치유는 결국 인간을 위한 학문이어야 하고, 영혼의 치유의 자료가 되는 성경 역시 인간을 위해 해석될 때 가치가 있고, 정신분석도 인간을 위해서 유용하게 해석되고 분석 될 때 참다운 가치가 있기 때문이다.

토론자는 토론의 활성화를 위해 몇 가지 질문을 제시하고자 한다.

1. 안석 박사는 정신분석학이 인간의 심리역동을 설명하는 데 도움을 줄 수 있다는 점을 이 글의 전제로 삼고 있고 토론자는 앞의 글이 영혼의 치유에 있어서 피스터와 투르나이젠의 신학적 방법론을 집중해서 살펴본 제한된 글임을 잘 알고 있다. 이런 의미에서 토론자의 질문들이 이 글의 관점을 다소 넘어갈 수도 있겠으나 질문이 허락된다면, 정신분석이 구체적으로 기독교 신앙의 영역에서 어떤 메커니즘을 설명해 줄 수 있는지를 듣고 싶다.

2. 심리학과 신학이라는 간학문적 연구를 할 때 유의해야 할 것이 있다면, 환원주의 일 것이다. 안석 박사는 앞의 글에서 어느 한쪽에 치우치지 않으면서 이 두 학문을 잘 통합하여 서로의 거울이 되고 서로를 풍성하게 해야 한다는 점을 잘 지적해 주었다. 오히려 토론자는 기독교적 종교 경험에 대해 수용적이며, 특히 영혼의 치유자는 종교적 경험을 수용할 수 있는 자여야 한다는 안석 박사의 생각을 행간을 통해서 읽을 수 있었다. 그럼에도 불구하고 독자의 입장에서, 이 글의 논의 전에 종교에 대한 정신분석적 관점과 사상적 전제를 좀더 구체적으로 평가해 주었더라면, 정신분석의 이론을 영혼의 치유에 적용할 수 있는 유용성을 좀더 균형 잡힌 시각에서 평가하는 데 도움이 됐을 것이라

고 생각한다.

3. 앞의 글의 범위를 분명히 넘고 있는 사족 같은 질문이지만, 오늘날의 교회 신앙공동체를 염두에 두고 다음과 같은 질문을 해보겠다. 오늘날의 정신분석이나 대상관계이론들은 신앙의 메커니즘에 대하여 많은 정보와 깊이를 제공해 주었다. 그럼에도 불구하고, 무신론적인 연구자(선구자가 무신론자였기에)의 심리분석 이론에서 기인하는 결과에 대해서 기독교인들로부터(일부분이지만) 동의를 얻기란 쉽지 않은 일이다. 절망을 극복하는 믿음에서 비롯된 용기는 한 인간의 실존적인 모습을 묘사하는 틸리히의 신학적 개념이지만, 이 신학적 개념이 현실적으로 교회의 공동체에서의 교제의 관계에서는 왜 이루어질 수 없는가? 왜 우리는 정신분석에 귀 기울여야 하는가?

토론의 활성화를 위해 위의 몇 가지 질문을 했을 뿐, 영혼의 치유에 있어서 정신분석의 수용과 한계를 설정하기 위해 피스터와 투르나이젠의 방법론을 연구한 안석 박사의 글이 정신분석학이나 대상관계이론이 아직은 취약한 한국의 기독교상담학분야에 대한 충분한 도전임에는 의심의 여지가 없다. 올해 프로이트 탄생 154년을 맞이하면서 정신분석의 역사와 이론적 임상적 발전이 한국의 종교적 심성, 특히 영혼의 치유를 위해서 어떻게 해석되고 수용될 수 있을지 그 가능성을 보게 해 준 글이다. 특히 아직은 시선이 곱지 않는 일부 기독교인들이 있음에도 불구하고 정신분석을 통해 교회의 생명운동을 새롭게 제시하고자 하는 권면은 오늘날 우리교회가 들어야할 매우 중요한 메시지임에 틀림없을 것이다. 이런 측면에서 볼 때 안석 박사의 영혼의 치유를 위한 노력은 기독교상담학자로서, 실천신학자로서 외부의 도전에 응하는 창의적 노력이 무엇인지를 보여준 올바른 모델이라고 할 수 있겠다. 특히 토론자는 복잡한 정신분석이론과 기독교신학과의 관계를 깊이 이해하고 교회의 실천적 측면으로 이어가고자 하는 안석 박사의 신진학자로서의 열정, 그리고 몸으로써 자신의 지식을 실천하려는 노력을 엿볼 수 있었다. 앞으로도 안석 박사가 현대 정신분석가들의 새로운 이론들을 소개하고 이에 대한 신학적 해석을 계속하여, 한국교회와 신학계에 새로운 학문적 풍토를 열어갈 수 있기를 기대하며 토론을 닫는다.

VII
더 읽을거리 및 볼거리

오스카 피스터와 에드워드 투르나이젠의 사상을 상담신학적 측면에서 더 깊게 이해하고자 하는 독자들에게 피스터와 투르나이젠 신학의 실천적 차원을 깊이 있게 저술한『현대신학실천론』(박근원 저, 대한기독교서회, 1998)을 추천한다. 아울러 오늘날 기독교(목회)상담 안에서 계속 제기되는 심리학과 신학의 통합과 관계성에 대한 주제와 관련하여 피스터와 투르나이젠을 연구한 최광현 교수의 논문, 「신학과 심리학: 피스터(Oskar Pfister)와 투르나이젠(Eduard Thurneysen)을 중심으로」(『신학사상』 통권 제127호 (2004 겨울) pp. 257-279)를 참조할 수 있다.

한편 몇 년 전 프랑스 TV에서 방영되고 비디오로 제작된, ≪정신분석은 하나님으로부터 멀어지게 하는가?(La psychanalyse alliée de Dieu?)≫ 는 정신분석과 신학과의 관계를 잘 정리한 프로그램으로, 한 번 시청해볼 것을 권한다.

정신분석과 기독교상담_
죄책감

3

> 허물의 사함을 받고 자신의 죄가 가려진 자는 복이 있도다. (…)내가 입을 열지 아니할 때에 종일 신음하므로 내 뼈가 쇠하였도다. 주의 손이 주야로 나를 누르시오니 내 진액이 빠져서 여름 가뭄에 마름 같이 되었나이다. 내가 이르기를 내 허물을 여호와께 자복하리라 하고 주께 내 죄를 아뢰고 내 죄악을 숨기지 아니하였더니 곧 주께서 내 죄악을 사하셨나이다.
>
> (시편 32편중에서)*

* 일반적으로 중한 잘못을 저지른 다음에 자신에게 찾아오는 영적인 우울증은 자기비하가 따르며, 심한 신체적인 고통을 야기하기도 한다. 우리는 그런 경우를 큰 잘못을 저지른 다윗 왕에게서도 찾아볼 수 있다. 그는 위의 시편 32편에서 그의 잘못이 드러난 다음에 겪게 되는 신체적 고통, 두려움, 영혼의 고뇌에 대해서 기록하고 있다. 그러나 죄고백과 돌이킴을 통한 회개는 그러한 고통들로부터 해방을 가져다주었다. 자신의 가장 은밀한 죄의 세계를 토로하는 가운데 치유되어지는 과정을 표현하고 있는, 위의 시편 32편을 많은 정신분석가들은 '정신분석적 시편'이라 일컫는다.

죄책감은 정신분석과 기독교상담의 핵심을 이루는 주제 중의 하나이다. 이 장에서 우리는 죄책감에 대한 정신분석적 접근과 죄와 죄책감에 대한 성경적, 신학적 고찰을 살펴볼 것이다. 그리고 죄와 죄책감으로 고통스러워하는 내담자를 돕기 위하여 죄와 죄책감에 대한 정신분석적, 신학적 인간이해를 중심으로 기독교상담학적인 접근을 시도할 것이며, 예수의 언행을 중심으로 죄와 죄책감의 위협 앞에 선 내담자를 위하여 오늘날 기독교상담자가 고려해야 할 상담의 6가지 모델 또한 제시할 것이다. 죄와 죄책감으로 고통스러워하는 내담자를 돕기 위해 기독교상담자는 죄와 죄책감의 내적(개인적), 외적(전인류적) 원인을 알아야하고, 객관적 죄와 주관적 죄 사이에 일어나는 반응들과 신학적, 사회적, 심리학적 죄책감을 이해해야 한다. 또한 불건전한 죄책감과 건전한 죄책감에 대해서도 깊은 이해를 갖고 있어야하며, 무의식적 죄책감에 대한 이해도 필요로 한다. 왜냐하면 죄책감에 대한 주제는 신학적, 심리학적 문제일 뿐만 아니라 사회학적이며, 영혼의 의사와 관계되는 문제이기 때문이다.

주제어: 죄, 죄책감, 처벌욕구, 정신분석, 기독교상담, 용서, 영혼의 치유

I
들어가는 말

⟨사례⟩

 마리아(이 사례의 주인공을 필자는 마리아라 하겠다)는 자신의 이야기를 들려주었다. 자신이 겪고 있는 죄책감에 대한 이야기였다. 결혼 초기부터 남편과의 관계가 원만하지 않았던 그녀는 교회의 담임목사에게 호감을 느끼고 있었다. 마리아가 출석한 교회는 수만 명이 모이는 대형교회들 중 하나였다. 그 많은 신자들을 양육하는 담임목사의 카리스마적인 모습과 인자함 속에서 남편에게서는 느끼지 못하는 무언가를 느꼈다고 한다. '내가 왜 이러는 걸까?' 마리아는 수차례 자기 자신에게 질문하며 이러한 감정을 지우려고 했다. 또 그러한 감정을 느낄 때마다 주의 종을 간음하는 것이라고 생각했고, 외도를 하는 것과 다름없다고 생각했다. 남편을 충분히 사랑하지만 이와 같은 감정도 공존했다. 이러한 것들은 하나님 앞에서 죄가 된다고 생각했으며, 그로 인해 마리아는 심한 죄책감을 느꼈다. 필자는 이 치료를 진행시키고 싶었다. 그녀의 기분을 상하게 하지 않으면서, 어떻게 그녀를 죄책감으로부터 해방시켜줄 수 있을까?

 상담을 마치고 집에 돌아온 필자는 저녁 늦은 시간에 마리아로부터 전화를 받았다. 매우 흥분된 목소리였다. 평소 분석(상담)의 틀을 중요시 여겼던 필자는 분석 시간 내에 모든 것이 말해져야 하고, 분석 외에 내담자와 이야기를 한다든지 분석 외의 시간에 내담자와 전화통화를 하는 등의 행위를 자제해 왔다. 그런데 정확히 분석 15회기 만에 분석 외의 시간에 마리아로부터 전화가 걸려온 것이다. 마리아는 교회에서 상담 무료 봉사를 하고 있었다. 마리아가 필자에게 전화를 걸었던 그날 몇 시간 전에 마리아에게 그녀의 한 친구가 상담을 요청해 왔다. 친구의 문제를 상담 한 후 마리아는 인간에 대한 신뢰감이 깨졌고 분노했으며, 자신을 통제할 수 없는 기분으로 필자에게 전화를 걸었던 것이다. 친구와의 상담 내용은 친구의 불륜이었다. 친구는 10년 넘게 남편 모르게 외도를 했는데, 대상은 다름 아닌 친구가 다녔던 교회의 담임목사였던 것이다. 10년이 지난 지금 정신을 차리고 난 후 죄책감으로 괴로워 미칠 것 같아 한 사람이라도 자신의 죄와 죄책감을 나누기를 바랐던 마음으로 그녀는 친구인 마리아를 찾아갔던 것이다.

 다음 분석 회기에 우리는 죄책감에 대해서 더 많은 이야기를 나누었다. 마리아는 자신이 겪고 있는 죄책감에서 어느 정도 해방되었다. 뿐만 아니라 지난번 통화처럼 친구의 죄와 죄책감에 대하여 분노하기보다는 차분한 마음으로 접근하는 방법과 용서하고 도울 수 있는 방법을 생각할 수 있었다. 상담자는 내담자가 친구의 불륜 사건에서 경험한 분노에서 해방되어 진정한 용서에 이르는 길은 예수 그리스도와의 깊은 교제를 통해 날마다 영성에 이르는 점이라는 것을 분명히 했다.[1]

전통적으로 죄(넓은 의미로 말하자면 악)에 관한 연구는 철학과 신학의 가장 어려운 문제 중의 하나로 여겨졌고 시대와 상관없이 주목을 받아왔다. 왜냐하면 죄에 대한 문제는 우리의 삶속에서 구체적으로 경험되어지고 있는 현실적인 문제이며, 그 문제 앞에서 우리는 무기력한 인간의 모습을 만나기 때문이다. 죄의 원인에 대한 견해는 학자들에 따라 다르게 나타난다. 일반적으로 철학자들의 주된 관심사는 도덕적인 죄라고 볼 수 있다. 이들에게 죄는 삶 그 자체의 일부이기 때문에 그에 대한 해결책을 사물의 자연적인 구조에서 찾을 수 있다고 생각했다. 그러나 신학자들은 죄는 자율적인 기원을 가지고 있어서 현재나 과거를 막론하고 인간의 선택에 좌우된다고 생각했다.[2] 나는 이 글에서 이러한 논쟁에 가담하고 싶지는 않다. 왜냐하면 이러한 대립 자체가 죄에 대한 연구를 구체화하고 풍요롭게 하는 보완적인 견해라고 생각하기 때문이다.

죄와 마찬가지로 죄책감에 대한 주제 또한 우리의 삶 속에서 쉽게 접할 수 있는 테마이다. 예를 들어 가정에서도 죄책감은 쉽게 발견될 수 있는데 부부 사이, 혹은 형제자매 사이에 때때로 오고가는 서로에 대한 비난은 사실 죄책감이라는 은밀한 감정에서 기인하는 것이다. 이렇

---

[1] 마리아 사례는 현재 필자에 의해 진행 중인 상담 사례이며, 여기서는 죄책감과 관련된 회기의 일부만을 소개하였다. 이 글에 인용할 수 있도록 허락해준 마리아에게 감사한 마음을 전한다. 위의 내담자와 내담자의 친구와 같이 죄책감으로 고통스러워하는 크리스천을, 영혼의 치유를 목적으로 하는 기독교상담은 어떻게 구체적으로 도울 수 있을까? 이 글은 이러한 질문들에 대하여 사고하면서 죄인으로서 혹은 죄책감을 느끼는 존재로서의 인간에 대한 돌봄을 제공하기 위한 기독교상담학 분야의 이론적 연구라 할 수 있다.

[2] 앞서 말한 대로 죄란 현실적인 것이며, 어떤 사람도 죄의 문제를 피해갈 수 없다고 볼 때, 철학자들과 신학자들이 죄 문제와 씨름 하고 있다는 것은 당연한 일일 것이다. 그러나 철학자들은 '죄'의 문제보다는 더 넓고 일반적인 의미인 '악'의 문제와 관련되어 있다고 볼 수 있다.

듯 죄책감은 우리의 일상생활 저변, 즉 부모와 자녀 사이, 학생과 교사 사이, 부부 사이와 같은 대부분의 인간관계에 깊이 내재되어 있다. 이 점을 현대 심리학, 특히 정신분석학을 기독교 세계관과 통합함으로써 '인격 의학'을 주창한 폴 투르니에(Paul Tournier)는 다음과 같이 잘 지적하고 있다.

아이는 자신이 부모에게 창피를 주거나 자신에게 부모가 자랑할 만한 특별한 재능이 없을 때 죄책감을 느낀다. 학교에서 좋지 않은 점수와, 그것을 부모님께 내보여야 할 순간에 대한 불길한 생각 때문에 아이의 어린 마음은 죄책감으로 가득 찬다. 이것은 하나의 강박관념이 되어 아이로 하여금 부정행위를 하게 만들고 진정한 죄책감의 근원이 될 수도 있다. (…) 옆방에서 누군가가 가구를 옮기고 청소하는 소리를 낼 때, 얼마나 많은 여성이 책을 읽거나 휴식을 취하다가 불안해하는가? 마음속으로는 옳다는 생각이 들고 꼭 해야만 하는 문화생활을 하고 있더라도, 혹은 의사의 지시에 따라 쉬고 있을 지라도, 여성들은 집안일의 책임을 다른 사람에게 떠넘겼다는 죄책감을 갖게 되고, 자신이 비난받고 있다고 느끼며 또 그렇게 믿는다. 또 많은 여성은 자신의 살림방식에 대해 비난받을까봐 두려워서, 자신의 친구들은 물론 남편의 친구, 심지어 아이들의 친구까지도 집에 초대하지 못하게 한다 (Tournier, 1958/2001: 12-19).

위의 상황이 우리와 똑 같다고 말할 수는 없을 것이다. 그러나 가정에서 가족들끼리 불편한 죄책감을 느낀다든지, 부모나 교사가 그들 자신의 편견이나 문제, 죄책감을 교육에 투사하여 아이들이 죄책감을 느끼게 한다든지 하는 일은 우리 주위에서 쉽게 찾아볼 수 있다. 따라서 죄책감은 우리의 정서와 정신 건강, 그리고 일상생활과 깊은 연관이 있다는 말은 부인할 수 없을 것이다.

정신분석과 기독교상담 분야에 탁월한 연구를 한 바 있는 빈클러(Klaus Winkler)는 인간적인 삶의 갈등이 개개인을 죄와 죄의 규정에 대한 물음과 직면시킨다고 보았다. 그리고 죄에 대한 물음과 직면 그 배후에 있는 인간 이해는 기독교상담 이론의 기본 가정이며, 기독교상담 사역의 전제가 된다고 보았다. 그러나 이러한 가정의 자명함에는 분명히 다음과 같은 비판적인 질문이 제기되어야 한다고 보았다. 신학자이자 목회자이며 그리스도 교인으로서 죄의 원리를 너무 강조하면서 전하는 것은 아닌가? 인간의 모든 본능적인 욕구를 기독교 신앙이 무시한다는 비난이 다시 한 번 확인되는 것은 아닌가? 수세기를 거쳐 각인된 기독교의 영향으로 '죄의 문화'에서 살아가며 그것과 함께 파괴적이면서 피할 수 없이 죄를 들추어내고 그럼으로써 권위적으로 지배하는 기관이 된 종교는 서서히 곪고 있는 것이 아닌가? 그렇기 때문에 우리는 '죄의 원리 저편에 있는' 종교성 또는 기독교 신앙을 위해 노력해야 하지 않는가? 그는 이러한 질문들이 종교와는 적이 되는 것처럼 처리되지 말아야 한다고 보았다. 왜냐하면 그것들은 목회적 돌봄에서 죄에 대한 접근을 가능하게 하는 질문이기 때문이라고 보았다. 또한 그는 죄에 대한 질문과 죄로 인해 인간을 불안하게 하는 이러한 정신 상태에 빠지게 되는 것에 대한 질문은 시대마다 계속 제기되어 왔으며, 그만큼 극복을 위해 도전해야 한다고 지적하였다. 그는 죄를 느낄 수 없는 사람은 '비인간적'이라고 보았으며 죄는 떠맡아야 하며 책임져야 하는 것으로 보았다(Winkler, 2000/2007: 397). 여기에 죄책감에 대한 문제가 기독교상담의 중요한 이슈로 나타나게 된다.

  이러한 죄책감에 대한 주제는 매우 다양하다. 그러나 이 글에서는 정신분석학에서의 죄책감(Schuldgefühl)에 대한 문제와 기독교상담에서 죄와 죄책감이 차지하는 위치를 주로 다룰 것이다. 그리고 이 글을 전개하면서 성경은 죄와 죄책감에 대하여 어떻게 말하고 있는지도 살펴볼 것이다. 이 글은 기독교 세계관과 상담학분야의 간학문적 연구로서, 나는 기독교상담학자로서의 입장에 서 있다. 따라서 나에겐 이론적인 진술만큼이나 내담자의 관찰 역시 중요하다.[3] 상담자는 상담이라

---

[3] 그러나 이 글에서는 지면 관계상 죄책감에 대한 구체적이고 전반적인 임상의 실제에 대하여 다루지 않았음을 밝힌다.

는 관찰을 통해서 치료에 영향을 미치는 요소들을 발견하고 설명할 수 있기 때문이다. 죄책감에 대한 주제는 상담자의 치료 현장 중에서 중요한 요소를 차지하는 주제이다. 죄책감에 대한 연구는 종교와 정신분석이 인간의 구원과 치유를 말하는 한에 있어서 끝이 없는 연구과제이고, 관심거리이며, 주의를 기울여야 하는 주제일 것이다. 이 글에서 논의하고 있는 문제는 실제적으로 죄를 짓고 느끼는 죄책감으로, 혹은 무의식적인 죄책감으로 고통을 당하는 내담자들과 그들에게 상담을 제공하는 상담자들에게 영향을 미칠 것이다. 죄책감에 대한 정신분석적인 고찰을 통해 얻은 직감이 기독교상담을 위해 어떻게 적용될 수 있는지, 그리고 그 한계상황은 어떤 것인지를 밝혀보고자 한다.

II
죄책감에 대한 정신분석적 접근

일반적으로 죄는 두 가지 넓은 범주로 구분될 수 있다. 즉 객관적인 죄와 주관적인 죄가 그것이다.[4] 객관적인 죄란 법을 어기거나, 범죄를 저지르거나 혹은 어떤 기준을 어긴 사람의 법적 신분을 말한다. 법을 어긴 사람은 유죄하다. 설사 그 사람이 자신의 유죄함을 느끼지 않는다든가 심지어 그 사람이 끝내 체포되지 않았다 하더라도 그는 유죄하다. 반대로 주관적인 죄는 사람이 자신의 행위나 생각 때문에 오는 내적 기분, 또는 감정을 말한다. 대부분의 경우 회한, 또는 자기 정죄의 감정들이다(Collins, 1993/1996: 217-18). 우리는 죄책감에 대한 정신분석적 고찰로, 주관적인 죄책감에 초점을 맞출 것이다.

1. 죄책감에 대한 고전적 정신분석의 정의

일반적으로 죄책감은 한 인간의 삶 전체를 어지럽게 교란시킨다. 죄책감에 시달리는 한 인간의 육신적인 삶은 '죄책' 이라는 질병의 포로

---

4 객관적인 죄와 주관적인 죄는 다음과 같이 서로 연관되어 일반적으로 네 가지 형태로 나타난다. 첫째, 객관적인 죄를 범했으며, 주관적인 측면에서 자신도 유죄하다고 느끼는 경우이다. 예를 들면, 한 음주 운전자가 어린이를 치었다고 하자, 그는 법적으로도 죄가 있을 뿐 아니라 자기 자신도 슬픔과 회한을 자주 느끼는 경우이다. 둘째, 객관적인 측면에서는 법을 어길 만한 일을 전혀 하지 않았음에도 불구하고 주관적인 측면에서는 여전히 자신에게 죄가 있다고 느끼는 사람들이다. 예를 들면, 이들은 상담실을 찾아와서 자기들은 아무것도 잘못하지 않았다는 사실을 알면서도 여전히 죄책감을 느끼며 자기를 정죄하게 된다고 토로하게 된다. 셋째, 객관적인 측면에서는 법을 어겨서 분명히 죄가 있는데도 불구하고 후회라든가 회한 등을 느끼지 않는 사람들이다. 넷째, 객관적인 측면에서도 잘못한 것이 없고 따라서 주관적인 측면에서도 죄책감을 느끼지 않는 사람들이다. 그러나 세 번째와 네 번째의 경우처럼 무죄하다고 느끼는 사람에 대해서도 신학적으로는 '무죄에 해당될 사람은 하나도 없다'라고 말한다. 죄에 대한 신학적인 측면에 대해서는 다음 파트에서 구체적으로 살펴 볼 것이다. '네 가지 형태의 죄'에 대하여(Collins, 1993/1996: 217-18)을 참조하시오.

가 되고, 정신적인 삶은 그를 좌절하게 만들며 이로 인해 심한 고통을 호소한다. 죄책감으로 인해 그는 삶의 기쁨과 소망을 상실하고 일상적인 삶속에서 기력을 상실하며, 정신적 에너지의 균형을 완전히 잃고 만다. 진정한 삶의 조화는 깨어지고, 그 결과 당혹스럽고, 고통스러운 분열의 삶의 모습의 그림자만이 드러날 뿐이다.[5] 이러한 죄책감에 대하여 어떻게 정의할 수 있을까? 죄책감을 이해하기 위하여 우리 자신의 정신생활의 무의식적인 측면에 눈길을 돌려 보자. 무의식의 탐구에 관련하여 우리는 정신분석적 방법론에 의존할 것이다. 왜냐하면 그것은 아직까지 무의식의 깊은 심층에 도달할 수 있는 가장 탁월한 방법으로 평가 받고 있기 때문이다.

정신분석하면 쉽게 떠오르는 단어들이 있다. '의식', '전의식', '무의식', '꿈', '욕망', '본능', '콤플렉스', '양가감정'과 같은 용어일 것이다. 이 용어들은 정신분석을 이해하고 기술하는 데 있어서 중요한 용어임에는 틀림이 없다. 그러나 가장 핵심적인 용어 중의 하나는 바로 '오이디푸스 콤플렉스' 이다. 프로이트에 의하면 죄책감은 '오이디푸스 콤플렉스'[6]에서 기인한다고 보았다(Freud, 프로이트 전집 XI: 397).[7] 따라서 죄책감을 정신분석의 근간을 이루는 핵심적인 용어로 보아도 과언은 아니며, 프로이트로 시작하는 정신분석의 역사 속에서 수많은 연구자들이 이 죄책감에 대하여 연구해왔다. 이 주제에 대한

---

5 죄책감이 발병의 원인이 되고 죄책감의 해결이 정신-신체 치료에 도움이 되는 경우는 많이 알려졌다. 일찍이 정신치료학파나 정신분석가들의 연구는 이러한 점을 잘 보여준다. 예를 들면, 보세이(Bossey) 그룹의 앙드레 사라동(André Sarradon) 박사는 일반진료 환자와 부인과의 견지에서, 린 테브넹(Line Thévenin) 박사는 소아정신의학 분야에서, 폴 플래트너(Paul Plattner)박사는 정신이상 분야에서 그리고 테오 보베(Théo Bovet)박사는 환자뿐만 아니라 자신의 신체적, 도덕적 건강에 영향을 미치는 죄책감의 폭넓고 인간적인 측면을 보여주었다. 그러나 이러한 설명도 절대적이지 않다. 영국의 의사이자 정신분석가였던 로널드 페어베언(Ronald Fairbairn)은 인간발달에서 죄책감이 주된 역할을 한다고 보지 않았다. 그래서 그는 프로이트의 고전적 정신분석적 이론이 인간발달에 대한 이해와 관련해서 잘못 생각한 중요한 실수들 중에 하나는 죄책감을 지나치게 강조한 것으로 믿었다. 즉 페어베언은 죄책감은 정신병리의 병인의 중요한 변수가 아니라고 생각했다. 페어베언이 이해하는 '정신병리의 병인'에 대하여는(Fairbairn "정신병과 정신신경증에 관한 새로운 병리학", 『성격에 관한 정신분석학적 연구』, 한국심리치료연구소, 2003: 40-78)을 참조하시오.

6 프로이트는 오이디푸스 콤플렉스의 양가감정의 저변에 있는 감정을 죄책감으로 보았다.

7 프로이트의 『독일어 전집(Gesammelte Werke)』. 여기에서는 열린책들 출판사에서 2004년 번역한 한국판 『프로이트 전집』을 의미한다.

모든 책들과 논문들을 참고한다는 것은 거의 불가능할 정도이다. 그래서 우리는 이 주제에 대해 간략하면서도 탁월한 연구를 한 바 있는 라플랑슈(Jean Laplanch)와 퐁탈리스(Jean Pontalis)의 『정신분석 사전』의 "죄책감" 항목(Laplanche & Pontalis, 1967/2007: 429-30)을 주로 참고할 것이다.

죄책감(Schuldgefühl)은 정신분석에서 사용되는 아주 폭넓은 의미를 가진 용어이다. 우리는 엄격한 초자아와 그것의 지배를 받은 자아 사이의 긴장을 죄책감이라고 한다(Freud, 1915/1997: 314). 그것은 주체가 비난받아 마땅하다고 생각하는 행위의 결과로 나타나는 정동의 상태를 가리키거나(죄인의 양심의 가책이나 외견상 불합리한 자책), 주체가 자책하는 구체적인 행위와는 아무 관계없이 자신을 무가치하다고 여기는 막연한 감정[8]을 가리킨다(Laplanche & Pontalis, 1967/2007: 429). 그러면 이러한 죄책감은 인간의 정신적 삶속에서 어떤 형태로 나타나는가? 우선 죄책감은 주로 강박 신경증[9]에서 볼 수 있다. 그것은 자책, 주체가 보기에 비난받아 마땅하기 때문에 주체가 맞서 싸우는 강박관념, 그리고 마지막으로 방어 수단과 결부되어 있는 수치심의 형태를 띠고 있다. 이미 이 단계에서 지적할 수 있는 것은, 죄책감은 부분적으로 무의식적이라는 것이다. 왜냐하면 거기서 작용하고 있는, 특히 공격적인 욕망의 본질은 주체에 의해 의식되지 않기 때문이다. 사실 정신분석과 상관없이 인간에게는 직관적으로 죄책감이 있다는 것을 알 수 있다. 그러나 프로이트가 발견한 정신분석적 도구를 통하여 죄책감의

---

[8] 다른 한편, 정신분석은 죄책감을 실패 행위, 경범죄, 주체가 스스로 가하는 고통 등을 보고하는 무의식적인 동기의 체계로 가정하고 있다. 이런 의미에서, 주체가 의식적인 경험의 수준에서는 죄가 있다고 느끼지 않을 수 있기 때문에, 감정이라는 말은 신중하게 사용해야 한다고 보고 있다(Laplanche & Pontalis, 1967/2007: 429).

[9] 공상에 잠기는 생활과 충족되지 않은 욕망에서 생겨난 환상이 우위를 차지하는 것은 신경증의 심리상태를 이루는 주된 요소이다. 신경증 환자의 길잡이 구실을 하는 것은 일상적인 객관적 현실이 아니라 심리적 현실(Psychische Realität)이다. 히스테리 증세는 실제 경험의 반복이 아니라 환상에 바탕을 두고 있으며, 강박증적 죄책감은 나쁜 의도를 실천에 옮기지는 않았지만 나쁜 마음을 먹었다는 사실 자체에 바탕을 두고 있다. 꿈이나 최면술의 경우와 마찬가지로, 집단의 정신 활동에서는 사물의 진실성을 검증하는 기능이 뒷전으로 물러나고, 그 대신 감정적 카텍시스(Kathexis; 리비도가 어떤 특정한 대상-사람, 물건, 관념-에 집중하여 발현되는 것을 말한다)를 받은 욕망적 충동이 강하게 대두한다(Freud, 1921/1997: 91).

기원을 구체적으로 파고 들 때 우리는 죄책감이 사랑과 증오의 양가감정과 관련된 특별한 형태의 불안이라는 것을 알 수 있다.

2. 정신분석에서 본 무의식적 죄책감

정신분석은 멜랑콜리에 대한 연구를 통해 죄책감에 대한 보다 완성된 이론에 도달할 수 있었다. 멜랑콜리는 특히 자기 비난, 자기 비하, 자살에까지 이를 수 있는 자기 처벌의 경향으로 특징지어진다. 거기에는 고소인(초자아)과 피고인으로서 자아의 진정한 분열, 즉 그 자체가 상호 주체적 관계로부터 내면화 과정을 거쳐 생겨나는 분열이 있다. 프로이트는 이 점을 다음과 같이 말한다.

자책은 사랑의 대상에 의한 비난이 그 대상으로부터 자아 자체로 반전된 것이다.(…) 멜랑콜리 환자의 하소연은 고소하는 것이다(Freud, 전집 XI: 251).

위니콧(Donald Winnicott)은 죄책감을 불안과 연결하여 이해하였다. 죄책감은 자아가 초자아와의 관계에서 느끼는 불안을 의미하며, 이 불안이 성숙하여 죄책감이 된다고 보았다(Winnicott, 1984/2000: 20-21). 죄책감과 관련하여 멜라니 클라인(Melanie Klein)의 '우울적 자리'를 통한 정서발달 이론도 정신분석가들의 관심을 모았다. 클라인은 사랑하는 대상을 손상시킬 수 있다는 인식이 '우울적 자리'에 속한 것이라고 보았고, 이런 느낌이 일으키는 불안을 '우울불안'이라고 불렀다. 즉 클라인에 따르면 죄책감은 사랑하는 대상이 손상되는 데 대한 불안에서 유래하며, 이런 죄책감은 성적 갈망보다는 애정대상을 향한 파괴적 충동에서 비롯된다. 그리고 그것은 오이디푸스기가 되기 훨씬 전인 3세경에 나타나므로 죄책감은 자아가 애정대상을 상실하는 것에 대한 불안과 밀접히 연결되어 있고 결과적으로 불가피하게 보상욕망

(reparative desire)을 발생시킨다는 것이다(Summers, 1994/2004: 133). 또한 클라인은 유아가 과도하게 좌절을 경험하면, 아이는 자신의 공격성이 실제로 사랑하는 대상을 파괴시켰다고 믿을 것이며, 그 결과 견딜 수 없는 죄책감을 느끼게 될 것이라고 보았다. 반면에, 유아가 환상 속에서 손상된 대상을 고쳐주고 회복시킬 수 있다고 느낀다면, 죄책감은 장애를 일으키지 않는다는 것이 클라인의 주장이다(Summers, 1994/2004: 134-35). 이렇듯 죄책감의 기원에 대한 정신분석의 초기 연구들은 사랑과 증오 사이의 갈등, 자아와 초자아 사이의 갈등, 또는 삼각관계의 상황에서 기인한 양가감정이라고 보았던 반면에, 클라인은 어머니에 대한 유아의 2분자적 관계로 발전시켰다고 볼 수 있다. 이와 같은 발견은 클라인이 프로이트의 죄책감에 대한 이론을 그대로 따르고 있지는 않지만, 죄책감의 기원에 대한 프로이트의 연구방법을 적용하면서 얻은 중요한 결과라고 볼 수 있다.

앞서 살펴본 대로 죄책감이 오이디푸스기에 발생한다고 믿었던 프로이트와 달리, 위니콧은 죄책감은 대상 통합의 경험과 함께 시작된다고 보았다. 그에 따르면, 자신이 사랑하고, 의존하는 사람을 증오하고, 그에게 분노했다는 사실에 대한 아이의 인식은 자신이 대상에게 손상을 입혔다는 불안을 낳고, 이런 불안은 불가피하게 죄책감을 야기한다고 보았다. 그러나 위니콧은 클라인과는 달리, 죄책감의 발달과 변천은 아이의 공격성에 대한 환경의 반응에 따라 타인들에 대한 건강한 관심으로 인도할 수도, 우울불안으로 인도할 수도 있다고 보았다(Summers, 1994/2004: 222-23).

죄책감에 대한 프로이트의 생각으로 되돌아가보자. 프로이트는 초자아라는 개념을 도출함에 따라, 방어적 갈등에서 죄책감에 좀더 일반적인 역할을 떠맡긴다. 그는 「애도와 멜랑콜리」(1917)에서 이미 다음과 같은 사실을 인식하고 있었다. "여기서 분열에 의해 자아와 분리된 비판적인 심역(초자아)은, 아마 다른 상황에서도 그 자율성을 보여줄 것이다"(Freud, 전집 XI: 250). 또한 자아와 이드의 관계를 설명하고 있는

「자아와 이드」 (1923)의 제5장에서, 정상적인 형태로부터 정신 병리학적인 구조의 표현에 이르기까지 프로이트는 죄책감의 여러 양상을 구분하고자 노력하였다(Freud, 전집 XI: 392-407). 실제로 자아에 대한 비판적이고 처벌적인 심역으로서 초자아를 따로 구별하는 것은, 심리장치 내 체계들 간 관계로서의 죄책감을 도입하는 것이다. "죄책감이란 초자아의 비판에 상응하는 자아 내부의 지각이다" (Freud, 전집 XI: 398). 그러한 관점에서, 여기서 "무의식적 죄책감(Unconscious sense of guilt)" [10]이라는 표현은 그것이 무의식적으로 동기가 부여된 감정을 가리킬 때 보다 더 근본적인 의미를 갖고 있다. 즉, 이제 초자아와 자아의 관계는 무의식적이어서, 종국에는 죄의식이 부재하는 주관적인 결과로 나타날 수 있다. 그래서 몇몇 경범죄자들에게서, "범죄 이전에 강한 죄책감이 존재하는 것을 볼 수 있는 것이다. 따라서 죄책감은 범죄의 결과가 아니라 동기이다. 마치 주체는 그 무의식적 죄책감을 실재적이고 현실적인 어떤 것과 결부시키면 그 죄책감이 경감될 수 있다고 느끼는 것 같다" (Freud, 전집 XI: 398).

3. 무의식적 죄책감과 자기 처벌 욕구

일반적으로 죄책감은 유쾌한 경험이 아니라 나쁜 느낌을 가져온다. 문제는 이러한 나쁜 경험이 파괴적일만큼 한 개인을 위협한다는 것이다. 프로이트의 무의식적 죄책감에 대한 연구 이후 정신분석가들은 우울증 환자들의 자기를 향한 공격성과 자기-증오, 자기-비난에 대하여 깊이 이해할 수 있었다. 특히 위니콧의 무의식적 죄책감과 우울증 환자들 사이의 심리적 메커니즘에 대한 설명은 주목할 만하다. 위니콧에

---

10 "무의식적 죄책감"이라는 이 말은 프로이트의 논문 「강박행동과 종교 행위(Zwangshandlungen und Religionsübungen)」 (1907)에 이미 나타나 있다. 그러나 이 개념은 그보다 훨씬 전, 「방어의 신경정신증(Die Abwehr-Neuropsychosen)」 (1894)에 이미 잘 예견되어 있다.

의하면, 억제된 성격을 가진 환자가 그러하듯이, 우울증 환자는 공격성에 대한 과도한 불안으로 인해 공격성을 건설적으로 사용하지 못한다고 보았다. 그 결과 죄책감으로 인해 손상을 입은 우울증 환자는 공격성을 자신에게로 돌린다는 것이다. 그는 우울증 환자들이 자기-증오, 자기-비난에 탐닉하는 것은 사랑하는 대상을 손상시키는 무의식적 의도에 대한 죄책감 때문이며 극단적인 형태에서, 이 역동은 사랑하는 대상을 보호하기 위해 통제되지 않는 격노를 자기에게 돌리는 '내파(implosion)'를 가져온다고 보았다. 그 결과 이런 환자들은 자살이라는 최대의 위험에 직면하게 된다는 것이다(Summers, 1994/2004: 259).

무의식적 죄책감이 주체의 파멸을 가져올 수 있다는 이러한 개념은 오늘날 상담의 임상 현장에서 중요한 부분을 차지하고 있다. 그럼에도 불구하고 프로이트는 무의식적 죄책감이라는 말의 모순을 피할 수 없었다. 그러한 의미에서, 그는 '처벌 욕구'라는 용어가 더 적절하다는 사실을 인정했다(Freud, 전집 XI: 426-27). 그러나 주목할 것은, 처벌 욕구는 가장 근본적인 의미에서, 주체의 파멸을 지향하는 힘을 가리킨다는 것이다. 그것은 체계들 간의 긴장으로 환원될 수 없다. 무의식적이라는 말은, 환자가 의식하지 못하고 있는 것은 저항하고 있다는 사실 뿐만 아니라, 그 저항의 동기도 의식하지 못한다는 의미이다. 정신분석은 이러한 동기들을 연구했고, 놀랍게도 그것은 강력한 처벌 욕구라는 결론에 다다랐는데, 그것은 마조히즘적 소원[11]이라고 보았다. 이러한 사실의 임상적 의미는 이론적 의미만큼이나 중요하다. 왜냐하면, 처벌 욕구는 정신분석을 행하는 치료적 노력의 가장 나쁜 적이기 때문이다. 그것은 노이로제와 관련된 고통을 통해서 만족되며, 그러므로

---

11 일반적으로 우리는 어떤 사람이 자신의 성적 대상에게 고통과 학대와 굴욕을 가할 때에만 성적 쾌락을 느낄 때 그것을 사디즘이라고 부르고 자기 스스로가 이렇게 학대받는 대상이 되어야만 하는 욕구가 존재할 때 그것을 마조히즘이라고 부른다. 정신분석적 통찰을 통하여 볼 때, 사디즘과 마조히즘은 에로스와 공격성이라는 두 개의 본능이 절묘하게 혼합된 최고의 예를 보여준다고 볼 수 있다. 에로틱한 요소를 잠시 한쪽으로 제쳐놓고 볼 때, 사디즘이 대상 파괴를 목적으로 한다면, 마조히즘은 자기 파괴를 목적으로 한다고 볼 수 있다. 그래서 프로이트에게 있어서 '무의식적 죄책감=무의식적 자기 처벌 욕구=마조히즘적 소원'이라는 등식이 성립된다고 볼 수 있다.

병들어 있는 그 상태에 묶여 있게 된다. 프로이트는 이러한 무의식적인 처벌 욕구라는 요소는 모든 신경증적인 질병에 관련된 듯이 보인다고 보았다(Freud, 1932/1998: 154-155). 여기에서 프로이트가 다루었던 무의식적인 처벌 욕구에 사로잡힌 한 여인의 사례를 들어보자.

프로이트는 언젠가 나이 든 처녀를 그녀의 복합 증상으로부터 해방시키는 데 성공한 적이 있었는데, 그 증상은 그녀를 15년 동안이나 끔찍한 존재로 만들어 버렸으며, 일상적인 생활에 아예 참여할 수 없게 만들 정도로 지독한 것이었다. 그녀는 이제 자신을 건강하게 느끼고 자신의 적잖은 재능을 계발하기에 여념이 없었으며, 그동안의 세월을 만회하고 만족을 느끼고, 성공적인 삶을 만들어 나가기 위해 정신없이 살아가고 있었다. 그러나 그녀는 이 분야에서 무엇에 도달하기에는 너무 늙어 버렸다는 통찰에 이르게 되고, 다른 사람이 그것을 깨우쳐 주는 순간 그녀의 모든 시도는 끝나 버리고 말았다. 그러한 일이 생기게 되면 병이 다시 도지는 것이 상례지만 그녀는 그렇게 되지 않았고, 대신 그녀는 매번 사고를 당하게 되어 얼마 동안 활동을 못하고 고통을 겪게 되곤 했었다. 넘어지거나 발목을 삐거나 무릎을 다치게 되거나, 혹은 무슨 일을 하는 중에 손을 다치게 되거나 하는 일들이 그녀에게 자주 일어났다. 이렇게 우연적인 사고로 보이는 일에 그녀 자신의 잘못은 얼마만큼 관여되었을까를 주목하게 되자 그녀는 방법을 교묘히 바꾸었다. 사고 대신에 이제는 예전과 비슷한 경우가 생기면 가벼운 병을 앓곤 했었다. 감기, 후두염, 독감 비슷한 증상, 류마티스성 종기 등이 끊임없이 엄습하여 끝내는 그녀가 체념하게 되자 그 모든 저주가 사라져 버렸다(Freud, 1932/1998: 155-156).

이러한 무의식적인 처벌 욕구는 어디에서부터 연유하는 것일까? 프로이트는 그것은 양심의 한 부분인 것 같기도 하고, 양심이 무의식으로까지 연장된 것처럼 보이기도 하며, 양심과 같은 비슷한 유래를 가지고 있는 듯하며, 내면화되고 초자아로부터 양도 받은 공격적 성향의 한 부분에 해당되는 것 같다고 보았다. 그는 이러한 임상적 현상의 모든 실제적 목적을 고려하여 그것을 '무의식적 죄책감' 이라고 불렀다. 그는 무의식적 죄책감이 매우 강한 사람들은 분석적 치료 중에 예후(豫後)적으로 아주 달갑지 않은 부정적 치료 반응을 나타냄으로써 다른 사람들과 구별된다고 보았는데, 보통 일반적인 치료 과정에서는 환자에게 어떤 증후의 해결 방법을 제시하게 되면 적어도 잠정적으로라도 그 증후가 없어지는 결과가 나타나지만, 이런 환자에게 있어서는 반대로 그 증후의 일시적 강화와 그에 수반되는 고통이 뒤따르게 된다는 것이다. 또한 프로이트는 무의식적인 죄책감에 의해 야기되는 문제들, 즉 죄책감과 도덕과 교육, 범죄, 버림받음 같은 것들과의 관계들은 정신분석가들이 선호하는 임상 분야라고 하였다(Freud, 1932/1998: 156-157).

4. 유아적 죄책감과 도덕적 의식

프로이트에 의하면, 죄책감은 그것이 의식적이든 무의식적이든, 항상 하나의 동일한 지형학적 관계, 즉 그 자체가 오이디푸스 콤플렉스의 잔재인 자아와 초자아의 관계로 환원된다고 보았다. 이런 의미에서 프로이트는 죄책감을 오이디푸스 콤플렉스와 연결시켰다. "대부분의 죄책감은 보통 무의식적이라는 가설을 내세울 수 있다. 왜냐하면 도덕적 의식의 출현은 무의식에 속하는 오이디푸스 콤플렉스와 밀접하게 관련되어 있기 때문이다" (Freud, 전집 XI: 397). 그런데 프로이트의 정신분석에 의하면, 특히 유아적 죄책감은 우리로 하여금 도덕성의 세계에 눈을 뜨게 한다. 다시 말하자면 유아적 죄책감은 우리로 하여금 가장 진정한 죄책감 가운데 활동하기 시작하는 양심의 민감함을 가지도록 우리를 훈련시킨다는 것이다. 따라서 프로이트에 의하면, 인간의 고차원적 측면의 주요한 요소들인 종교, 도덕, 그리고 사회적 감정은 원래 동일한 것이었다. 그런데 이러한 죄책감은 상당히 주관적이라고 볼 수 있다. 투르니에가 전해주고 있는 프랑스의 피에르 엘 무니어 쿤(Pierre-L. Mounier-Kuhn)교수의 일화는 이점을 잘 보여준다. 그의 환자 중 한 사람이 외국에 갈 일이 생겨서 비행기를 탈 수 있을지 여부를 그에게 물어 보았다. 그는 그녀를 검진하고 나서 배로 가야 할 것 같다고 느꼈다. 그래서 그녀는 배를 탔고 그 배는 난파된다. 무니어 쿤 교수는 다음과 같이 덧 붙였다. "저는 환자가 생존자 명단에 들어 있다는 사실을 알게 될 때까지 며칠 동안 끔찍한 시간을 보냈습니다"(Tournier, 1958/2001: 132). 이 사건을 놓고 다음과 같은 의견을 제시할 수 있을 것으로 본다. 즉, 환자의 상태를 보며 과학적 검진에 따른 의사의 충고는 정당하며 그래서 의사는 죄가 없다는 것이다. 분명 우리는 이성적 사고가 제시하는 이런 의견을 이해한다. 그러나 우리는 동시에 무니어 쿤 교수가 괴로워하는 깊은 감정도 이해할 수 있다. 우리는 그가 느꼈던 것이 바로 죄책감으로 본다. 그는 이미 그 환자의 죽음을 상상하고 있었고 '바로 내가 한 충고 때문에 그녀에게 그런 일이 닥쳤다' 고 생각하지 않을 수 없었던 것이다. 이와 같은 죄책감은 인과관계와 책임에 대한 감정, 그리고 피할 수 없는 결과에 대한 의식과 연관되어 있다고 볼 수 있다(Tournier, 1958/2001: 132-33).

우리는 위에서 죄책감에 대한 정신분석학적인 측면들을 살펴보았고 도덕적인 교훈에서가 아니라 인간발달 측면에서 죄책감에 접근했다. 왜냐하면, 정신분석과 같은 심리학적 죄책감의 연구는 개인의 성숙과 정서발달의 측면에 유용한 정보를 제공하기 때문이다. 그러나 우리는 죄책감에 대한 종교적인 질문들도 다루어야 한다. 그렇지 않고서는 우리는 죄책감에 대한 문제의 본질에 다가설 수 없기 때문이다.[12] 철저하게 심리학적인 입장을 대변하고자 애쓰는 학자들[13] 사이에서도 죄책감에 대한 연구에 있어서는 종교적인 물음에 대한 논의를 피해 갈수 없는 실정이다.

---

12 프로이트는 그리스도교를 비판했음에도 불구하고 근본적으로 종교적인 '죄책감'이 있다고 보았다.

13 대표적으로, 예를 들면, 헤스나르 (A. Hesnard, 1954)를 들 수 있다.

III
죄와 죄책감에 대한 성경적·신학적 접근

나는 성경학자가 아니지만 죄와 죄책감에 관련된 적지 않은 성경 본문을 인용하게 될 것이다. 그것들이 내포하고 있는 내용들을 알아보고, 더 나아가 영혼의 치유를 중심 주제로 하는 기독교상담에 있어서 죄와 죄책감의 문제를 어떻게 해석하고 활용할 수 있는지의 가능성을 모색해 보기 위함이다.

1. 죄와 죄책감에 대한 성경적 접근

1) 죄에 대한 성경적 접근

죄에 해당하는 히브리어 단어들 중 흔히 사용되는 단어는 חטא(하타), עון(아본), פשע(페샤)등이다. 구약 성경에는 חטא가 많이 사용되며 하나님의 기준에 미달됨을 의미한다(창세기 20장 9절, 39장 9절, 40장 1절, 출애굽기 9장 27절, 10장 16절, 32장 30절…). עון은 불법, 또는 유죄, 죄, 범죄로 번역되며 하나님의 기준을 왜곡하거나 탈선하는 것을 의미한다(창세기 4장 13절, 15장 16절, 출애굽기 20장 5절, 레위기 5장 1절, 17장 16절…). פשע는 허물, 죄과, 위반, 범죄, 혹은 거역, 반항으로 번역되며 하나님의 기준이나 표현된 하나님의 뜻에 대항하는 인간의 거역을 말한다(창세기 31장 36절, 출애굽기 22장 9절, 잠언 28장 2절, 욥기 35장 6절…). 신약에서는 ἀδικία(adikia)와 ἀμαρτία(hamartia)가 죄의 개념을 표현한다. ἀδικία는 하나님의 기준을 위반함으로써 다른 사람들에게 해를 끼치는 의도적인 인간의 선택을 의미한다. 이것은 히브리어 עון과

유사한 단어이다. ἁμαρτία는 히브리어 חטא의 의미와 거의 흡사한 단어로 '표적을 맞히지 못함'을 뜻한다(성서백과대사전편집위원회, 1989). 이렇듯 구약과 신약 성경에서는 죄의 의미를 다양하게 표현하고 있지만 결국 그것은 인간과 하나님의 관계로 요약할 수 있다. 즉 인간이 하나님께 대해 잘못된 행위를 하거나 하나님의 기준에 미달되거나 하나님의 뜻을 거역함으로 하나님과 왜곡된 관계로 나타난 결과가 '죄'인 것이다.

또한 죄는 개인적인 차원에만 국한된 것이 아니기에 죄를 관리하는 것은 단순히 해야 할 행동목록과 해서는 안 될 목록을 작성하는 것을 의미하지 않는다. 죄는 우리의 타고난 본성의 한 부분이고, 인간에 널리 퍼져 있는 조건이다. 죄는 인간의 병이며, 그 기원은 에덴동산에서

미켈란젤로, 〈원죄 (1509-1510), 바티칸궁 시스티나 예배당 천장 부분〉

이 작품은 창세기 3장의 내용, 즉 인간의 불순종과 에덴에서의 추방을 동시에 보여주면서, 원죄로 인한 타락과 괴로움에 처한 인간의 실존을 역동적으로 묘사하고 있다. 중앙의 선악을 알게 하는 나무(선악과)를 중심으로, 왼쪽은 나무를 감고 있는 뱀에 유혹되어 이브와 함께 나무 열매를 따려는 아담이, 오른쪽에는 천사에 의하여 낙원에서 추방되는 두 남녀의 모습이 묘사되어 있는데, 열매를 따려는 아담의 뻗은 팔과 나란히 유혹하는 의인화 된 뱀의 팔, 그리고 천사의 칼을 피하려는 아담의 뻗은 팔로 좌우가 서로 연결되어 있다. 그리고 나무를 이중(二重)으로 감고 있는 뱀과 반대 방향을 향하고 있는 천사로 인해 좌우 두 부분이 대립적으로 강조된다.

아담과 이브가 죄를 짓기로 결정한 그 순간으로 거슬러 올라간다. 원죄를 지은 인간은 죄 문제로 항상 괴로워해 왔다(McMinn, 1996/2001: 157).

성경 전통에 의하면 하나님은 죄에 대하여 분노하는 동시에 죄인을 사랑하시는 인격체이다. 인간에게 역경을 주시지만 그 역경은 죄인을 교화시키고 그를 자신의 집으로 들이기 위함이다. 그렇다고 정의에 기반을 둔 형벌과 징계가 없다는 의미는 아니다. 그의 징계는 징계 그 자체에 의미가 있는 것이 아니다. 다만, 은혜를 전제로 하는 심판이다. 이러한 은혜를 통하여 죄인에게 있어서 죄악스러운 것은 유익함으로 변화된다.[14] 이러한 의미에서 성경은 하나님이 자기 백성을 징계하시며 사랑하신다고 말한다.[15]

2) 죄책감에 대한 성경적 접근

그러면 죄책감에 대해서 성경은 어떻게 말하고 있을까? 성경에 의하면 죄책감에 대한 불안은 인간들의 삶에 위협이 되는 것들에 대한 불안만큼 자주 나타난다. 이러한 죄책감에 대한 불안은 인류의 역사만큼이나 태곳적부터 나타났다. 죄책감의 불안은 인류가 원죄를 범하면서부터 나타났다고 성경은 증언한다.[16] 또한 성경에 의하면 죄책감에 대한 불안은 자기 자신이 잘못했다고 생각하는 사람을 사로잡는다. 자신의 이웃에 대해서 잘못하면, 그 이웃이 자신의 잘못을 인식하고 그 책임을 추궁할까봐 두려워한다. 그는 자신의 지위를 잃고, 무시를 받고, 법정에 서게 될까봐 두려워한다. 그런 불안 속에서 그는 자신의 잘못을 숨기거나 최소화하려고 한다. 이런 상황이 되면 그는 항상 가면을 쓰지 않을 수 없다. 그리하여 그는 그가 저지를 잘못에 점점 더 깊

---

14 그러나 죄가 더한 곳에 은혜가 더욱 넘쳤나니……(로마서 5장 20절).
15 욥기 5장 17절, 시편 6편 1절; 94편 12절; 118편 18절, 잠언 3장 11절, 이사야 26장 16절, 히브리서 12장 5-8절, 요한계시록 3장 19절.
16 그들이 그 날 바람이 불 때 동산에 거니시는 여호와 하나님의 소리를 듣고 아담과 그의 아내가 여호와 하나님의 낯을 피하여 동산 나무 사이에 숨은지라(창세기 3장 8절).

이 빠져들면서 새로운 잘못들을 저지르게 된다(Lechler, 1984/2004: 137). 인류의 조상 아담은 그렇게 하나님의 말씀에 불복종한 잘못뿐만 아니라 거짓말을 하는 잘못까지 저지르고, 그 탓을 이브에게 돌리기까지 했다.17

또한 성경은 인간의 무의식의 영역을 발견한 정신분석 훨씬 이전에 이미 죄책감의 강조를 '행위' 라는 형식적 수준에서 '동기' 라는 훨씬 깊은 차원으로 전환시켰다. '동기' 라는 개념은 두 가지 방향에서 도덕주의와 대립한다. 먼저, 선행에도 그릇된 동기가 작용할 수 있다는 점을 성경은 잘 말해주고 있다. 겉으로 드러나는 말과 보이는 행위보다 중요한 것은 생각 즉 '동기' 라는 것이다. 예수는 죄를 인간의 내적 동기로까지 추적하여 죄의 의도를 외적으로 나타나는 행위와 동일시했다(Purkiser, 1960/1992: 264). 예수는 "사람들에게 보이려고 그들 앞에서 너희 의를 행치 않도록 주의하라" (마태복음 6장 1절)고 말씀하셨으며, 사도바울 역시 빌립보 교인들을 향하여 "순전치 못하게 다툼으로 그리스도를 전파하는" (빌립보서 1장 17절)사람들을 언급하였다. 이런 측면에서 예수의 산상수훈 역시 외적인 행위 그 자체에서 그 행위를 유발시킨 은밀한 동기로 죄책감을 이동시킨다. 마찬가지로 사도바울은 우상의 제물에 관하여 고린도 교회에 퍼져 있는 율법주의에 강력히 반대하였고(고린도전서 8장), 어떤 행동 자체보다 그 행동을 유발시킨 동기가 더 중요하다고 밝히고 있다. 예컨대 만약 형제 된 그리스도인에게 걸림돌이 될까봐 그를 사랑하는 마음으로 그런 음식을 먹지 않는다면 그 행위는 선하다. 그러나 남들의 판단을 두려워하거나, 초기 유대인이 가지고 있던 부정에 대한 이해처럼, 그런 음식을 먹으면 자신이 부정하게 될 까 두려워하여 먹지 않는다면 그 행위는 선하다고 할 수 없다는 것이다(Tournier, 1958/2001: 198). 투르니에는 죄책감에 있어서 동기의

---

17 이르되 내가 동산에서 하나님의 소리를 듣고 내가 벗었으므로 두려워하여 숨었나이다. 이르시되 누가 너의 벗었음을 네게 알렸느냐? 내가 네게 먹지 말라 명한 그 나무 열매를 네가 먹었느냐? 아담이 이르되 하나님이 주셔서 나와 함께 있게 하신 여자 그가 그 나무 열매를 내게 주므로 내가 먹었나이다(창세기 3장 10-12절).

문제를 다음과 같이 잘 지적하고 있다.

악의 가장 극적인 측면은 그것이 일정대상이나 영역에 국한 될 수 없다는 점이다. 그리고 악이 미덕에까지 침투하므로 선 안에도 어느 정도 악이 공존하고 있으며, 또한 어쨌든 많은 부분에서 우리로 하여금 덕행을 행하게 만드는 자긍심으로 작용한다. 그리하여 예를 들면, 하나님께 순종하려는 우리의 가장 신실한 노력에도 상당히 다양한 동기가 개입되어 있다. 한편에서 분명히 하나님을 향한 사랑이 있지만 다른 한편에는 허영심, 소중한 사람들의 인정을 받고자 하는 유아적 욕망, 하나님의 사랑을 잃거나 사람들의 비난을 사지 않을까 하는 유아적인 두려움이 더 많다. 그러므로 진정으로 의롭게 될 수 있는 방법은 없다. 우리는 성경적 계시와 직접 대면하고 있다. 폴 리꾀르(Paul Ricœur)는 성경이 비판하는 죄책, 성경이 유일한 답을 제시하는 죄책은 '악한 자'들의 죄책이 아니라 '의인들의 죄'(Ricœur, 1954: 204-14)라고 바르게 강조한다"(Tournier, 1958/2001: 194-95).

예수의 산상수훈(마태복음 5장 1절~7장 29절)에서 악, 그 자체는 인정되고 있지만, 죄의 개념은 근본적으로 개혁되어서서 나타난다.[18] 그 후 아담과 관련된 이야기를 다시 언급하며 죄와 관련된 인간학을 다시 정립한 학자는 바울이라고 볼 수 있다. 바울은 로마서에서 육신의 생각이 하나님과 원수가 되는 것임을 잘 지적하고 있다.[19] 바울은 또한, 인간은 허물과 죄로 죽었으며 하나님의 진노에 직면하게 되었다고 묘사하고 있다. 바울에 의하면 인간에게 찾아오는 질병, 고통, 죽음의 문제(넓은 의미에서의 악의 문제)는 아담의 타락 속에서 시작되었다. 왜냐하면 모든 인간은 타락 이후 아담의 영향을 받기 때문이다(로마서 8장 18~25절). 따라서 성경적 전통에 의하면 인간은 근본적으로 타락한 존재이다. 출생하면서 인간은 자신의 의지와 상관없이 죄성을 지닌 채 태

---

[18] 예를 들어 예수는 "형제에게 노하는 자마다 심판을 받게 되고 형제를 대하여 바보라 하는 자는 공회에 잡히게 되고 미련한 놈이라 하는 자는 지옥 불에 들어가게 되리라(마태복음 5장 22절)"고 하셨으며, "여자를 보고 음욕을 품는 자마다 이미 마음에 간음하였느니라(마태복음 5장 28절)"고 하셨으며, "누구든지 음행한 연고 없이 아내를 버리면 이는 저로 간음하게 함이요, 또 누구든지 버린 여자에게 장가드는 자도 간음함이니라(마태복음 5장 32절)"고 말씀하였다.

[19] 육신의 생각은 사망이요, 영의 생각은 생명과 평안이니라. 육신의 생각은 하나님과 원수가 되나니 이는 하나님의 법에 굴복하지 아니할 뿐 아니라 할 수도 없음이라(로마서 8장 6-7절).

어난다는 것이다. 이처럼 바울은 죄와 구원의 관심 속에서 아담과 그리스도 예수를 대조, 즉 옛것과 새것을 대조함으로써 구원론을 전개하고 있다.[20] 즉 바울은 인간의 죄성을 아담과 연결[21]시키면서, 아담을 인류의 죄의 근거로 삼는 동시에 인류의 죄의 속죄를 그리스도 예수 안에서 찾고 있다.[22]

2. 죄와 원죄에 대한 신학적 접근

1) 죄에 대한 신학적 접근

'들어가는 말'에서도 짧게 살펴보았듯이 죄에 대한 논의는 간단한 문제가 아니며, 죄와 죄책감에 대한 신학적인 작업은 우리의 일상생활과 아주 밀접한 관계를 갖는다. 여기에서는 기독교 신학의 전통 안에서 그 초석을 다졌던 어거스틴의 죄의 이해를 시작으로 죄와 죄책감에 대한 신학적 이해를 간단하게 살펴보자. 잘 알려 진대로 어거스틴의 죄에 대한 이해와 구원론과의 관계는 따로 분리되어 설명되어 질 수 없다. 기독교 신학의 전통 안에서 원죄에 대한 그의 사상은 거의 공식적이라 할 정도로 중요한 위치를 차지하고 있다. 어거스틴이 죄론을 창안하지는 않았지만 죄에 대하여 분명함과 조직적인 치밀함으로 묘사하였기 때문이다. 그는 성경의 유산, 기독교 사상, 플라톤 철학 그리고 자신의 경험적 요소를 종합하여 죄에 대한 주제들을 훌륭한 사색 체계 속으로 결합시켰다. 하나님으로부터 멀리 떠난 인간은 그 자체를 제외한 어떤 권위자로부터 지배받기를 거부하며 하나님을 거부한 인

---

20 한 사람의 순종치 아니함으로 많은 사람이 죄인 된 것 같이 한 사람의 순종하심으로 많은 사람이 의인이 되리라(로마서 5장 19절).

21 한 사람으로 말미암아 죄가 세상에 들어오고 죄로 말미암아 사망이 왔나니 이와 같이 모든 사람이 죄를 지었으므로 사망이 모든 사람에게 이르렀느니라(로마서 5장 12절).

22 그런즉 한 범죄로 많은 사람이 정죄에 이른 것 같이 의의 한 행동으로 말미암아 많은 사람이 의롭다 하심을 받아 생명에 이르렀느니라(로마서 5장 18절).

간을 스스로 절대화하게 된다. 그 결과 인간은 욕망의 멍에가 되는 조건 속으로 전락된다. 욕망은 자연적인 경향이지만, 인간은 자기절대화 속으로 빠지게 되어 무절제하게 된다. 이처럼 죄는 구체적으로 자기가 부과한 멍에, 즉 스스로를 결박하는 자유의지의 형식을 취한다. 그노시스파에 대항하여 어거스틴은 죄란 인간의 유한과 같을 수도, 일치할 수도 없다고 주장하였다. 또한 펠라기우스에 대항하여 의지의 노예, 즉 인간본성의 타락을 주장하였다(Hodgson & King, 1984/1986: 234-236). 물론 펠라기우스의 논쟁을 감안한다면 어거스틴의 사상이 전적으로 옳다고는 말할 수 없다하더라도 어스거틴의 원죄론은 기독교 신학 사상 중 죄에 관한 한, 가장 중요한 견해를 이루고 있다고 볼 수 있다. 어거스틴에 따르면 죄는 하나님을 불신하는 것, 그의 권위를 의도적으로 거부하는 것, 우리 자신을 인생의 중심에 두고 그를 우리 자신의 욕구를 충족시킬 수 있는 자원으로 보는 것 등이 포함된다(Aden & Benner, 1989: 105; Collins, 1993/1996: 220).

한편 예수 그리스도가 성육하신 의미와 가치의 능력을 통하여 상처 받은 심리와 인간의 영을 고치시는 치유자라고 하는 가정에 근거하고 있는 심리치료의 한 형태인 그리스도 요법[23]은 실존적 무지를 포함하는 모든 사람의 부조화의 근거를 인류의 원죄와 개인적인 죄에 두고 있다. 그러나 개인에게 실존적 무지가 현존한다고 하여, 이 조건이 반드시 인간 개인의 죄의 결과라고 할 필요는 없다. 그것은 단순히 그가 인간 가족의 한 구성원으로서 참여한 결과일 수도 있다. 그러므로 개인 속에 있는 심오한 실존적 무지를 식별하는 사제, 목사, 또는 정신과 의사는 어떤 특별한 생활 속에 있는 죄의 문제를 끄집어내지 못하고, 오히려 단순히 깨달음이 선물로 주어지는 사랑의 분위기를 창조하는

---

23 버나드 타이렐(Bernard James Tyrrell)에 의하여 체계적인 형태가 제시되었지만, 그 개념은 버나드 로너간(Bernard J. Lonergan)의 신학과 토마스 호라(Thomas Hora)의 정신의학 이론에 뿌리를 두고 있다. 타이렐 자신은 그리스도 요법은 그리스도를 전인의 치유자로서 강조하고 있는 기독교전통의 현대적 해석이라고 본다. 이런 의미에서 그리스도 요법은 기독교 메시지의 내용을 심리 치료의 현대적 해석과 관계시키려는 많은 시도들 중의 하나로 볼 수 있다(Hunter, 2005: 159).

것이 치료를 위하여 필요하다고 판단할 수도 있다. 그럼에도 불구하고, 죄는 인간 실존의 일차적인 사실이며, 죄의 사실을 무시하거나 또는 죄를 치유가 불가능한 무지의 한 형태로서 경감시킴으로써, 자유 선택의 실제와 그 결과를 제거시키는 것은 잘못이다.

2) 원죄에 대한 신학적 접근

죄는 우리 모든 사람의 내부에 영향을 미치며, 우리 생각을 혼돈시키고, 우리의 견해를 흐려 놓으며, 우리의 관계를 복잡하게 만들고, 우리가 살고 있는 이 세상을 교란시키며, 우리를 하나님으로부터 격리시킨다(Collins, 1993/1996: 176). 문제는 위의 신학적 범주에 해당하는 몇몇 죄를 범한 사람들만이 죄인이 아니라, 성경에 따르면 인간 모두가 죄인이라는 것이다.[24] 이렇게 인간 모두는 다 죄 아래 있다는 의미에서 앞에서 언급한 죄에 대한 네 가지의 범주 중 세 번째와 네 번째의 경우처럼 죄가 없다고 느끼는 데 대하여 반론을 제기할 수 있다. 즉 원죄론을 주장하는 신학적 인간이해에 있어서는 무죄에 해당될 사람은 하나도 없는 것이다. 그러나 오늘날 기독교의 가르침 중에서 이런 원죄에 대한 개념은 많은 이들에 의해 거부당하고 있는 실정이다.[25] 고전적인 기독교 전통에서 원죄는 아담의 타락으로 인한 인간의 보편적이고 상속적인 죄를 의미한다(Harvey, 1964/1984: 241). 어거스틴의 사상에서 원죄는 정신적인 상태일 뿐만 아니라 형이상학적인 상태, 즉 인간의 타락은 존재질서의 타락이었다. 어거스틴은 인간이 죄를 지을 수 있는 경향을 상속했을 뿐만 아니라 죄를 상속했다고 주장했다(Harvey, 1964/1984: 242). 타이렐(Bernard James Tyrrell)은 일찍이 오늘날 많은 사람들 사이에서, 원죄를 가르치는 것은 "말하기 힘든 것(hard saying)" 중의 하나

---

24 의인은 없나니 하나도 없으며 깨닫는 자도 없고 하나님을 찾는 자도 없고, 다 치우쳐 함께 무익하게 되고 선을 행하는 자는 없나니 하나도 없도다(로마서 3장 10-12절).

25 하이람(Hiram)대학교의 교수였던 윌리엄스(Robert R. Williams)는 악에 대한 연구를 진행하면서 이점을 잘 지적하였다. 자세한 연구는 (Hodgson & King, 1994)을 참조하시오.

가 되었다고 지적한 바 있다. 그러나 타이렐은 인류는 원죄로 인한 인간의 질병, 고통, 죽음의 소리뿐만 아니라 자연의 신음소리를 듣고 있으며, 그 고통과 신음소리들은 죄의 해결, 즉 그리스도를 통한 구원으로 가능하다는 점 또한 말하고 있다.

기독교인들마저도 원죄에 대한 어떤 의미를 부정하거나 또는 인간이 더 높은 차원의 자아실현을 지향하여 움직여 갈 때 필요한 하나의 순간으로 보려는 경향이 있다. 이러한 관점에서 보면, 우리가 경험하고 있는 질병, 무지, 고통 그리고 죽음은 진화론적 오메가 포인트(Omega Point)로 인도하는 도상에서 나타나는 필연적인 부작용인 것이다. 그러나 그 모든 것은 인간 발달의 과정에 관한 참된 사실이다. 질병, 고통 그리고 죽음은, 그것들을 우리가 경험하듯이 죄의 원인이 아니라 그 결과이다. 바울이 로마서에서 지적하고 있듯이 자연 자체가 죄 때문에 저주를 받았으며, 그리고 지금은 무력하여졌으며 퇴락하고 말았다. 그러나 자연[26]은 그가 함께 공유하게 될 인간의 절대 구원의 영화를 기다리고 있다(Tyrrell, 1999/2005: 62).

그리고 그는 원죄와 개인의 죄를 말하기 꺼려하는 오늘날의 기독교 사상 가운데 죄에 대해여 정당하게 말하여야 한다고 보았다. 왜냐하면, 죄에 대하여 말하는 것이 불편하다고 해서 말하지 않는 것이 죄의 결과로 기인한 인간 문제를 넘어서는 것은 아니라고 보았기 때문이다.

우리는 원죄와 개인의 죄의 사실을 얼버무려 넘어가서는 안 된다. 그리스도의 구속적인 고통, 죽음, 그리고 다시 사심의 빛 가운데서, 우리는 죄를 '행복한 허물(Happy fault)'이라고 말할 수 있다. 그러나 그러한 시적인 표현의 면허증이 타락의 비극적 차원과 그에 따르는 결과를 부인하거나 모른 척 하기 위하여 사용 될 수는 없다(Tyrrell, 1999/2005: 62).

---

26 피조물의 고대하는 바는 하나님의 아들들의 나타나는 것이니 피조물이 허무한 데 굴복하는 것은 자기 뜻이 아니요, 오직 굴복케 하시는 이로 말미암음이라. 그 바라는 것은 피조물도 썩어짐의 종노릇한데서 해방되어 하나님의 자녀들의 영광의 자유에 이르는 것이니라. 피조물이 다 이제까지 함께 탄식하며 함께 고통 하는 것을 우리가 아나니 이뿐 아니라 또한 우리 곧 성령의 처음 익은 열매를 받은 우리까지도 속으로 탄식하여 양자 될 것 곧 우리 몸의 구속을 기다리느니라(로마서 8장 20-23절).

그러므로 우리가 원죄의 무거운 고뇌로부터 해방되고 내면의 평화와 질서를 찾을 수 있는 길은, 우리의 죄를 용서하실 수 있는 분은 예수 그리스도이심을 인정하고 회개할 때이며, 우리의 잘못들로부터 방향을 돌이킬 때이다. 그때에야 비로소 자신의 발에 향유를 부은 여인을 향해 했던 예수의 말씀, 즉 "네 죄 사함을 받았느니라. 네 믿음이 너를 구원하였으니 평안히 가라" (누가복음 7장 48~50절)처럼 우리를 죄에서 해방시키시며, 평화를 주실 것이다.

IV
죄와 죄책감에 대한 기독교상담적 접근

1. 죄와 죄책감에 대한 기독교상담과 정신분석의 두 진영

그러면 성경과 신학에 기초한 죄와 죄책감에 관한 이러한 인식과 기독교상담과는 어떤 관계들이 있는가? 빈클러는 인간에 대한 신학적인 언급과 심리학적인 언급의 비교와 만남에서 죄 개념, 또는 인간의 유죄에 대한 평가는 몇 십 년 전부터 논쟁의 핵심이 되어 왔다고 지적한 바 있다. 즉 기독교 신앙과 기독교 삶의 근본적인 요소로서 형성된 '하나님과 인간 앞에서의 죄'가, 정신분석이 인상 깊게 설명하는 제한적이며 삶에 어려움을 주며 신경증적인 '죄의 갈등'으로서의 그것과는 어떻게 구별될 수 있는지가 논쟁의 핵심이며(Winkler, 2000/2007: 398), 이러한 근본적인 문제 제기에서부터 개별적인 문제가 나타난다. 그것은 개인적인 발달과정과 가정의 양육방식, 그리고 문화적인 요구 태도와 형태에 따라서 인간은 다양한 행동과 갈등 상황 속에서 다양한 죄책감을 느끼게 된다는 것이다. 이러한 죄책감은 일반적으로 불안과 연결된다. 그것은 징벌에 대한 불안이며, 그 변형으로서 관계 파괴까지 가게 되는 사랑의 상실에 대한 불안이다(Winkler, 2000/2007: 399).

이러한 죄의 불안에 대한 극복을 발달심리학적으로 보면, 어린아이부터 어른에 이르는 개별적인 단계 속에서 진행되는 '내적인 방법'이 중요하다. 인격발달의 총체적인 관점에서 이러한 단계들은 도덕적인 판단을 형성하고, 더불어 자신 및 다른 사람에게 죄가 되는 것을 분류하고 평가하는 능력으로 이끈다. 발달심리학의 영역에서 특히 콜버그

(L. Kohlberg)의 도덕 발달 단계에 대한 설명은 매우 잘 알려져 있다. 콜버그는 도덕적 판단과 그에 상응하는 태도의 발달을 6단계로 나누고 있다. 이 6단계에 따르면 인간은 권위에 기대어 벌을 피하는 것으로 특징되는 초기의 타율적 도덕성부터 시작하여, 각 단계에서 규칙 준수, 기대에의 상응, 의무이행, 사회적 책임을 넘어 스스로 선택한 윤리적 원리에 의해 살아가는 '일반' 발달 과정을 거치게 된다(Winkler, 2000/2007: 399). 이 발달은 분명히 양심 형성과 그것의 개인적인 특성과 밀접하게 연관되어 있다. 바로 이러한 양심 형성과 그와 연관된 죄의 경험의 관점에서 정신분석은 경험의 개별화를 위해 매우 본질적인 기여를 해 왔다. 그래서 우리는 기독교상담학적인 측면에서 정신분석의 기여를 생각하고자 한다.

우선, 죄와 죄책감은 분명히 구별되어 다루어져야 한다. 빈클러에 의하면, 죄는 항상 개별적으로 판단될 수 있는 실질적인 잘못과 관련된다. 그러나 죄책감은 불안과 비슷한 관점에서, 실질적인 잘못은 없거나 완전히 부적절한, 즉 다른 사람들에 의해 실감할 수 없는 '실수'와 '거절의 순간'에 고착된다. 그래서 빈클러는 신경증적인 죄책감과 적당한 죄책감을 구별하는 것이 중요하다고 보았다(Winkler, 2000/2007: 399). 프로이트는 이와 관련하여 불안 형성에서 무의식적인 심리적 과정이 중요하기 때문에 죄책감은 자주 전혀 행하지 않은 행동과 관련이 있다는 결론을 내리게 된다. 그에 의하면 이러한 상황에서는 특히 공격적인 영역에 있는 억압된 본능적인 충동이 문제가 된다.

정신분석이 죄책감에 대하여 광범위하게 다루었던 것과는 달리, 일반상담학이나 심리학 분야의 저서들 속에서 죄를 다루고 있는 책들은 매우 드물다. 마치 현대인들에게 있어서 죄나 죄책감에 대한 주제는 기피해야 할 그 무엇이라도 되는 것처럼 말이다.[27] 그러나 죄와 죄책

---

27 정신과 의사인 스코트 펙(Scott Peck)은 그의 저서 『거짓의 사람들: 인간 악의 치료에 대한 희망』, 윤종석 역, (서울: 두란노, 1996)에서 악의 실체와 힘에 대해 자세하게 연구하였다. 이 책에서 펙은 정신과 의사 중 99% 그리고 대다수의 성직자들이 사탄의 존재를 믿지 않으며 대부분의 사람들은 악을 하나의 세

감에 대한 주제는 상담자 및 내담자에게 지대한 영향을 미치며 그들이 갖고 있는 죄의 개념이 어떠하든지 간에 그들의 삶에 영향을 미친다. 따라서 우리는 상담자뿐만 아니라 내담자들이 죄 문제를 이해하고 잘 다스릴 수 있도록 죄가 어떤 방식으로 우리의 삶속에 영향을 미치는지를 분명히 이해할 필요가 있다. 이러한 의미에서 기독교상담의 영역에서 죄를 고려한다는 것은 매우 중요한 부분이다.[28] 칼 메닝거(Karl Menninger)는 그의 유명한 저서인 『죄로부터 비롯된 모든 것?(*Whatever Become of Sin?*)』(Menninger, 1973)을 통해 지금 우리 주변이 온통 악으로 둘러싸여 있다고 보았다. 그리고 그 악에 대해 "아무도 책임이 없으며, 죄가 있다고 하지도 않고, 어떤 윤리적인 질문도 던지지 않는다면 (...) 우리에게는 절망만 있을 뿐이고 아무런 어떤 희망도 없다"(Menninger, 1973: 188)고 일찍이 지적하였다. 그리고 같은 저서에서 건강한 종교와 좋은 심리치료사는 자기중심성을 대면하게 하고, 그들의 교만을 넘어서 자신과 다른 사람들에 대해 이해하도록 사람들을 돕는다고 주장하였다.

2. 죄 혹은 죄책감과 정신병리와의 관계

일반적으로 죄책감과 정신건강의 관계성에 대한 문제는 크게 두 가지 다른 입장으로 나타난다. '죄의 개념' 이 실질적으로 모든 정신병리의 원인이라고 보는 주장(Ellis, 1960: 192)[29]과 신체적 원인으로 인한 정신병을 제외한 모든 정신병은 '죄' 자체가 그 원인이라는 주장(Adams,

---

력으로 보지 않는다고 말하고 있다. 그러나 정신과 의사로서 일해 본 결과, 그리고 연구 조사해 본 결과 펙 자신은 악이 이 세상에 엄연히 존재하는 하나의 세력임을 믿게 되었다고 말하고 있다.

28   기독교(목회)상담자들에 의한 연구 논문들이 이를 뒷받침한다. (Capps, 1992: 209-33); (Cavanagh, 1992: 81-87); (Reisner & Lawson, 1992: 303-11)을 참조하시오. 이들은 기독교(목회) 상담에 있어서 죄를 고려해야한다고 보았다.

29   앨버트 엘리스(Albert Ellis)의 주장이다.

1970: 29)³⁰이 그것이다. 엘리스에 의해 대표되는 첫 번째 입장은 죄에 대한 생각이 우리가 건강하게 살아가는 데 방해가 되기 때문에, 죄에 대한 우리의 민감성을 제거하면 우리는 건강하게 살아갈 수 있다고 보고 있다. 예를 들어, 우울한 사람은 일이 잘못되면 자신의 내적인 결함 때문이라 생각하고, 좋은 일은 우연적이라고 생각한다. 즉 이런 유형의 사람들은 자신에게 나쁜 일이 생기면 그것이 자신의 개인적인 죄의 결과라고 생각하기 때문에 보통사람들 보다 우울증에 더 빠지기 쉽고, 쉽게 분노를 느끼게 된다. 이 첫 번째 입장에 서있는 많은 심리학자들은 죄에 관해 글을 쓰면서, 신앙심이 강한 기독교 신자들은 지나치게 죄에 대한 사고와 행동에 사로잡혀 있다고 가정하면서, 종교가 정신병리를 조장한다고 결론을 내린다. 한편 아담스에 의해 대표되는 두 번째 입장에서는 죄 그 자체가 인간에게 심각한 문제를 유발하기 때문에 죄에 대한 민감성을 가져야 한다고 주장한다. 그러나 사실 약물 남용에 관한 연구에 있어서, 중독을 병이라고 귀인³¹하기보다는 죄라고 귀인하게 되면 오히려 치료에 해롭고 파괴적이 된다는 보고를 상기할 필요가 있다. 즉 오히려 죄보다는 자신이 통제하기 어려운 병에 걸렸으므로 전문가나 주위의 도움으로 이러한 어려움에서 벗어나겠다는 생각을 가지는 것이 도움이 된다는 의미이다(McMinn, 1996/2001: 154). 이러한 중독에 대한 연구는 모든 정신병의 원인이 죄라고 보기 어렵다는 견해를 뒷받침해 준다고 볼 수 있다.

인격의 심리적 측면들은 일상생활과의 관계 속에서 드러나게 마련이다. 또한 영적인 측면들은 하나님과 관계하는 인격의 부분과 관련이 있다. 문제는 철저한 이분법적인 견해에 있다고 볼 수 있다. 모든 것을 심리, 혹은 영성으로 나누어 보려는 이러한 이분법적 사고는 오히려 인격을 두 갈래로 갈라놓을 수 있는 위험성이 있다는 것을 인식해야

---

30 제이 아담스(Jay Adams)의 주장이다.
31 심리학에서 말하는 귀인 양식이란 그들의 삶과 다른 사람들의 삶에서 일어나는 좋고 나쁜 사건들을 설명하는 방식을 의미한다(McMinn, 1996/2001: 153).

한다.[32] 베너(David Benner)는 인간의 심리적 측면과 영적인 측면을 극단적으로 나누어 보려는 이분법적인 사유체계의 한계를 다음과 같이 지적한 바 있다.

인간의 영적인 면들과 심리적인 면들을 굳이 갈라놓으려고 시도할 때 생기는 또 다른 결과는 영성이 종종 도덕성(morality)과 같은 수준으로 취급된다는 것이다. 예컨대 영적인 문제들은 죄, 그리고 영적인 건강함(spiritual health)은 성결함(holiness)과 관계가 있다. 물론 이러한 것들이 영성생활에서 중요한 원동력(dynamics)은 될 수 있으나, 그렇다고 해서 참으로 영성이라는 것을 한 개인의 성결함으로 국한시킬 수는 없을 것이다. 하나님과 교통(communion)하는 풍요로운 내적 삶이 도덕성과 사적인 경건함에로 격하되어질 때 우리가 무언가를 놓쳐버리게 되는 것은 아닐까?(Benner, 1989/2000: 62).

따라서 엘리스와 아담스의 주장 그 어떤 한 쪽이 절대적으로 타당하다고 보는 것은 바람직하지 않지만 이러한 두 극단적인 입장은 많은 기독교상담학자들 사이에서 자신들의 입장을 대변할 때 인용되고 있다. 이러한 두 입장은 죄와 정신병리 사이의 많은 연구들에 어떤 견해들을 제공할 수 있을 것으로 보여지며, 또한 죄책감과 정신병리에 관한 토론을 활성화할 수 있는 여지가 있다. 문제는 인간이 죄책감으로 고통을 호소할 때 그 원인과 결과를 분리하기가 쉽지 않다는 것이다. 또한 신학적인 의미나 도덕적인 의미에서의 죄인인지 혹은 심리학적 의미에서의 병들었는지와 같은 질문들에 대한 답변은 기독교상담의 영역에서 중요한 영향을 미친다고 볼 수 있다. 따라서 우리는 다음과 같은 질문을 제기 할 수 있을 것이다. 과연 죄책감에 대한 측면에서 정신의학적인 임상적 경험과 함의를 통해 얻은 지식과 성경의 가르침 사이에는 절대적인 갈등이 존재하는가? 만약 그렇다면 왜인가? 혹은 그렇지 않

---

32 모든 영적인 문제란 하나님과의 관계가 포함된 문제이며, 따라서 이것은 개인이 삶속에서 지은 죄의 결과라고 보는 견해와 일상의 정신병리를 전적으로 심리적 또는 정신의학적 요인으로 보는 견해가 있다. 이러한 '이분법적인 사고의 위험성'에 대하여(Benner, 1989/2000: 51)를 참조하시오.

다면 왜 우리는 일반적으로 그렇다고 생각해 왔는가? 정신분석과 기독교상담의 양 진영이 특별히 죄책감이란 주제에 대해 가장 대립적이라는 것은 매우 보편적인 생각이다. 신학자들이나 기독교상담자들은 종종 정신분석가나 정신분석학자들이 죄와 죄책감을 부정하여 도덕성과 기독교 교리의 기초를 파괴한다고 비난하기도 한다. 그러나 정신분석가나 정신분석학자의 죄와 죄책감에 대한 주장들이 도덕주의자를 겨냥한 것인지 아니면 기독교 계시 자체를 향한 비판인지는 쉽게 말할 수 없다. 본질적인 문제는 정신분석학이 도덕관념, 즉 진정한 죄책감에 대한 자각을 둔화시키는지 아니면 반대로 더욱 민감하게 하는지에 대한 질문이다. 일반적으로 정신분석학이 도덕관념을 파괴한다는 것이 신학자들의 주된 탄식이지만, 정신분석학자들 사이에서도 이와 동일하게 잘못된 생각은 발견된다.

앞에서 살펴본 것처럼, 성경적 전통과 기독교 신학의 영역에서 죄는 인간이 하나님에 대해서 의도적으로 반항한 사건이며 자신과 타인에게 해로운 영향을 끼치는 것이라고 볼 수 있다. 그러나 일반 상담의 영역에서는 인간의 정서적인 어려움은 인간이 통제할 수 없는 중독, 병, 잘못된 자녀교육, 심리적 트라우마 등에서 기인한다고 본다. 즉 인간이 괴로워하는 것은 신학적으로 볼 때는 인간이 근본적으로 죄인이기 때문이고, 심리학적으로 볼 때는 인간이 근본적으로 병들었기 때문인 것이다. 과연 이런 신학과 심리학의 인간에 대한 다른 이해 방식은 서로 조화를 이룰 수 없는 것인가? 기독교 신학 안에서 인간에 대한 이해를 추구할 때 죄와 병은 공존할 수 없는 것일까? 우리는 다음의 문장에서 죄와 병은 이분법적으로, 내적으로 분리될 수 없다는 죄에 대한 기독교 신학의 한 정의를 살펴 볼 수 있다. "죄란 하나님의 도덕적 의지에 대해서 적극적으로, 또는 수동적으로 순종하려는 의지의 결여이다. 이 상태는 행동, 사고, 또는 내적인 성향일 수 있다"(Erickson, 1985: 578 ; McMinn, 1996/2001: 155). 죄에 대한 이와 같은 신학적 정의에 따르면, 죄와 병은 분리할 수 없이 상호 관련되어 있다(McMinn, 1996/2001: 155).

3. 죄책감의 선용과 부정적 측면: 건전한 죄책감과 불건전한 죄책감[33]

죄와 병은 분리될 수 없는 상호관련성이 있다는 죄에 대한 신학적 정의에서 출발하여 우리는 죄에 대한 정신병리적인 측면을 다룰 수 있게 된다. 따라서 우리는 다음과 같은 질문으로 자연스럽게 넘어 갈수 있다. 그러면 과연 정신분석학은 죄책감과 같은 신학적 혹은 도덕관념을 파괴하는가? 내가 보기에 정신분석학은 신학적 죄책감을 제거하지 않는다. 정신분석학은 죄책감을 제거하는 것이 아니라 오히려 전환시켜 준다. 투르니에(Paul Tournier)는 다음과 같은 한 내담자를 그 예로 들고 있다.

어떤 남자가 성적인 본능을 더 이상 수치스러워하지 않고 오히려 성적 본능을 인정하지 못한 과거의 모습을 부끄럽게 생각했다. 이것은 전자의 죄책감은 금기와 관련이 있는 반면 후자의 죄책감은 자신에 대한 신실함을 동반하기 때문에 훨씬 더 진실하다는 의미이다. 내용은 달라지지만 죄책감은 항상 존재한다. 어떤 사람은 이제 권리 주장을 정당한 것으로 받아들이고, 오랜 세월 자기를 억누른 비겁함을, 그것을 그리스도인의 사랑이라고 자기 편리한 대로 해석했던 것을 부끄러워할 것이다. 또한 어떤 이는 이제 더 이상 공격적 성향을 부끄럽게 여기지 않고, 오히려 감성적인 부드러움으로 그것을 위장해 온 자신을 부끄러워할 것이다(Tournier, 1958/2001: 193).

일반적으로 죄책감은 양심의 가책, 자기정죄, 수치심, 열등감, 자기비하, 불안, 후회, 두려움 등의 감정으로 나타난다. 이러한 감정들은 대개는 부정적인 감정들에 속한다. 그러면 죄책감은 무조건 나쁜 것인가? 사실, 대개는 죄책감을 느끼는 것은 좋지 않다. 그러나 죄를 지었을 때, 혹은 자신의 속에서 일어나는 양심의 소리를 거절했을 때 느끼는

---

[33] 우리는 건전한 죄책감과 불건전한 죄책감이라는 개념을 다루는데 있어서 폴 투르니에(P. Tournier)가 사용한 참된 죄책감과 거짓된 죄책감을 언급하지 않을 수 없다. 이 개념의 심리적인 측면과 영적인 측면의 관계성을 다음 파트에서 다루게 될 것이다.

죄책감은 긍정적인 반응이라고 볼 수 있다. 이와 같이 심리적인 죄라고 볼 수 있는 죄책감은 우리로 하여금 양심을 떠올리게 할 수 있다. 죄책감의 선용의 측면을 양심의 발달과 양심의 기능으로 이해하고 있는 콜린스(Gary Collins)는 이 점에 대해 잘 말해 주고 있다.

우리가 자신이 속으로 생각하는 개인적 기준을 어길 때 찾아오는 죄책감은 우리로 하여금 양심이라는 문제를 생각해보게 한다. 양심은 우리의 모든 생각과 행동을 감시 평가하는 내적기준이다. 양심은 현재 우리가 어떤 일을 결정할 때 그리고 과거에 행한 일, 혹은 행하지 못한 일에 대해 평가할 때 그 일을 주관한다. 양심은 우리가 무엇이 좋고, 무엇이 나쁘고, 무엇이 옳은지, 무엇이 중요한지, 혹은 무엇이 당면 문제와 관련이 있는지를 결정할 때 도움을 주는 일련의 지침들이다. 그리고 양심은 우리가 행한 일, 혹은 행하지 못한 일에 대해 우리를 비난하거나 변명해 주는 내적 음성이기도 하다. 양심 때문에 우리는 때로 죄책감을 느끼고 회개해야 할 필요를 깨닫게 되는 것이다(Collins, 1993/1996: 227).

프로이트에 의하면, 인간은 양심의 가책(Gewissensangst) 때문에 본능을 자제한다고 보았다. 다시 말해서 모든 본능단념은 이제 양심의 역동적 원천이 되고, 본능을 단념할 때마다 양심은 더욱 엄격해지고 까다로워진다는 것이다. 즉 양심은 본능을 단념한 결과이고, 외부가 강요한 본능단념이 양심을 낳으면 그 다음에는 양심이 본능을 더 많이 단념하도록 요구한다는 것이다(Freud, 1915/1997: 320). 그렇다면, 긍정적인 측면에서 죄책감을 낳게 하는 양심은 믿을 만한 것인가? 만약 믿을 만한 것이라면, 어째서 같은 행동에 대해 양심의 가책은 현저히 다르게 나타나는가?[34] 정신분석가 위니콧에 의하면, 도덕감각이 결여된 사람들은 그들의 발달 초기 단계에서 죄책감의 능력을 발달시킬

---

[34] 한 청년은 자기 여자 친구에게 임신을 시켜놓고 신학적, 사회적, 개인적인 죄를 범했다고 심한 양심의 가책을 느낀 반면에, 한 고등학생은 63명의 여학생과 성관계를 가진 것에 대해서 자랑스럽게 말하는 등 양심의 반응은 다르게 나타난다고 콜린스 박사는 설명하고 있다. 양심에 대한 '다른 반응'에 대하여 (Collins, 1993/1996: 226)을 참조하시오.

수 있는 정서적, 신체적인 여건을 충분히 경험하지 못했기 때문이다(Winnicott, 1984/2000: 31). 그러나 이러한 정신분석적 설명은 돌봄이라는 차원에서 의미가 있지만, 죄성을 지닌 인간에 대한 근본적인 이해에 있어서는 충분한 답이 되지 못한다. 오히려 그것은 옳고 그름을 판단하는 인간의 양심이 타락 이후에는 완전하게 기능하지 못하기 때문이라고 보는 것이 더 타당할 것이다.[35] 중요한 것은 양심이 타락하고 불완전하다고 해서 양심의 가책을 무시해서는 안 된다는 것이다.[36] 오히려 그 양심이 하나님의 성령의 조명을 받아 우리 자신을 인도하도록 우리 자신을 내려놓는 자세가 중요할 것이다.

이제 죄책감의 부정적인 측면을 살펴보자. 상담의 임상 현장 속에서 우리는 아주 사소한 잘못을 한 후에도 엄청난 죄책감에서 헤어나지 못하는 경우를 보게 된다. 이것은 죄책감의 부정적인 측면이라 볼 수 있다. 그들은 자신이 스스로 정해놓은 엄격한 기준, 혹은 다른 사람들의 도덕적 훈계를 들음으로써 필요 이상의 죄책감을 느낄 수 있다. 그러나 이러한 지나친 죄책감은 오히려 치유 및 영성적 삶에 있어서 방해가 된다고 보는 견해도 있다. 이러한 입장을 대변하는 대표적인 학자로 가톨릭 신학자 판넨베르그(Wolfhart Pannenberg)를 들 수 있다. 그는 영성에 대해 가지는 제한된 견해가 죄책감을 경건과 결부시켜 생각하도록 하는 불행한 결과를 초래한다고 주장했다. 즉 그는 죄책감이란 기독교 영성에 있어서 본질적인 부분이 아니라고 믿었으며, 오히려 죄책감과 결부된 생각들은 죄에 대한 용서라든가, 죄악으로부터의 속

---

35 자기 양심이 화인을 맞아서 외식함으로 거짓말하는 자들이라(디모데전서 4장 2절).

36 투르니에는 죄책감으로 인한 수치심을 극복해 가는 정신분석적 치유의 과정을 양심의 기능과 연결시켜 다음과 같이 설명하고 있다. "정신분석적 치료 작업을 받는 사람이 미처 깨닫지 못할 경우도 있겠지만, 죄책감은 치유에 대한 추진력이 되며 그 투쟁의 성패를 좌우하는 결정적인 힘으로 작용한다. (...) 모든 것을 완전히 털어놓는 용기를 끝까지 버리지 않는다면 놀라운 구원의 문이 열리게 될 것이다. 그 사람의 내면에서 일어나는 투쟁은 끔찍할 정도다. (...) 두 가지 형태의 죄책감이 위태롭게 죽음을 불사하는 투쟁을 벌이고 있다. 그것은 고통스러운 감정이나 기억을 표현하는 데 따르는 끔찍한 수치심을 유발시키는 죄책감이고, 다른 하나는 환자로 하여금 침묵하게 하고 다른 말을 늘어놓거나 이 어려운 싸움에서 비겁하게 도망치도록 만드는 죄책감이다. 후자의 죄책감이 전자보다 수용하기가 어려워 보이면 치료의 고비는 넘긴 것이다"(Tournier, 1958/2001: 193).

죄함(redemption)과 같은 기독교의 메시지들과 매우 밀접하게 관련된 것이라고 보았다. 이러한 입장에서 그는 개인이 지은 죄에 대한 자각(awareness)을 종종 신앙의 필수요건으로 강조해온 개신교는 자유를 주기 위해 의도되었던 바로 그 죄에 대한 인식(consciousness)을 통하여 오히려 사람들을 죄의 종노릇 하도록 만드는 위험을 무릅쓰게 했다고 지적한 바 있다(Benner, 1989/2000: 62-63).[37] 이러한 불건전한 죄책감은 자신으로 하여금 자기정죄의 골짜기에서 나오지 못하게 한다. 반면 건전한 죄책감이 인간 구원의 가능성을 제시하며 유용하다는 의미는 죄에 대한 책임을 느낀다는 의미일 것이다. 거기에서 용서를 구하게 되고, 필요하다면 배상(賠償)도 하게 되며, 이러한 과정을 통해 진정한 회개를 이루기 때문이다.[38]

4. 죄와 죄책감: 은혜와 치유의 공간

정신분석과 같은 심리학에서 말하는 죄책감과 종교적 영역에서 말하는 죄책감 사이에는 현저한 차이가 있는가?『정신장애의 진단 및 통계 편람』의 주요 우울증 삽화 7번째 항목에는 죄책감에 대해 다음과 같이 말하고 있다. "거의 매일 무가치감 또는 과도하거나 부적절한 죄책감을 느낌(망상적일 수도 있는), 단순히 병이 있다는 데 대한 자책이나 죄책감이 아님" (American Psychiatric Association, 1994/1995: 432-33). 또한 신경 심리 및 성격 종합검사의 하나인 우울증 척도(BDI)[39]에서도

---

37 판넨베르그는 이러한 측면에서의 지나친 죄의식에 대한 인식이 결국 영성의 가치를 떨어뜨리는 결과를 초래했다고 보았다. 왜냐하면, 자신의 죄에 대해 이기적으로 집착하는 것은 하나님에 대한 더 넓은 이해를 가로막을 뿐만 아니라 하나님께 반응을 보일 때에도 방해가 된다고 보았기 때문이다. 그러나 우리는 이러한 판넨베르그의 입장에 전적으로 동의하기는 어렵다고 본다. 죄에 대한 민감성은 하나님과의 긴밀한 관계 형성에 있어서 중요한 요인이라는 것은 이미 잘 알려져 있기 때문이다.

38 하나님의 뜻대로 하는 근심은 후회할 것이 없는 구원에 이르게 하는 회개를 이루는 것이요, 세상 근심은 사망을 이루는 것이니라(고린도후서 7장 12절).

39 일상생활에서 경험할 수 있는 내용들로서 총 21개 문항으로 구성되어 있으며, 각 내용들은 모두 네

죄책감에 관한 여러 가지 질문이 나타난다.[40] 이것은 죄책감에 대한 주제는 종교의 영역에만 한정되는 주제가 아니라, 정신의학의 중요한 주제가 되고 있다는 의미이다. 다시 말해서 죄책감에 대한 주제는 정신의학과 종교의 공통된 주제라는 것이다. 따라서 참된 죄책감과 거짓된 죄책감 사이의 구별이 가능할지라도, 죄책감 사이에는 심리적인 측면과 영적인 측면의 실제적인 연속성이 존재한다고 볼 수 있다. 데이비드 벨굼(David Belgum)에 의하면, 많은 사람들이 외적으로는 자신감 있어 보이고, 영적인 면에서도 성숙해 보이며, 모든 일들이 잘 되어 가고 있는 척 웃고 있지만, 그 웃고 있는 모습 뒤로는 고민, 정욕, 죄책감 등을 숨기고 있다고 보았다. 그는 일찍이 다음과 같은 말로 오늘날 인간의 특징을 잘 지적했다.

우리 세대의 특징은 무책임의 시대라는 것이다. 우리가 잘못한 행위에 대해 우리 잘못을 인정하기보다 우리는 '그렇게 될 수밖에 없었던' 이유들을 대면서 우리의 잘못을 합리화한다. 우리는 잘못된 행동이 환경이나 유전 탓이라고 말한다. 아니면 우리가 교육을 잘못 받았기 때문이요, 우리 필요를 충족시켜주지 못한 데서 온 결과라고 변명한다(Belgum, 1963: 52; Collins, 1993/1996: 216).

그가 볼 때 어떤 사람들은 죄를 짓고 경찰에 잡히는가 하면, 어떤 사람들은 자신의 양심에 붙잡혀 여러 가지 형태의 정신적, 사회적 비참함으로 자신을 벌하는 경향이 있다고 보았다. 이 후자의 사람들이 때로 환자가 되어 상담자를 찾아와서 그 증세를 없앨 수 있는 좋은 방

개의 문장으로 구성되어 있다. 이 네 개의 문장 중에서 오늘을 포함하여 일주일 동안 자신을 가장 잘 나타낸다고 생각되는 하나의 문장을 선택하여 점수로 환산하여 평가하는 우울증 척도검사법이다.

40 5번, 8번 그리고 14번 항목에서 죄책감에 대한 질문이 나타난다. 5번 항목에서 (0) 나는 특별히 죄책감을 느끼지 않는다. (1) 나는 죄책감을 느낄 때가 많다. (2) 나는 죄책감을 느낄 때가 아주 많다. (3) 나는 항상 죄책감에 시달리고 있다. 8번 항목은 (0) 내가 다른 사람보다 못한 것 같지 않다. (1) 나는 나의 약점이나 실수에 대해서 나 자신을 탓하는 편이다. (2) 내가 한 일이 잘못되었을 때는 언제나 나를 탓한다. (3) 일어나는 모든 나쁜 일들은 모두 나 탓이다. 그리고 14번 항목에서는 (0) 나는 전보다 내 모습이 나빠졌다고 느끼지 않는다. (1) 나는 매력 없어 보일까봐 걱정한다. (2) 나는 내 모습이 매력 없이 변해버린 것 같은 느낌이 든다. (3) 나는 내가 추하게 보인다고 믿는다.

법이 없겠느냐고 하소연한다는 것이다. 벨굼 교수는 이 사람들이야말로 참회자, 또는 고백자가 될 필요가 있는 사람들이라고 했다. 즉 그들은 용서를 발견할 수 있도록 도와줄 목회자(기독교상담가)를 찾아야만 한다는 것이다. 이런 점에서 벨굼 교수는, 우리가 만약 내담자를 단순히 환자로만 취급하여 그들 중 많은 사람이 위선을 벗어 던지고, 겸손히 회개하며, 죄를 자백한 다음 하나님의 은혜와 용서를 체험하고, 필요하다면 배상도 하고, 이제는 "가서 더 이상 죄를 짓지 말라"는 말을 들어야 할 필요가 있는 사람들이라는 사실을 보지 못한다면 우리의 상담은 아무 효과도 없을 것이라는 결론을 내렸다(Collins, 1993/1996: 216-17). 벨굼 교수의 지적대로 우리는 환자들 중에서 자기가 용서받을 수 없는 죄를 저질렀다고 고뇌하는 많은 영혼들을 만났다. 우리는 그러한 고뇌하는 영혼들이, 그들에게 공감하며, 그들의 죄를 정확하게 지적해주고, 그 죄를 용서해주시는 은총을 말하는 그런 상담을 받았더라면 충분히 치료될 수도 있었던 환자였다는 것을 인식해야만 한다.

상담의 임상적 현장에서 죄와 죄책감에 대한 문제는 정신분석과 신학, 즉 인간이해와 은혜가 만나는 곳이라고 볼 수 있다. 이러한 정신분석과 기독교상담의 만남을 통해서 우리는 의식화되지 않는, 그러나 여전히 내담자를 괴롭히고 있는 무의식적 죄책감 같은 영역들을 바로 보고 치유에 개입할 수 있다. 왜냐하면 인간을 보이는 의식 세계에 국한하지 않는 정신분석적 연구는 인간 의식의 경계 아래 더 거대한 부분이 감추어져 있다는 것을 발견했기 때문이다. 또한 정신분석가들 덕분에 인간성에 대한 우리의 지식은 무의식의 차원까지 확대되었고, 죄책감에 대한 지식은 한층 깊어졌다. 따라서 정신분석을 통한 직면 그 자체만으로도 의미가 있을 것이다. 그러나 기독교상담학자로서 정신분석을 통한 직면 앞에서 하나님의 은총을 말하지 않는다면, 그 정신분석적 작업을 통해 더 근본적인 것을 내담자에게 제공할 수 있다는 가능성에서 많은 것을 놓치고 있는 것이다. 이 점을 투르니에는 다음과 같이 잘 말해주고 있다.

정신분석학자들은 인간의 마음을 빙산에 비유한다. 의식의 경계 아래에 더 거대한 부분이 감추어져 있다는 것이다. 그와 비례하여 죄책에 대한 자각도 커진다. 도덕주의자들과 일반적인 의미의 교회들도 설교하는 의식적인 죄책감은 그 과정이 아무리 힘들어도 추적이 가능하다. 그러나 이 무의식적 죄책감, 알 수 없는 것에 대한 죄책감은, 정신분석을 통해 직면하게 되는 심연에 하나님의 은혜가 먼저 역사하셨다는 자각을 동시에 갖지 않으면 망상과 같은 특성을 지닌다(Tournier, 1958/2001: 196).

그러나 죄책감에 대해서 배우고, 용서받는 방법을 배우고 상담자에 의해서 공감 받는다할지라도, 자동적으로 심리 및 영혼의 치유가 일어난다고는 볼 수 없다. 그럼에도 불구하고 기독교상담가는 정신분석과 같은 심리 치료와 그리스도로부터 오는 은혜를 통해 죄, 또는 죄책감으로부터의 치유와 구원이 가능하다는 점을 말하는 것에 대해 주저해서는 안 될 것이다. 왜냐하면 투르니에가 말한 바, "우리의 삶에서 사라지지 않는 진정함은 우리 자신에게서가 아니라 하나님께로부터 기인하며 우리 자신의 선행에서가 아니라 하나님의 은혜에서 비롯되기 때문이다. 이러한 사실은 하나님이 정신분석을 통해 우리로 하여금 나아가게 하시는 자아 발견일지도 모르기 때문이다"(Tournier, 1958/2001: 195).

5. 죄와 죄책감의 위협 앞에 선 기독교상담: 어떻게 상담할 것인가?

예수 그리스도의 말씀과 태도에서 우리는 기독교상담가로서, 죄와 죄책감으로 고통을 호소하는 내담자들에게 다가서고 도움을 제공할 수 있는 모델을 보게 된다.[41]

---

[41] 여기에서 필자는 죄와 죄책감 주제로 상담하고자 할 때 상담자가 주의해야 할 몇 가지 원칙만을 제시하였다. 구체적인 방법은 상담의 임상 현장과 상황에 맞게 당연히 다르게 적용될 것이다.

1) 죄인으로서 상담자의 자기 인식

우리는 예수의 말씀 속에서, 다른 사람의 죄에서 우리 자신의 죄로, 객관적인 것에서 주관적인 것으로 돌아오는 반전을 여러 번 발견하게 된다. 제자들이 날 때부터 소경된 사람을 보았을 때 "랍비여 이 사람이 맹인으로 난 것이 누구의 죄로 인함이니이까? 자기니이까? 그의 부모니이까?" 라고 예수께 묻는다. 예수는 "이 사람이나 그 부모의 죄로 인한 것이 아니라" 고 분명하게 말씀하셨다(요한복음 9장 2~3절). 망대가 무너져 열여덟 사람이 죽은 것에 관해서도 동일한 질문이 등장하고 그에 대한 답변 또한 동일하다. 예수는 "또 실로암 망대가 무너져 치어 죽은 열여덟 사람이 예루살렘에 거한 다른 모든 사람보다 죄가 더 있는 줄 아느냐? 너희에게 이르노니 아니라" 라고 말씀하셨다. 그리고 다음과 같이 덧붙이셨다. "너희도 만일 회개하지 아니하면 다 이와 같이 망하리라(누가복음 13장 4~5절)." 이렇듯 예수는 어림짐작으로 다른 사람의 죄에 대해 토론하던 바로 그 사람들 자신의 죄에 대한 생각으로 돌아가셨다(Tournier, 1958/2001: 142). 우리는 객관적으로 죄와 죄책감에 대해 토론한다고 선언할 때마다 그리스도에 대한 순종과 참고해야 할 범위의 성경적 경계를 넘게 된다. 우리는 풀 수 없는 문제 속으로 엉켜들게 되고 비판이라는 죄의 나락으로 떨어지게 된다. 죄책감은 상당히 주관적이다. 다른 사람의 죄가 아니라 바로 우리의 죄가 문제다. 우리는 심판자가 아니라는 점을 분명히 해야 한다(Tournier, 1958/2001: 142). 설령 내담자가 어떠한 죄를 지었든지 비판적인 가치판단을 중지해야 하고, 오히려 자신을 살펴야 할 것이다. 예수께서는 우리 자신 안에 있는 들보를 빼고 난후에 형제의 눈 속의 티를 빼라고 하셨다(마태복음 7장 1~5절). 다른 사람을 판단하기 전에 바로 자신을 살피는 일을 먼저 하라는 말씀이라고 볼 수 있다. 이것이 죄와 죄책감 앞에서 선행 되어야 할 상담자의 자기 인식이다.

2) 조력자로서의 상담자 의식

예수 그리스도는 간음으로 붙잡혀온 여인과 이야기 하실 때, 결코 죄에 대한 그의 기준들을 완화시키지 않으셨다. 예수 그리스도는 그 여인에게 다시는 죄를 짓지 말고, 그녀의 생활방식에 희망을 갖고 빨리 바꾸라고 말씀하셨다.[42] 그녀가 완전함에 도달하지 못했을 것은 확실하다. 우리 중 누구도 완전하지 않기 때문이다. 그럼에도 불구하고 하나님은 우리가 죄를 고백할 때 우리를 받아들이시고 무조건적으로 용서하신다고 성경은 증언한다. 그리고 예수 그리스도가 하셨던 일들로 인해 우리가 언젠가는 하나님의 기준들에 도달하고, 그 기준에 따라 살 것을 확신할 수 있을 것이다. 우리는 "죄는 미워하되 사람은 사랑하라" (Augustine, 1958: 304)라는 어거스틴의 말을 기억해야 할 것이다. 상담자로서 내담자 옆에 있는 이유를 분명히 해야 한다. 그것은 그들을 돕기 위해서이다.

3) 내담자의 자아강도를 고려한 공감적 직면

우리는 간음한 여인을 돌보는 예수의 방법 속에서 상담의 한 방법을 보게 된다. 예수는 현장에서 붙잡힌 여인으로 하여금 죄를 곧바로 직면하도록 하지 않으셨다(나중에 살펴보겠지만 공감한 후에 직면하도록 하셨다!). 일반적으로 사람들은 낯모르는 사람의 말을 무시하는 것은 쉽다. 그러나 상담 관계가 깊어지고, 신뢰가 형성되면, 직면하는 말들이 진지하게 받아들여진다. 이것은 죄를 직면하는 것을 서두르지 말아

---

42 율법학자들과 바리새파 사람들이 간음을 하다가 잡힌 여자를 끌고 와서, 가운데 세워 놓고, 예수께 말하였다. "선생님, 이 여자가 간음을 하다가, 현장에서 잡혔습니다. 모세는 율법에, 이런 여자를 돌로 쳐서 죽이라고 우리에게 명령하였습니다. 그런데 선생님은 이 일을 놓고 뭐라고 하시겠습니까?" 그들이 이렇게 말한 것은, 예수를 시험하여 보고 고소할 구실을 찾으려는 것이다. 그러나 예수께서는 몸을 굽혀서, 손가락으로 땅에 무엇인가를 쓰셨다. 그들이 다그쳐 물으니, 예수께서 몸을 일으켜, 그들에게 말씀하셨다. "너희 가운데서 죄가 없는 사람이 먼저 이 여자에게 돌을 던져라." 그러고는 다시 몸을 굽혀서, 땅에 무엇인가를 쓰셨다. 이 말씀을 들은 사람들은, 나이가 많은 이로부터 시작하여 하나하나 돌아가고, 마침내 예수만 남았으며, 그 여자는 그대로 서있었다. 예수께서 몸을 일으켜, 여자에게 말씀하셨다. "여자여, 사람들은 어디에 있느냐? 너를 정죄한 사람이 하나도 없느냐?" 여자가 대답하였다. "주님, 한 사람도 없습니다." 예수께서 말씀하셨다. "나도 너를 정죄하지 않는다. 가서, 이제부터 다시는 죄를 짓지 말아라"(요한복음 8장 3-11절).

야 한다는 것을 암시한다. 죄에 대해서 너무 성급하게 직면시키면 내담자들은 치료자를 더 멀리하고 방어적이 되거나 부정적이 되는 경우가 있기 때문이다(McMinn, 1996/2001: 171). 직면은 단지 집중적인 경청과 이해의 시간을 통하여 형성한 신뢰만큼만 성공할 수 있을 것이다. 그래서 상담자들은 직면하는 권리를 획득해야 하고, 그 권리를 당연한 것으로 여겨서는 안 된다. 그러나 동시에 상담자는 죄를 직면하게 하는 것은 때로 더 깊고 완전한 치료관계를 형성하도록 도움을 줄 수 있다는 것 또한 염두에 두어야 한다. 일반적으로 내담자와 신뢰하는 치료관계가 형성되어 있을 경우, 직접적으로 죄에 대해서 직면하도록 하면 도움이 될 수 있을 것이다(McMinn, 1996/2001: 171). 예수는 결코 간음한 여인을 죄 없다고 하지 않으셨다. 오히려 죄를 바로 직시하게 하셨다. 이 말은 역으로, 직면하는 것을 거부하는 상담자들은 상담관계의 효과를 제한 할 수도 있다는 것을 의미한다. 이러한 측면에서 맥민(Mark McMinn)은 상담자들이 너무 자주, 너무 직접적으로, 또는 적절한 신뢰를 형성하지 않고 죄와 대면하게 할 때 내담자들은 보통 상담과정에 거리를 두게 되고, 상담의 진행은 방해받게 될 것이라고 말했다. 그는 또한 많은 상담자들이 자주 공감과 직면이 상호 배타적이라고 가정하면서, 공감과 직면을 분리한다고 지적하였다. 그러면서 많은 직면의 유형에는 공감과 직면이 공존하고 있어서, 공감하면서 직면하는 것(empathic confrontation)이 조화를 이루는 최고의 도구[43]라고 제안했다(McMinn, 1996/2001: 175-76). 물론 상담자는 내담자의 자아강도에 대한 이해를 전제로 해야 할 것이다. 건강한 자아강도를 지닌 내담자는 일반적으로 과도하거나 비합리적인 죄책감에 압도되거나 충동적으로 행동하지 않는다. 그러나 반대로 연약한 자아강도를 지

---

[43] 휘튼 대학교(Wheaton College) 대학원 임상심리학자 맥민 교수는 상담에서 상담자가 내담자로 하여금 죄를 직면하게 하는 방법으로 네 가지를 제시했다. 침묵, 숙고하는 것, 질문하는 것, 직접 제재(직접적 책망)가 그것들이다. 이 외에도 죄를 직면하지 않는 방법이 있다고 보았다. 그러나 각 방법들은 내담자의 상황, 치료관계의 본질과 관련해서 조심스럽게 선택되어야 한다고 보았다. 죄를 직면하게 하는 위의 구체적인 방법에 대하여 (McMinn, 1996/2001: 161-66)을 참조하시오.

닌 내담자는 사소한 스트레스 사건에도 완전히 무기력해질 수도 있기 때문에 죄와 직면 시킬 때는 내담자의 자아강도[44]에 초점이 맞추어져야 할 것이다.[45]

따라서 영적 상담자는 내담자들에게 복음요법(la thérapeutique de l'évangile)을 시행해야 하는 무겁지만 아름다운 책무가 부과되어 있다. 그래서 치료자들은 환자들이 신경증의 지배로부터 벗어나는 방법을 알지 못한다고 비난해서는 안 된다. 오히려 그는 그에게 형제처럼 다가가서 그에게 이해심을 보이고, 공감을 표시하고, 그와 함께 고통을 나누는 의지처가 되어야 할 것이다. 한편으로 상담자는 내담자를 끈질기게 사로잡을 수 있는 병적인 죄의식으로부터 벗어나게 해주어야 하고, 다른 한편으로 내담자에게 잘못이 있을 경우 그를 이끌어 하나님의 용서를 받을 수 있는 전략을 세워야 할 것이다. 또한 상담자는 자신에게 맡겨진 책무를 사려 깊게 수행하면서, 언제나 그의 사랑을 투명하게 드러내어야 할 것이다(Lechler, 1986/2004: 18-19).

4) 죄 고백 및 돌이킴을 돕는 자로서 상담자

상담자는 죄책감으로 고통스러워하는 내담자로 하여금 죄를 자백하게 하고 죄로부터 돌이키도록 해야 한다. 물론 죄에 대한 자백은 하나

---

44 역경에 유연하게 대처할 수 있는 능력을 정신분석적 용어로 자아강도(ego strength)라 한다. 이 용어는 정신세계에 대한 프로이트의 논문 「자아와 이드」(1923)에서 기인한다. 자아라는 가설적 구성체는 이론적으로 자아와 초자아 그리고 현실의 요구들 사이에서 중재자의 역할을 한다. 정신분석적 입장에서 볼 때, 강한 자아는 가혹한 현실을 부정하거나 왜곡하지 않고 이를 극복할 수 있는 방법을 찾는 것을 의미한다. 자기심리학자인 동시에 상호주관주의자(intersubjectivist)인 코헛(Kohut)에 이르러 정신분석적 메타심리학에 대한 재고가 시작되면서, 자아강도를 설명하는 용어 또한 변화되었다. 그러나 압력이나 구속 하에서 무너져버리는 사람들을 관찰함으로써 오늘날의 많은 정신분석가들은 '자기통합성의 결여'라고 부르는 현상을 확인하게 되었다. 이는 스트레스 상황에서 자신이 누구인지에 대한 인식이 와해되고 파편화되는 현상을 의미한다. 이 연구들은 자아강도에 대한 임상적 징후를 설명한 것이라고 볼 수 있다. 자아강도에 대한 임상적 함의에 대하여 (McWilliams, 1999/2005: 46-48)을 참조하시오.

45 맥민 교수는 어떤 내담자는 죄에 대해서 직접적으로 다루어야 하고, 어떤 내담자는 죄에 대해서 좀 더 부드럽게 대해야 할 것인가는 다음의 네 가지 사항을 고려해야한다고 보았다. 1. 내담자가 죄를 직면하기 어려운 성격장애가 있는가? 2. 작고 덜 위협적인 직면의 유형부터 시작하는 것이 좋지 않는가? 3. 치료의 동맹관계를 고려하고 있는가? 4. 내담자를 직면하게하기 앞서 상담자 자신부터 죄에 직면하고 있는가? 가 그것들이다. 죄책감과 관련하여 위의 네 가지 요소에 대한 구체적인 논의는 (McMinn, 1996/2001: 171-76)을 참조하시오.

님께 향해야 한다.[46] 그러나 내담자 자신이 죄를 지음으로 인해 피해를 입은 타인에게 죄를 고백한다는 것은 어떤 의미가 있는가? 죄에 대한 고백은 하나님께 향해야 한다는 것은 성경의 가르침이다. 그러나 동시에 내담자가 상담자나 경우에 따라 자신이 범한 죄로 인해 고통을 당하고 있는 사람에게 죄를 고백한다는 것은 매우 중요하다. 왜냐하면 이를 통해 치유 효과가 나타나기 때문이다.

　기독교의 죄에 대한 고침의 방식이 보속이나 제의가 아니라 용서와 대화라면 제의 대신에 등장하는 의식적 요소가 '고백' 일 것임은 매우 분명한 일인 듯하다. 물론 고백이란 일상생활에서도 이뤄지는 가장 흔한 삶의 형식이다. 그러나 이것이 신앙 및 신앙생활 형태와 연합될 때 그것은 독특한 영혼의 치유의 길이 된다. 예를 들어 앞서 언급한 각주의 요한일서 1장 9절을 보라. 이 구절은 어떤 의례적인 측면을 가리키는 것 같지는 않으나, 이 구절의 앞뒤에 "우리가 …… 한다면" 이라는 구절이 서너 차례 반복되는 것으로 보아, 초대교회 내에서 이런 형식의 행동이나 말이 자주 논의 되고 있었음을 짐작케 한다. 따라서 '죄를 고백하는 것' 이 신앙생활에서 중요한 의미를 지니고 있었음을 알수 있다. 이것은 야고보서에서도 다시 강조되고 있다.

너희 중에 고난당하는 자가 있느냐 저는 기도할 것이요 즐거워하는 자가 있느냐 저는 찬송할지니라. 너희 중에 병든 자가 있느냐 저는 교회의 장로들을 청할 것이요 그들은 주의 이름으로 기름을 바르며 위하여 기도할지니라. 믿음의 기도는 병든 자를 구원하리니 주께서 저를 일으키시리라 혹시 죄를 범하였을지라도 사하심을 얻으리라. 이러므로 너희 죄를 서로 고하며 병 낫기를 위하여 서로 기도하라 의인의 간구는 역사하는 힘이 많으니라(야고보서 5장 13~16절).

　여기에서의 고백은 주로 죄에 대한 고백이요, 또한 그 고백이 개인 대

46　우리가 우리의 죄를 자백하면, 하나님은 미더우시고 의로우셔서, 우리의 죄를 용서해 주시고, 모든 불의에서 우리를 깨끗하게 해주실 것입니다(요한일서 1장 9절).

개인, 혹은 개인 대 공동체에서 이뤄진 것임을 볼 수 있다. 중요한 것은 바로 이런 고백의 전통이 교회의 중요한 영혼의 치유의 형식으로 자리를 잡아가고 있다는 것이다(안석모, 2009: 102-103). 서로의 죄를 고백하는 사도시대의 예배 형태가 점차로 의례화되어 결국에는 하나의 성사로서 교회 내의 제도로 자리 잡게 되었다. 그리하여 사적인 죄의 고백이 공적인 죄의 고백이 되고, 그것이 결국에는 '고해성사'로 발전하면서 이것이 역사상 가장 중요한 영혼 돌봄과 치유의 방편이 되기에 이른 것이다. 의식적 고해에 대한 글을 일찍이 남긴 사람 중의 하나인 터툴리안(Tertullien)은 고해가 정신적인 건강의 한 요소로까지 여겨졌다는 언급을 하고 있어 눈길을 끈다(안석모, 2009: 105-106).

그러므로 고해를 통해서 그대는 지옥에 대한 - 제1의 방어선, 즉 세례 말고도 - 제2의 방어선을 구축하고 있다는 것을 알고 있는데, 왜 이미 그대의 소유물인 이 구원의 방편을 버리려 합니까? 왜 그대는 그대를 건강에로 회복시켜 줄 이 무엇을 붙잡는 데에 게을리 합니까? 심지어는 어리석고 합리적이지 못한 동물들까지도 하나님께서 그것들에게 제공하여 주신 치료책들을 때가 되면 알아차리지 않습니까? 수사슴이 화살을 맞으면 그것은 상처로부터 미늘이 달린 화살촉을 제거하기 위하여 꽃박하식물을 먹어야 한다는 것을 알고 있습니다. 제비도 그 새끼가 눈을 제대로 뜨지 못하면, 그 시력을 회복시키기 위해서 애기똥풀을 먹여야 한다는 것을 배워서 알고 있습니다(Tertullian, 1994: 99 ; 안석모, 2009: 106).

여기에서 우리는 초대교회에서 고해가 영혼에 박힌 독이나 아픔을 제거하여 육신과 영혼의 건강을 온전하게 하는 일종의 약 같은 것으로까지 생각되고 있음을 보게 된다. 이것은 고해가 일종의 성례전적 치유 방식이요, 영혼의 약으로 사람들의 마음에 느껴졌음을 확증하는 것이다. 실제 생활면에서 소소한 죄들은 사도들의 편지가 말하는 대로 믿는 이들끼리 서로 고백하고, 혹은 개인적인 기도를 통하여 고백되면서 그 죄 짐을 벗어버릴 수가 있었다. 그러나 고해가 자주 되풀이 될 수 있게 허용되면서 일상적인 소소한 죄의 고백들도 고해의 목록에 포함되고 결국은 이런 고해성사를 위하여『고해성사지침서(*penitential book*)』가 만들어지는 결과를 낳게 되었다. 그리고 이렇게 이루어진 고해성사의 일상화가 영혼 돌봄과 치유 면에서 큰 역할을 하였고, 이는 또한 현대적인 기독교상담의 중요한 근원이 되었다고 할 수 있다(안석모, 2009: 107).

사실 고해성사를 하는 가톨릭 전통에 비해 개신교는 종교개혁 이후 죄고백은 다른 중재자 없이 하나님께 직접적으로 고백되어져야 한다는 원칙을 고수한다. 그러나 상담의 임상 현장에서 누군가 다른 사람에게 자신의 죄를 고백함으로써 혼자만의 소외감으로부터 극복되는 편안함을 느낀다. 또한 상대방에 의해 용서받을 때 심리적인 안도감과 치유의 효과가 일어난다. 문제는 죄는 하나님께 고백되어져야 한다는 말의 의미가 죄인이 타인의 도움을 필요로 하지 않는다는 말은 아니라는 것이다. 만약 그렇다면, 왜 예수는 주기도문을 통하여 타인의 죄를 용서하라고 했겠는가?[47] 그리고 또한 위에서 살펴본 대로 야고보서에서는 왜 우리의 죄를 서로 고백하라고 했겠는가?[48] 이것은 죄인이 자신의 죄를 타인에게 고백하는 것이 하나님께 고백해야 하는 것과 대치된다는 의미는 아닐 것이다. 문제는 교리적으로 하나님께만 고백되어져야 한다고 믿고 상담자나 타인에게 죄 고백을 하는 것이 허용되지 않는다고 할 때, 위의 예수의 말씀과 야고보서의 말씀은 모순에 빠지게 되는 것이다. 또 다른 문제는 상담자는 내담자를 죄로부터 돌이키도록 도와야 하는데, 이를 위해서는 죄를 자백하게 해야 한다는 것이다. 그것은 마치 동전의 양면과 같다. 자백과 돌이키는 행위 어느 하나만으로 충분하지 않기 때문이다. 자백한 삭개오는 토색한 일이 있으면 네 배나 갚겠다고 약속했다(누가복음 19장 1~10절). 자백 후 방향을 돌이킨 것이다. 물론 인간은 자백하고 돌이킨다고 할지라도 또 다시 죄를

---

47 우리가 우리에게 죄 지은 자를 사하여 준 것 같이 우리 죄를 사하여 주시옵고(마태복음 6장 12절).
48 그러므로 너희 죄를 서로 고백하며……(야고보서 5장 16절).

지을 수밖에 없다. 그래서 예수는 한없는 용서를 말씀해 주셨다.[49]

5) 신학적 인간 이해와 심리적 메커니즘을 읽을 수 있는 상담자

기독교상담가는 특정 이론에 얽매이기보다는 신학적 인간이해로부터 시작하여 전문성을 갖춘 임상적 자세로 돌아와서 내담자를 대해야 한다. 우리의 소명을 다하기 위해서 내담자들을 편견 없이 관찰하고 이해하려고 애써야 하고, 또한 내담자도 자신이 겪고 있는 죄책감에 대한 문제에 대해서 자신의 마음속에 어떠한 변화가 일어나는지를 말할 수 있어야 할 것이다. 이때 내담자는 반박 당하거나 저지당하지 않음으로써 신뢰받고, 이해받아야 하며, 이 과정에서 상담자는 내담자의 내부에서 일어나는 심리적 메커니즘을 읽을 수 있어야 할 것이다. 또한 상담자는 자신의 내담자가 삶에 실패할 경우 내담자의 역기능적인 수치심을 줄이고 지나친 죄책감에서 벗어나도록 도와야 하며, 내담자의 자율성에 대한 존중과 이를 향상시키기 위한 노력을 기울여야 할 것이다. 왜냐하면 내담자의 자유를 존중하고 보호하며 향상시키고자 하는 노력은 상담 및 심리치료에서 우선적으로 고려해야 하는 상황이기 때문이다.[50]

프랑스 정신분석가 돌토(Françoise Dolto)에 의하면, 일반적으로 건강한 사람도 어떤 일을 했는데 아무도 그를 정당화해 주지 않고, 단 한 사람의 친구도 그에게 찾아와서 잘 했다고 말해 주지 않는다면, 절망에 빠지게 된다고 보았다. 그때 이 사람은 자기 자신의 정당성, 자

---

49 그때에 베드로가 나아와 이르되 주여 형제가 내게 죄를 범하면 몇 번이나 용서하여 주리이까 일곱 번까지 하오리이까? 예수께서 이르시되 네게 이르노니 일곱 번 뿐 아니라 일곱 번을 일흔 번까지라도 할지니라(마태복음 18장 21-22절).

50 특히 정신분석적 치료기법은 내담자의 자율성에 대한 존중과 이를 향상시키기 위해 내담자에게 때로 "당신은 무슨 생각을 하고 있나요? 당신은 그것에 대해 어떻게 느끼죠?"라는 식으로 굳이 '당신'을 강조한 다소 답답한 방식으로 질문을 던진다. 그리고 분석적 치료에서는 이러한 일환으로 환자로 하여금 각 회기의 초반에 화제를 고르게 유도한다. 그 결과 치료 후 무엇을 얻었다고 생각하는지에 대해 내담자에게 질문하면 주체의식의 향상과 관련된 다음과 같은 대답을 듣는다. "내 감정을 신뢰하고 죄책감을 덜 느끼면서 사는 법을 배웠어요." 주체의식을 경험하는 것이 얼마나 중요한지를 알기 때문에 정신분석가들은 내담자의 삶이 위태로울 때에만 최후의 수단으로서 자신의 의지를 내담자에게 심어준다. 주체의식, 정체성 및 자존감과 심리치료의 관계에 대하여 구체적인 연구는 (McWilliams, 1999/2005: 38-43)을 참조하시오.

기 욕망과 행동의 정당성에 대해서 의심하게 된다는 것이다(Dolto, 1980/2000: 81). 하물며 죄책감을 지니고 있는 내담자는 이들보다 깨어지기 쉬운 자아강도를 지니고 있음을 인식해야 할 것이다.

6) 내담자와 상담자 사이의 위로자 성령의 개입을 초청하는 상담자

우리는 내담자를 짧은 시간에 도와야 한다는 압박감으로부터 자유로워야 할 것이다. 죄책감을 주제로 하는 기독교상담은 내적인 변화를 필요로 한다. 그러나 눈에 보이는 외적인 변화에 집중하거나 짧은 시간 안에 상담의 효과를 증명하려다 보면 내적인 변화 없는 행동수정에 머무르는 경우가 있을 수 있다. 죄와 죄책감을 다루는 상담에서는 전략적인 방법도 중요하지만, 그 전략과 함께 상담자와 내담자 사이에서 변화를 주도해 가기를 원하시는 성령의 임재의 순간을 경험하도록 해야 할 것이다. 여기에서 우리는 죄책감의 상담에 있어서 영적 훈련의 필요성을 만나게 된다.

죄의 속성에 관한 개인적인 차원과 원죄적인 측면을 이해하면 타락한 경험에서 오는 아픔을 잘 조절할 수 있다. 죄에 대한 최상의 대처 방법은 자신을 비하하지 않으면서 하나님과의 관계 회복의 필요성을 깨닫고 치유를 소망하는 것이다. 즉 죄에 대한 자신의 책임도 인정하지만, 자신을 정죄하지 않고 하나님과의 관계에서 자신을 치유의 대상으로 인정하는 것이다. 이러한 관점에서 보면 우리는 죄를 지었기에 저주의 대상이 아니고 죄를 용서하고 해결해 주시는 하나님이 필요한 대상이다. 그리고 우리는 죄를 이기기 위해서는 인간의 본성보다 더 큰 힘이 필요하다. 그래서 우리는 하나님을 필요로 한다(McMinn, 1996/2001: 158-60). 시편 기자는 인간의 연약함과 하나님의 도우심에 대해 다음과 같이 잘 말하고 있다.

내 영혼아 네가 어찌하여 낙심하며, 어찌하여 내 속에서 불안해하는가? 너는 하나님께 소망을 두라. 나는 그가 나타나 도우심으로 말미암아 내 하나님을 여전히 찬

송하리로다(시편 42편 11절).

　죄를 적절하게 다루기 위해서는 우리의 의지력을 초월해 하나님을 추구해야 하기 때문에, 영적훈련은 거룩함을 위한 필수적 도구가 된다. 훈련자체가 우리를 거룩하게 만들지 않지만, 그것은 하나님의 은혜와 진리로 우리를 채워서 우리의 영혼에게 문을 열어 주기 때문이다(McMinn, 1996/2001: 160).

V
나오는 말

　우리는 지금까지 죄와 죄책감에 대한 정신분석적 접근과 성경적, 그리고 신학적 의미를 살펴보았다. 그러고 난 후 죄와 죄책감에 대한 기독교상담학적인 측면도 살펴보았다(그러나 이 글에서는 죄뿐만 아니라 죄책감의 억압으로부터 용서받고 해방됨으로써 구체적인 관계성의 회복 단계가 시작되는 실질적인 과정까지는 제시하지 못했음을 밝혀둔다). 앞에서 살펴 본대로 성경적, 신학적 관점에서 보면 죄는 인간의 존재 근원과 하나님과 관계되어 있다. 또한 기독교 신학적 차원에서 죄는 개인적인 문제일 뿐만 아니라 원죄의 개념이 포함되어 있는데, 기독교상담자가 아닌 일반상담자는 죄의 개인적인 측면만 이해하기 때문에 죄에 대한 이런 기독교상담적 의미를 잘 반영할 수 없는 경우가 많다. 이를 다시 말하자면 기독교상담자는 '죄' 라는 개념을 단순히 개인적인 사고나 행동적인 차원에만 제한해서는 안 된다는 것이다. 만약 우리가 죄를 관리해야 한다는 마음에 빠져 율법주의, 금욕주의와 과도한 죄의 반응으로 빠져들게 된다면, 죄에 대한 전인류적인 측면을 간과하게 될 것이다. 죄를 정확히 이해하고 있는 기독교상담가들은 자신들이 누구나 죄인일 수밖에 없는 인간이라는 것을 알게 된다. 또한 죄를 정확히 이해하고 있는 기독교상담자는 내담자들이 가진 문제의 원인에 대하여 내적(개인적), 외적(전인류적) 귀인을 모두 적절히 활용 할 수 있어야 한다. 특히 내담자들의 죄책감과 같은 문제를 효과적으로 도와주려면 기독교상담자들은 앞서 살펴본 대로 객관적인 죄와 주관적인 죄 사이에서 일어나는 네 가지 형태의 죄에 대한 반응들과 신학적, 사회 문화적 측면에서 죄책감을 깊이 이해해야 한다. 또한 불건전한 죄책감과 건전한 죄책감에 대해서도 깊은 이해를 갖고 있어야 하고, 심리적인 죄책감, 특히 무의식적 죄책감에 대한 깊은 이해도 필요하다.

프로이트에 의하면 모든 인간 상호 간의 관계는 양가감정에 의해 이루어진다. 관계유지 때문에 관심을 갖고 관계를 갖는 감정은 의식적인 반면에, 공격적이고 불쾌한 감정은 종종 억압된 채로 남아있다. 그러나 그 감정은 무의식적인 잠재력으로서 영향력을 행사한다. 그것은 사랑하는 사람과 연관되고 실제적인 행위처럼 만나고 해를 끼치는 것으로 보이는 잠재의식적인 환상으로 자리 잡게 된다. 또한 섬뜩하게 죽음을 바라기까지 하는 공격적인 환상적 행위는 무의식적으로 남는다. 이러한 행위는 '제 정신이 아닌 것으로' 경험되는 죄책감 속에 남는다. 개인적인 양심 형성이 불안에 휩싸여 더 강하게 이루어질수록 죄책감은 더 강하게 나타난다. 프로이트는 초자아가 강하고 완고하게 지배할수록 죄책감이 강하게 형성된다고 보았다.[51] 이러한 설명과 이해의 틀을 '구별하여 진단하는' 과제가 기독교상담자에게 주어진다. 기독교상담자는 언제 하나님 앞에서, 그리고 인간에게 실질적으로 연관된 죄에 대하여 논하여야 하고, 또 언제 무의식적인 환상과 관련된 죄책감에 대하여 생각해야 하는지 터득해야 한다(Winkler, 2000/2007: 399-400). 여기에서 빈클러 박사가 제시하고 있는 사례를 들어보자.

아이 없이 과부가 된 지 얼마 안 된 40대 중반의 여성이 상담시간에 맞춰 교회 목사를 찾아왔다. 여인은 목사에게 그녀를 괴롭히는 죄의 감정에 대하여 말하였다. 몇 년 동안 헌신적으로 돌보았지만 심한 당뇨로 오랜 고통 후에 세상을 떠난 남편의 죽음과 관련하여 그녀는 극도로 심한 자기질책에서 헤어 나오지 못하고 있었다. 이러한 생각은 항상 남편의 죽음은 '어떻든' 그녀의 잘못이라는 원점으로 다시 돌아가곤 했다. 그때 여인은 한 가지 사실에 고정시켜 그녀의 내적인 상태를 찾으려고 했다. 피할 수 없이 이미 오랫동안 두려워했던, 그러나 뜻하지 않게 맞이한 남편의 죽음 그 전날 밤에 그녀는 2시간 동안 이웃집 친구를 방문했고 그녀를 기다리

---

51 프로이트(1915), 「문명속의 불만」, 김석희 역(1997), 서울: 열린책들 참조하시오.

는 것을 참지 못한 남편은 매우 화를 냈다고 한다. 그것은 그녀가 특별히 중대하게 생각하지 않았던 익숙한 반응이었을 수 있다. 그러나 다음 날 그녀의 남편은 상태가 갑작스럽게 악화되었고 병원으로 이송되어 죽었다. 그 이후로 그녀는 슬픔으로 위축되어 있었고 남편이 죽은 전날 밤에 갑자기 일어났던 그 사건이 계속해서 생각나면서 자신에 대한 질책을 떨쳐 버릴 수 없게 되었다. 반복되는 교회 출석과 특별한 성만찬에 참여하는 것도 아무런 도움이 되지 않는 것 같았다. 그녀는 남편에게 큰 죄를 지었다는 억압된 감정을 떨쳐 버릴 수 없었다. 죄와 죄책감에 대한 구별을 분명히 아는 기독교상담자는 이 여인에게 위로의 말이나 (맹목적인) 복음의 말씀이 도움이 될 수 없다는 것을 빨리 인식하게 된다. 힘든 고통에 대하여 적용 가능한 정신역동적인 관련성에 대한 지적인 '설명'은 매우 드문 경우에 사용되는데 그것은 내담자에게 심리치료의 시도에 흥미를 일으키게 하거나, 내담자가 그러한 방책과 관련하여 두려워하지 않게 하는 것이다. 그런데 이러한 '분업'의 제안으로 이루어지는 상담은 강박관념적인 죄책감이 오랫동안 아프고 지속적으로 불평을 했던 남편에 대한 무의식적인 공격적 잠재성의 결과라는 것을 분명히 받아들일 때 이루어진다. 체념적이고 희생적인 아내는 이러한 잠재성을 스스로 인정하려 하지 않았고 인정할 수도 없었다. 그렇지만 죄책감에 대한 심리치료를 실행한 결과, 그녀와 함께 어떤 방법과 개인적인 징후에서 '하나님과 인간 앞의 죄'가 근본적인 관계 방해로서 공동생활에 흘러들어갈 수 있으며, 용서로 접어들 수 있는지 질문을 추적해 나갈 수 있게 되었다(Winkler, 2000/2007: 400-401).

정신분석은 죄책감과 인간 행동의 무의식적인 측면을 구체적으로 보여주었다. 이미 앞에서 살펴본 대로 프로이트, 클라인, 위니콧은 정신병리, 특히 신경증 병리에 대하여 죄책감에 무게를 두었다. 학자들에 따라 견해의 차이는 있지만, 죄책감은 유아기, 혹은 아동기에 부적절한 돌봄의 관계에서 형성된다고 본다. 또한 이들의 연구는 어머니와 아기 사이에서 발달하고 있는 심리적 영역도 잘 밝혀주었다. 이들의 연구를 통하여 죄책감에 대하여 충분하지는 않다고 하더라도 우리는 내담자를 돌봄에 있어서 정신병리의 한 측면으로도 접근할 수 있는 안목을 가질 수 있었다. 이는 적절한 돌봄을 통해서 건강한 심리적 환경을 제공할 수 있다는 의미에서이다. 앞서 연구한 대로, 기독교신학과 정신분석이 만나는 곳에는 죄책감에 대한 주제가 있다. 거기에는 큰 견해의 차이점이 있기도 하지만 고통스러워하는 인간에 대한 돌봄을 제공한다는 의미에서 공통점도 존재한다. 죄책감에 대한 주제는 신학적, 심리학적인 문제일 뿐만 아니라 사회학적이며, 영혼의 의사와 관련된 문제이기도 하다. 이 점에 대해 투르니에는 잘 지적한바 있다. 그의 말을 되새기며 이 글을 닫고자 한다.

인간이 자신의 죄책감을 억압하고 타인의 죄를 비난한다면 끝없는 고통과 악순환만 존재할 것이다. 자신이나 다른 이들과 평화를 누릴 수 있는 유일한 길은 자신의 죄책감을 인정하고 고백하는 것이다. (…) 모든 인간이 본향을 떠나 방황하며 곤궁한 상태에 처해 있고 죄책감을 갖고 있다. 모든 사람이 버리고 온 본향의 풍요와 용서를 갈망하고 있다. (…) 그러므로 죄책감은 신학자들이 관심을 가지는 신학적인 문제이며, 사회학자들의 연구 대상이 되는 사회학적 문제이며, 심리학자들의 주목을 받는 심리학적 문제이다. 그러나 그것은 분해될 수 있는 문제가 아니다. 그것은 인간의 문제이며 인간에게만 존재하는 독특한 고통의 형태로서, 인간이 모든 고통에서 벗어나도록 도와 줄 소명이 있는 (영혼의) 의사와 관계된 문제이다 (Tournier, 1958/2001: 316-17).

VI
토론

정신분석과 기독교상담_죄책감에 대한 토론(1)
하재성 교수 (고려신학대학원 목회상담학)

　이번 장은 신학과 심리분석학의 공통된 주제 가운데 하나인 죄책감의 문제를 심층적이고 통합적으로 이해하려는 목회 신학적 연구의 결과이다. 먼저 안석 박사는 죄책감이란 주제를 둘러싼 정신분석학적 설명에 집중력을 발휘하여 프로이트를 비롯한 여러 학자들의 죄책감에 대한 핵심 개념들을 명료하게 제시한다. 예를 들어, 프로이트에게 있어서 죄책감은 초자아와 자아의 관계에서 '무의식적으로' 느끼는 불안이 성숙하여 생긴 것이며, 근본적으로 오이디푸스 콤플렉스에서 비롯되어 주체의 파멸에까지 이를 수 있는 것임을 통찰력 있게 설명하고 있다.
　이어서 안 박사는 죄책감에 대한 신학적 접근을 통해 죄와 죄책감의 근원을 설명하고, 근본적으로 타락한 존재로서의 전통적 인간관을 공언하고 있다. 그 과정에서 자칫 심리분석학의 영향을 받은 일부 상담자들이 갖기 쉬운 경향, 즉 "죄의 사실을 무시하거나(…) 죄를(…)무지의 한 형태로서 경감" 시키려는 노력에 대해 경계하고 있다. 두 분야의 통찰력에 의거하여 자신의 잘못을 합리화하려는 내담자의 경향이나, 혹은 정반대로 지나친 죄의식이 신앙적으로 해로운 사실도 더불어 지적한다. 비록 오늘날 우리는 인간의 원죄에 대해 말하는 것이 불편하게 된 시대에 살고 있으나 안 박사는 정신분석적 이론이 주는 유혹에서 자신을 분리하여, "원죄와 개인의 죄의 사실을 얼버무려 넘어가서는 안 된다"는 타이렐(Bernard Tyrrell)의 주장으로 죄와 원죄에 대한 자신의 신학적 입장을 분명히 밝히고 있다.

또한 안 박사는 이 장에서 죄책감에 대한 신학과 심리학의 양 분야의 입장을 치우침 없이 제시함과 더불어, 목회 신학자로서, 그리고 기독교 상담학자로서 자신의 신학적 초점을 잃지 않는 선명한 신학적 우선순위를 표방하고 있다. 특히 그는 투르니에(Paul Tournier)와 메닝거(Karl Menninger) 등 앞선 세대에 죄책감에 대한 문제를 선구적으로 탐구하여 온 학자들을 적절하게 소개하면서, 죄책감에 대한 정신분석학적 통찰력을 신학적 인간 이해와 조화시키려는 의미 있는 노력을 기울이고 있다.

그에 따르면 심리분석학은 한 개인의 성장에 있어서 죄책감의 발생 원인이나 과정을 설명할 수 있다. 아동기의 "정서적, 신체적 여건"의 결핍은 죄책감의 능력을 발달시킬 수 없는 이유가 될 수 있다. 특히 내담자를 괴롭히는 이 같은 무의식적 죄책감에 대하여 심리분석학은 그 치유를 위해 개입할 수 있는 통찰력과 자원을 가지고 있다. 하지만 안 박사는 "이러한 정신분석적 설명은 돌봄이라는 차원에서 의미가 있지만, 죄성을 지닌 인간에 대한 근본적인 이해에 있어서, 그것은 충분이 답이 되지 못 한다"고 선을 긋는다. 그는 죄책감의 문제에 대한 성령의 조명하심과 인도하심에 대한 기대를 기독교 상담자의 자세로 요청함으로써 기독교상담학자로서 바른 우선순위를 제시하고 있다. 본 토론자는 안 박사의 이 언급이 정신분석학의 한계를 분명하게 인식하는 목회(기독교) 상담학자의 중요한 방법론적 전제임을 인정하고 동의한다.

이와 같이 안 박사는 죄책감에 대한 광범위한 학제간 연구를 통해 독자의 지적 욕구를 자극하고 있다. 이 주제에 관한 신학과 심리분석학에 속한 다양한 학자들을 소개할 뿐만 아니라, 특히 기독교상담자들이 가져야 할 신학적 중심이 무엇인지 견고하게 못 박는다. 죄와 죄책감의 실존적 내지 영적 실체성, 특히 원죄로 인한 자연의 신음과 고통까지 언급함으로써 죄에 대하여 미온적이기 쉬운 기독교상담학자로서의 담대함을 보여준다. 그러나 한편, 안 석 박사의 광범위한 리서치는 동시에 글의 논지를 다소 산만하게 흐트러뜨리고 있는 것처럼 보인다. 죄책감에 대한 다양한 이론의 열거와 그에 대한 심층적인 연구의 이면에 글 전체를 아우르며 저자의 주장을 하나로 꿰어 내는데 있어서 다소 미약함이 있는 것 같다. 예를 들어, 서론에서 죄책감 연구의 중요성에 대해 이야기하면서도 정작 글의 논제(thesis)가 무엇인지 명시하지 않고 있고, 죄, 죄책감, 악의 개념에 대한 정의(definition)가 다소 뒤로 미루어지면서 글 전체에서 이 개념들이 혼동해서 사용되는 듯한 인상을 준다. 예수와 바리새인들의 이야기에서, 죄의 동기에 관한 통찰력을 소개한 것은 좋으나 그것이 바리새인들의 죄책감과 상관이 있는 것인지 궁금하고, 죄에 관한 신학자들의 의견은 제시하고 있으나 정작 죄책감에 대한 신학적 해설과 자원이 부족해 보인다. 또한 죄책감에 대한 자신의 목회 신학적 해석의 관점을 시종일관 투르니에(Tournier)에 의존함으로써 에릭슨(Eric Erickson)이 지적하듯 "너무 빨리 혹은 쉽게 죄책감으로 흡수" 되어 버리는, 그리고 자기 심리학적(self-psychological) 통찰력이 중요하게 여기는 수치심(shame)의 역동을 함께 다루는 데 한계를 드러내고 있다. 아울러 투르니에가 암시하는 하나님의 은혜의 수단인 것처럼 비치는 정신분석에 대한 관점 역시 신학과 심리학의 상호 비판적 관계성(mutually critical relationship)을 추구하는 현대 목회 신학적 방법론으로부터 다소간 수정이 필요한 부분이라고 생각된다.

 투르니에의 방법론적 전제는 여러 면에서 신학적으로 선명함을 유지하고 있지만 일부 의문을 가져오는 부분도 있는데, 예를 들어 '과연 무의식적 차원의 죄 의식도 반드시 자각하거나 하나님의 용서를 받아야 하는가?' 라는 점이다. 상담이나 분석을 통해 우연히 드러난 것들은 인간의 전체성을 이해하는 보조적인 수단일 수는 있지만, 상담자가 무의식에서 발견된 것을 고백하고 회개하도록 요구한다면 그것은 전통적 교리에 분석학적 통찰력을 그대로 덧붙인 격이 될 수도 있다.

모든 정신병의 원인은 죄라고 하는 아담스(Jay Adams)의 무리한 논리를 논박함에 있어서 안 박사는 상당히 결과론적인 접근, 즉 "중독의 원인을 죄라고 귀인하면 치료에 해로우므로 (…) 정신병의 원인이 죄라고 보기 어렵다는 견해를 뒷받침해 준다"고 말한다. 그러나 '중독을 병으로 보는 것이 치료에 도움이 된다'는 식의 실용주의적(pragmatic) 입장을 가지고서는 아담스와 같은 신학적 환원주의의 도그마를 깨뜨리기가 어려울 것이다.

현실적으로 한국 교회가 심리학에 물들었다고 말하는 이들 가운데는 죄를 비롯한 기독교적 인간관 교리의 타협을 이야기하는 사람들이 많다. 그러므로 무의식적 죄책감을 인간이 용서받아야 할 죄책감에 덧붙임으로써 인간론의 변형을 추구하는 것은 바람직한 방법이 아니다. 차라리, 죄를 대처함에 있어서 "자신을 비하하지 않으면서 하나님과의 관계 회복의 필요성"을 주장하는 안 박사의 지적에서처럼, 지나친 자기 비하는 건강한 의미에서의 겸손이 아니라 자신의 통합성에 위험을 가져올 수 있음을 심리분석학적 통찰력으로 경고해 주는 정도면 충분하지 않을까 생각한다.

그 외에도 정신분석학적 통찰력은 신학적 율법주의나 금욕주의가 가진 이중성에 대해 경고를 할 수도 있을 것이다. 하지만 상담자가 죄, 혹은 죄의식의 심층을 통찰함으로써 고백과 용서에로 인도한다는 것과, 무의식적 죄를 회개하고 용서받아야 한다는 것은 전혀 별개의 문제이다. 회개해야 할 죄와 아동기의 학대나 유기에서 비롯된 심층에서의 죄의식은 다를 수 있기 때문이다. 만일 무의식적 차원의 죄를 기독교 죄사함과 용서의 차원에 포함시켜야 한다고 주장한다면 그것은 임상적 성찰에서 비롯된 무의식의 개념을 신학적으로 교리화 하려는 무리한 시도일 수도 있다.

덧붙여 종교 개혁자 칼뱅(Jean Calvin)이 말하는 "연약함(weakness)"의 개념이나 죄 고백의 상호성에 대한 그의 야고보서 주석, 그리고 여성학자 훅스(Bell Hooks)가 말하는 사회적 부적절성

(inappropriateness)등의 개념들이 죄책감과 더불어 소개되었으면 하는 아쉬움이 있다. 또한 재미 신학자 앤드류 박(Andrew Park)의 한의 신학, 즉 『하나님의 상처 입은 마음(The Wounded Heart of God)』(Abingdon, 1993)에서 지적하듯, 가해자에게 있는 죄책감 이상으로 피해자 혹은 희생자의 한이나 무죄한 고통에 대한 균형 잡힌 언급이 있었다면 더 훌륭한 글이 되었을 것이다.

예를 들어, 서두에서 제시한, 짧으면서도 다소 강렬한 도입 예화는 한 여성의 내면적 죄책감에 대해 이야기할 뿐만 아니라, 만일 그 여성의 진술이 사실이라면, 그 여성은 친구와 성적 부도덕을 일으킨 담임 목회자의 권력 남용으로 발생한 영적 피해자라고 할 수 있다. 즉 죄책감이란 영역이 이 사례에서도 단순히 한 개인에게 고립된 심리적, 영적 요소라기보다는 권력자에 의한 위력 남용(power abuse), 희생화(victimization)나 불의(injustice)의 문제와 중첩되어 있다. 따라서 상담 과정에서 가해자인 목회자에 대한 정의(justice)의 관점이 어떤 형태로든 적극적으로 논의되는 것이 현대 목회 신학의 관점에서 통합적인 시각이 아닐까 생각한다.

개인적으로, 안 석 박사의 앞의 글을 통해 죄책감에 대해 매우 의미 있는 학습을 하게 되었음을 고백하고 감사하게 생각한다. 신학적 전통과 심리분석학적 전통 모두에 익숙하게 훈련받아 자유로이 그 지식들을 구사할 수 있을 뿐만 아니라, 중요한 공통의 문제에 있어서 신학적 중심을 견고하게 세우려는 안 박사의 노력은 한국의 기독교상담학에서 지속적으로 기울여야 할 중요한 노력의 모델이다. 죄책감이라는 주제에 대한 그의 열정과 집중력이 돋보이는 이 장의 내용이 본 토론자를 비롯한 많은 학자들과 상담자들에게 의미 있는 도움이 되기를 바라며, 그의 노고에 찬사를 보낸다.

정신분석과 기독교상담_죄책감에 대한 토론(2)
이정기 교수 (서울신학대학교 상담대학원)

젊은 목회(기독교)상담학자 안석 교수의 글을 읽으면서 같은 길을 가는 목회상담학자의 한 사람으로서 토론자는 두 가지 면에서 죄책감을 가지지 않을 수 없었다. 하나는 안석 교수의 글에 상처를 내지 않으면서 글이 갖는 중요성을 제대로 부각시킬 수 있을까 하는 것이고, 둘째는 시간에 쫓겨 제대로 읽어 볼 시간적 여유가 없으면서도 토론을 해야 한다는 어떤 압박감 같은 것이다. 그런 생각에 머물러 있는 것을 보면 아마 토론자도 안석 교수로부터 정신분석을 받아야 할지도 모른다. 실존주의 신학자 폴 틸리히(Paul Tillich)의 용어를 빌리면 어쩌면 그런 식의 사고는 신경증적 죄책감일 수도 있다. 그러나 아마도 토론자가 갖는 죄책감은 실존적 죄책감일 것이다라고 자위하면서 감히 오늘 이 자리에 서 있다.

우선 안 교수는 죄책감을 "실제적으로 죄를 짓고 느끼는 죄책감으로, 혹은 무의식적인 죄책감"으로 정의를 내리고, 그 범주를 게리 콜린스(Gary Collins)의 의견을 따라 객관적 죄책감과 주관적 죄책감으로 구분하여, "사람이 자신의 행위나 생각 때문에 오는 내적 기분 또는 감정(…) 대부분의 경우 회한, 또는 자기정죄의 감정들" 인 주관적 죄책감에 초점을 맞추어 글을 전개함으로서 죄책감에 대한 정의를 명료화해 주고 있다.

그 후에 안 교수는 정신분석적 관점에서 죄책감이 오이디푸스 콤플렉스에서 생겨났다고 하는 프로이트의 고전적 견해를 비롯하여, 죄책감은 자아가 초자아와의 관계에서 느끼는 불안으로 보는 도날드 위니콧(Donald Winnicott)의 멜랑콜리 연구, 죄책감은 사랑하는 대상이 손상되는 데 대한 불안에서 유래된다고 보는 멜라니 클라인(Melanie Klein)의 우울적 자리 이론은 물론, 더 나아가 정신분석학을 기독교 세계관과 통합시킨 폴 투르니에(Paul Tournier)가 지적한 바 있는 피할 수 없는 결과에 대한 의식으로서의 죄책감까지 폭넓게 다루고 있다. 그에 비하여 안 교수의 죄와 죄책감에 대한 성경, 신학적 이해는 꽤나 소박하다. 그는 성경적 원죄론을 근거로 죄를 인간 실존의 일차적 사실로 이해하며, 죄책감은 죄를 지은 인간이 죄 문제로 괴로워하는 것으로 해석함으로써 기독교 일반의 해석을 벗어나지 않고 있다.

마지막으로, 안 교수는 죄책감에 대한 기독교 상담적 접근을 시도하면서 죄책감과 정신건강의 관계성에 대하여 죄의 개념이 실질적으로 모든 정신병리학의 원인이라고 보는 앨버트 앨리스(Albert Ellis)의 입장과 모든 정신병은 죄가 그 원인이라고 보는 제이 아담스(Jay Adams)의 견해를 대조시켜서 설명하고 있다. 전자는 죄책감은 건강하게 살아가는 데 방해가 된다는 입장이고, 후자는 죄에 대한 민감성을 강조하는 입장이다. 그러나 이러한 상반된 견해를 전제하면서 안 교수는 오히려, 신학적으로 인간은 근본적으로 죄인이라고 하는 입장과 심리학적으로 인간은 근본적으로 병들었다고 보는 견해를 조화시키기 위하여 죄와 병은 분리할 수 없이 상호 관련되어 있다고 주장하는 복음주의 기독교 상담학자인 마크 맥민(Mark McMinn)의 견해에 동조함으로써 그 방법을 모색하고 있다. 그 방법 중 하나로 그는 정신분석학은 죄책감과 같은 신학적, 혹은 도덕적 관념을 파괴하는가라고 질문하면서, 정신분석학은 죄책감을 제거하는 것이 아니라 전환시켜준다고 강조하고 있다. 이를 뒷받침하기 위하여 죄책감의 선용이라는 측면에서 양심의 발달과 양심의 기능을 주장하는 콜린스의 입장을 제시하는데 어쩌면 이것이 안 교수가 제시하려고 하는 모색의 한 길인 듯하다.

그가 한국 교회 기독교상담에 제안하려고 하는 대목은 아마도 어떻게 상담할 것인가라는 기독교상담적 제안이 아닌가 싶다. 그는 정신분석은 죄책감을 직면시키고 기독교상담은 그 앞에서 하나님의 은총을 선포하여야 한다고 강조한다. 그리고 그 실례를 성경에서 찾아 여섯 가지 방법을 제안하고 있다. 첫째는 자신의 죄를 돌이켜 보게 하는 주관적인 죄 이해이며, 둘째는 죄는 미워하되 사람은 사랑하여야 하며, 셋째는 죄를 직면케 하는 것이고, 넷째는 죄를 자백케 하는 것이며, 다섯째는 내담자의 심리적 메커니즘을 읽을 수 있어야 하며, 마지막으로 성령의 임재를 기다려야 한다는 것이다. 어쩌면 약간은 진부한 것 같은 느낌을 배제할 수 없으나, 그 점은 기독교상담이 저야할 몫이 아닐까 하는 생각으로 위로한다.

그러나 토론자로서 궁금한 것이 하나 있다. 정신분석학과 신학적 관점에서 죄와 죄책감 이해를 다루면서, 죄 개념과 죄책감의 개념이 그의 글 속에서 혼재되어있는 것 같은 인상을 지울 수 없다. 정신분석학은 죄책감을 심도 있게 다룬다. 그리고 성경과 신학은 죄의 개념을 강도 높게 선포한다. 안 교수에 논지에 의하면 죄의 개념은 객관적 이해에 해당하고 죄책감은 주관적 경험에 상응한다. 낱말 그대로를 피상적으로 이해해 봐도, 죄는 객관적으로 정리된 교리적 성격이 짙고 죄책감은 주관적인 경험이라고 하는 느낌에 관계된다. 그 둘이 상담이라고 하는 임상현장에서 어떻게 동시에 해석되고 느껴질 수 있을까 자못 궁금하다.

그럼에도 불구하고 안 교수가 제시한 기독교상담에의 적용이라는 제안은 상당히 구체적이고 실제적이다. 정신분석을 비롯한 일반상담은 상담자와 내담자 쌍방간의 대화, 곧 양자대화(dialogue)로 정의 된다. 그러나 기독교상담은 목회상담학자 웨인 오츠(Wayne Oates)에 의하면 상담자와 내담자, 그리고 성령의 삼자간의 대화, 곧 삼자대화(trialogue)로 정의 된다. 다음으로 일반상담은 내담자의 문제 그 자체에 초점을 맞춘다고 한다면, 기독교상담은 실존주의 상담과 더불어 문제 자체 보다 문제를 가진 사람에 초점을 맞춘다. 그런 점에서 안 교수가 제시한 여섯 가지 적용 방안은 삼자대화를 전제한 기독교상담적 실제에 적절하다 할 것이다.

안석 교수는 서론에서 언급하고 있듯이, 인간의 구원과 치료를 말하는 종교와 정신분석의 끝없는 연구과제로서 상담자의 치료현장에서 아주 중요한 요소를 차지하고 있는 주제인 죄책감을 심도 있게 다루었다.

그것도 죄책감에 대한 정신분석적 고찰을 기독교상담에서 어떻게 그 적용이 가능할까를 염두에 두면서 그 구체적 방향을 제시하려 노력하였다는 점은 높이 평가해도 좋을 듯하다. 한국교회에서 그 적용을 서두른다면 많은 한국 사람들로 하여금 죄책감에서 해방되어 생명력 넘치는 삶을 살 수 있도록 하는 날을 꽤나 앞당겨 줄 수도 있을 것 같다.

VII
더 읽을거리 및 볼거리

죄책감에 대한 좀더 깊은 이해를 원하는 사람들에게는 다음과 같은 도서를 추천한다. 죄책감과 관련된 다양한 분석적 견해들을 제시하고, 어린 시절의 신경증적 죄책감이 성장한 후 어른이 되었을 때 어떤 병리적 상태를 야기하는지를 살펴보며, 그러한 증상들이 사회와 문화에 어떠한 영향을 미치는지를 정신분석적 측면에서 잘 조명하는 하고 있는 『죄책감』(칼루 싱 저, 김숙진 역, 이제이북스, 2004)을 추천한다. 아울러 죄책감에 대한 기독교상담적 이해에 대해서는 『죄책감으로 고통 받는 이들을 위하여』(부르스 네러모어 저, 권명달 역, 보이스사, 1994)와 『죄책감으로부터의 자유』(마크 킨저 저, 정옥배 역, 도서출판 빛으로, 1988)를 추천한다. 특히 죄, 또는 죄책감으로부터 고통당하는 자들을 위한 돌봄 가운데 '용서'는 매우 중요한 주제인데 이에 대해 다양한 관점으로 전개하고 있을 뿐만 아니라, 구체적인 실천 방안을 모색하고 있는 『용서와 치유』(손운산 저, 이화여자대학교출판부, 2008)의 일독을 권한다.

죄책감을 소재로 한 영화나 비디오를 시청하는 것 또한 죄책감에 대한 임상적 의미를 이해하는 데 커다란 도움이 될 것이다. 그 중 죄책감을 이해하고 알리는 계기가 된 작품 '라스트 씬 이터(The Last Sin Eater, 2007)를 추천한다. 이 영화는 '죽은 사람의 죄를 먹는 자'가 망자가 생전에 저지른 죄를 먹어줘야 그 망자는 편히 잠 들 수 있다는 설정을 기반으로 하며, 이러한 설정은 기독교의 구속 신앙에 대한 영향 때문인지 모르겠지만, 보는 이로 하여금 몰입하게 만든다. 영화 속에서 소녀(카디)는 그녀 자신이 저지른 실수 때문에 여동생

(엘렌)이 죽게 된다. 그로 인해서 그녀는 어머니가 자신을 미워한다고 믿었으며, 결국 살아있는 사람은 절대로 만나거나 보지도 말아야 할, '죽은 사람의 죄를 먹는 자'를 찾아 나서게 된다. 그녀가 그를 찾아 나서는 과정 속에서 마을의 과거가 드러나게 된다. 그것은 한 사람의 잘못된 횡포가 '죽은 사람의 죄를 먹는 자'를 신이 선택한 것으로 모두 받아들이고 믿게 된 것이었다. 그러나 소녀는 선교사가 일러준, 우리 죄를 위하여 돌아가신 분, 즉 예수를 말하게 되고, '죽은 사람의 죄를 먹는 자'는 괴로워하게 된다. 왜냐하면 그는 신이 자신을 선택했다고 믿었고, 그렇기에 몇 십 년을 외로움과 고통 속에서 살았기 때문이다. 게다가 이 모든 일들이 한 인간의 욕망 때문에 일어난 일이라는 사실을 깨 닫았을 때 '죽은 사람의 죄를 먹는 자'의 괴로움은 이루 말할 수 없었다. 소녀는 그동안의 마을의 금기를 깨고 '죽은 사람의 죄를 먹는 자'의 가면을 벗겨준다. 그리고 결국 그녀의 어머니와의 오랫동안의 갈등이 극복되어 화해에 이르게 된다.

이 영화는 죄 또는 죄책감으로부터 자유롭고 싶어 하는 마음과 그것을 숨기고 싶어 하는 인간의 양가감정을 잘 보여주고 있다고 볼 수 있다. 우리는 카인이 그의 동생 아벨을 쳐 죽인 후에 하나님께서 카인에게 그의 동생 아벨이 어디 있느냐고 물었을 때, 카인이 '자신이 아벨을 지키는 자냐?' 고 오히려 반문하여 자신의 죄를 숨기려는 모습을 잘 알고 있다(창세기 4장 8-10절). 또한 이 영화는 죄와 죄책감에서 해방되는 가장 좋은 방법이 '용서'와 '믿음' 이라는 것을 어린 소녀의 순수한 마음과 눈을 통해 잘 보여주고 있다.

또 다른 작품, 니시카와 미와 감독의 "디어 닥터" (Dear Doctor, 우리 의사선생님, 2009)의 주인공도 죄책감으로 시달린다. 오직 자신만이 알고 있는 그 무거운 죄책감은 영원히 풀리지 않을 것처럼 복잡하게 꼬여 있다. 이 영화는 조용하기 그지없는 어느 시골 마을을 배경으로 한다. 대도시 도쿄에서 발령 받아 온 인턴 의사 소마는 이 시골 사람들을 정성껏 그리고 세심하게 돌보는 이노와 함께 지내며 의

사로서의 자부심을 느낀다. 그러던 어느 날 마을 주민들의 건강을 책임지고 있고, 전폭적인 신뢰를 받고 있던 이노가 갑자기 자취를 감춘다. 당연히 마을은 발칵 뒤집어지고, 경찰까지 출동하여 사라진 그의 행방을 찾아 수사를 펼친다. 이노의 신상을 조사하던 과정에서 그의 비밀스런 과거가 밝혀지게 되고 또 그가 무면허 의사였다는 것이 알려지면서 이노를 의지하던 마을 사람들은 술렁일 뿐만 아니라 그를 배척하게 된다. 한편, 시간은 거슬러 올라간다. 무면허 의사 '이노'는 환자들을 대할 때마다 죄책감으로 괴로워했다. 죄책감 가운데서도 그는 환자들의 병을 치료하기 위해서 의학 서적을 뒤지는 등, 할 수 있는 한 온갖 노력을 기울였다. 그러나 다행히 병이 치료되었어도 그는 죄책감에서 자유롭지 못했다. 그러던 어느 날 위암환자가 그 앞에 나타났다. 적절한 치료가 필요한 암환자에게 이노는 해줄 것이 아무것도 없었다. 자신의 사랑과 정성만으로는 암환자를 온전하게 치료할 수 없다는 것을 잘 알고 있는 그는, 암환자가 제대로 치료를 받게 하기 위해서 도망친 것이었다.

2006년 '유레루'에서 내면을 파고드는 특유의 날카로운 심리묘사로 관객들에게 깊은 감동과 여운을 남기며 호평을 받았던 니시카와 미와 감독은 이 영화에서 한 인간의 죄책감과 그를 둘러싼 주변인들의 반응을 잘 보여주었다. 사실 니시카와 미와 감독의 영화 주인공들은 언제나 심한 죄책감에 시달린다. 주인공을 둘러싼 주변인들은 주인공의 죄가 드러났을 때 술렁이거나 배척하는 식으로 주인공을 나 몰라라 한다. 그러나 주인공을 믿고 있는 단 한사람이 등장한다. 즉 영화 '디어 닥터'에서 위암환자로 출연한 야치쿠사 카오루는 주인공의 진심을 헤아리고 있다. 그래서였을까? 영화의 마지막 순간, 그녀는 주인공을 마주했을 때 그에게 평온하고 환한 미소를 지어준다. 마치 스스로 괴로워했던 그의 상처를 애써 보듬어주듯이 말이다. 이 영화는 시골 무면허 의사의 환자를 향한 진정한 마음, 무면허 의사의 죄책감, 죄와 죄책감에 대한 단 한사람의 헤아림, 그리고 그들의 인간관계를 스크린에 잔잔하게 펼치면서 인간 내면 심리세계를 잘 보여주고 있다. 죄책감에 대한 인간 심리를 이해하고자 하는 독자들에게 시청을 권한다.

죄책감으로부터 자유롭고 싶어 하는 마음과 그것을 숨기고 싶어 하는 인간의 양가감정을 잘 보여주고 있는 영화 '라스트 씬 이터'

죄책감으로 괴로워하는 한 사람, 그 죄책감을 헤아리는 또 다른 한사람(……) 인간 내면 심리 세계를 잘 보여주는 영화 '우리 의사 선생님'

경제적 위기 속의 정신분석과 기독교상담

4

> 네가 어찌 허무한 것에 주목하겠느냐?
> 정녕히 재물은 스스로 날개를 내어
> 하늘을 나는 독수리처럼 날아가리라
> (잠언 23장 5절)

이번 장에서는 두 가지 사례를 정신역동적인 측면에서 고찰할 것이다. 먼저 스트레스 요인으로서의 경제적 위기와 돈에 대한 욕망, 그리고 경제적 위기로 고통을 호소하는 내담자들을 프로이트학파(Freudian)의 정신분석적 관점에서 살펴보았다. 그 이후에 같은 내담자들을 기독교상담학적인 관점으로 분석하면서 이런 내담자들을 돕기 위한 상담가의 역할을 살펴보았다. 마지막으로 돈에 대한 성경적 관점 또한 연구하였다. 이 글의 논의를 통하여 상담자들이 경제적인 문제로 심리적 스트레스를 경험하는 환자들을 치료하는 데 정신분석적 관점과 기독교상담학적인 시각들이 통합적인 차원으로 보다 넓게 개입할 수 있기를 바란다. 또한 더 나아가 내담자들이 심리적, 영적으로 건강한 물질관을 가질 수 있도록 도울 수 있기를 바란다.

주제어: 기독교상담, 경제 위기, 정신분석, 성경, 돈, 부

I
들어가는 말

　요즘 우리는 '불황', '금융위기'와 같은 단어 속에 파묻히듯 살아가고 있으며 세계를 강타한 금융위기 속에서 경제적인 고통을 호소하고 있는 많은 사람들의 목소리를 듣고 있다. 나는 이 글을 통하여 2개의 사례에 대한 정신역동적인 측면, 특히 프로이트학파의 입장에서, 경제적 위기를 호소하고 있는 내담자를 위한 임상적 함의와 경제적 위기 속의 기독교상담의 한 측면을 밝혀보고자 한다.

　김은희와 박진만은 가명이지만 그들의 이야기는 실제의 이야기이며, 현재 진행 중인 상담 사례이다.[1] 또한 세세한 상황들을 제외하면 경제적 어려움을 경험해 본 우리들 자신의 이야기일 수도 있다. 이처럼 돈으로 인해 고통을 당하는 사람들이 무수히 많은 것에 비해, 상담학자, 심리학자 그리고 교육학자들이 돈의 주제에 대해 거의 관심을 가지지 않았다는 사실은 우리를 놀랍게 한다. 그래서 나는 이 글의 논의를 통하여 경제적인 문제로 심리적 스트레스를 경험하는 내담자들을 돌보는 데 정신분석적 관점과 기독교상담학적인 시각들이 보다 넓은 영역에서 치료에 개입하기를 바란다.

1　편의상 나는 두 개의 사례 중 첫 번째 사례의 내담자인 박진만을 "박씨"로, 두 번째 사례의 내담자인 김은희를 "김씨"로 하겠다. 박씨는 경제적으로 기인한 자기상실로 슬픔과 고통 속에서 살아가고 있다. 김씨는 결혼했지만, 심리적, 경제적으로 시어머니와 애착관계가 깊은 남편으로 인해 고통을 당하고 있다. 두 사례는 지난 2009년 5월 한국목회상담학회와 한국목회상담협회의 공동학회에서 다양한 시각에서 연구할 수 있도록 동료교수에 의하여 제공된 사례이다. 사례를 연구할 수 있도록 허락해 준 두 분의 내담자에게 감사를 전한다.

II
프로이트학파와 기독교상담학의 관점에서 본 경제 위기와 상담

1. 스트레스 요인으로서의 경제 위기와 돈에 대한 욕망

이 세상에 존재하는 모든 이들은 스트레스를 다루어야 할 때가 있다. 스트레스와 심리적 삶의 관계에 대하여 비교적 구체적으로 다루고 있는 한 저서에서는 일반적으로 스트레스를 유발하는 원인을 다음과 같이 지적하고 있다. "스트레스는 특정한 상황 혹은 발달적인 전환기에서부터 야기될 수 있다. 스트레스적인 사건은 다양한 방식으로 나타난다. 기간, 심각성, 예측가능성, 그리고 통제 상실의 정도, 개인의 자기 확신감, 사고, 자연재해, 전쟁 등은 모두 높은 수준의 스트레스를 야기하며 외상 후 스트레스 장애로 이끌 수 있다. 스트레스는 또한 강간을 당했거나 사별을 당한 것과 같은 개인적인 위기 경험의 결과일 수도 있다" (Sarason, 2001: 173-207). 그런데 스트레스를 유발하는 상황에 대하여 자세하게 언급하고 있는 이 책에서조차 경제적인 이유에서 기인하는 스트레스에 대한 설명이 누락되어 있다는 사실에 주목할 필요가 있다. 사실 돈의 심리학에 대한 대부분의 작업은 임상심리학자와 정신과 의사, 그리고 정신분석적 관점에서 일하는 상담자들이 도맡다시피 했다. 그들은 재정 행동의 병리적 측면에 초점을 두고 충동적 도박, 소비, 저축 등 돈을 다루는 패턴의 무의식적인 뿌리에 대해 연구해왔다(Benner, 1999: 760). 이 장에서 소개될 2개의 사례가 바로 이러한 연구를 바탕으로 한 것인데 바로 경제적(좀더 구체적으로 돈) 문제와 관련된 사례들인 것이다. 그러나 두 사례의 내담자인 김씨와 박씨는 서로 다른 방식으로 자신의 문제를 다루고 있었다. 김씨는 자신이

스트레스를 많이 받고 있다고 호소하면서(물론 내과 주치의와 이전 학교 동료교사였던 친구의 권유를 받기는 했지만) 스스로 상담자를 찾았지만, 이와는 대조적으로 박씨는 친구의 강권으로 마지못해서 상담자를 찾아왔다. 여기서 한 가지 주목할 점이 있다. 박씨와 같이 수동적인 태도로 상담자를 찾는 사람은 대부분 그 자신이 겪고 있는 경제적인 문제 앞에서도 결단력 있게 행동하지 못할 것이라고 생각하기 쉽지만, 사실 박씨는 잦은 경제적 파탄에도 불구하고 '앞으로 잘 될 거야!' 라고 스스로 타이르면서 부단히 노력하는 타입이었다. 이렇게 스트레스를 부인하거나 혹은 숨김으로써 박씨는 일시적으로 스트레스를 극복할 수 있었겠지만 애써 부인하려고 하는 현실은 실제적으로 사라지지 않고 언제나 따라다니기 때문에 '신체적 자아(Körperliches)' 를 의식적으로 숨기는 내담자들과 마찬가지로 오히려 스트레스를 증가시키는 결과를 초래하기도 한다. 여기서 '신체적 자아' 란 자기의 육체에 대한 신체적 감각과 육체를 통해 가능한 일과 불가능한 일을 이해하게 되는 것을 가리키는 말이다(McWilliams, 2005: 101). 이 말은 자아 발달의 초기 단계에서 자기 표상이 자아 안에 형성되는데, 이러한 자기의 첫 번째 인상적 이미지들은 나 아닌 것에 반대되는 것으로서의 개인의 신체에 기초해 있다는 것이다(The American Psychoanalytic Association, 2002: 248). 프로이트는 1923년의 논문에서 "자아는 무엇보다도 먼저 신체적 자아이다" (Freud, 1997: 112)라고 명시하였고 미국의 저명한 정신분석학자이자 럿거스 대학교의 정신분석학 분야의 교수인 맥윌리엄스(Nancy McWilliams)에 의하면 프로이트의 이 말은, 어떤 사람의 온전한 신체가 사고, 질병, 학대로 인해 손상되었을 때, 애도의 과정은 필수적이며 그렇지 않은 경우 우울증에 걸릴 수 있다는 것을 의미한다. 장애나 만성적 질병을 가진 사람과 작업할 때, 치료자가 이러한 사실의 중요성을 인식하는 것은 치료 관계를 위해 필수적이다. 이 말은 치료자가 이들을 깊이 동정해야 한다는 뜻이 아니다. 오히려 역경에 처한 환자들은 불쌍하게 보는 시선에 상처를 받곤 한다. 그보다 치료자는 환자의 신체적 문제가 갖는 중대한 의미에 대해 자신이 이해하고 있는 바를 환자에게 전달하는 것이 필요하다. 우리가 이러한 사람들을 만났을 때 우선적으로 해야 할 일은 왜 그가 심각한 만성질환을 별 것 아닌 것으로 치부하는지, 그러한 행동 뒤에 숨겨진 동기가 무엇인지를 파악하는 것이다. 왜냐하면 신체적 문제를 심리적으로 부인할 때, 건강을 위한 여러 의학적인 조취는 외면되기 십상이기 때문이다.[2] 우리는 이와 같은 신체의 문제와 마찬가지로 경제적인 문제로 야기된 박씨의 심리적인 스트레스에 대해서도, 왜 그가 자신의 스트레스를 숨기고 적극적으로 대처하지 않는지에 대한 동기, 소인, 욕구 등을 파악해야 할 것이다.

그리고 신체적인 질병으로 인해 스트레스를 경험한 환자들은 즉각 의사를 찾는데 반해, 경제적인 어려움으로 인한 스트레스 때문에 상담가나 정신과 의사를 찾는 경우는 거의 없는 것이 현실이다.[3] 경제적 위기 속에서 우리는 돈 때문에 서로 속이며 더 심하게는 죽이고 죽임을 당하는 사건들을 하루가 멀다하고 접하게 된다. 거기에는 부모 자식도 예외는 아니다. 오늘날 자본주의 시스템에서 '돈'은 권력의 상징이 되었다. 아니 상징이 아닌 실제 권력 그 자체일 수도 있다. 더 큰 문제는 돈 때문에 인륜을 저버리고 패륜적인 사건이 발생하는 것에 점점 무감각해지는 우리들의 마음과 정서이다. 적절한 생산과 소비를 통해 삶의 에너지를 조절해야하는 '경제적 인간(Homo Economicus)'이 과잉축적과 파탄으로 병들어 신음하고 있다. '돈이면 다 된다'는 맘모니즘(mammonism)이 나은 결과이다. 이러한 삶 속에서 경제적 어려움을 호소하고, 그로 인해 과다한 스트레스 반응을 보이는 내담자들에 대한 기독교상담학적 연구는 절실히 요구된다고 볼 수 있다.

---

2 신체적 자아와 관련된 임상적 함의에 대하여는 McWilliams, 『정신분석적 사례이해』, 101-104를 참조하시오.

3 자신의 수입에 비해 과다한 지출과 대출로 인한 이자를 상환하지 못해서 빚더미 가운데 빠지거나, 혹은 갑작스러운 해고나 실직으로 경제적 어려움을 겪는 이들은 경제나 재테크 전문가를 찾아가기 마련이다. 목회자나 심리상담가를 찾아가는 경우는 그리 많지 않다.

2. 경제적 위기로 고통을 호소하는 내담자에 대한 정신분석적 이해

돈, 돈이 대상이 되는 욕망, 축재, 욕구, 페티시즘 등, 상당수의 경제적인 주제들이 정신분석적 시각에서 제시될 수 있다. 그리고 이러한 주제들은 치료와 전이에 존재하는 정신분석적 개념을 형성한다(Rebeyrol, 1998: 683-690). 여기서 경제적 위기가 한 개인의 심리적 삶에 치명적인 요인이 될 수 있다는 견해를 뒷받침해주는 짧은 사례를 언급해 보겠다. 최근에 필자에게 교육분석을 받고 있는 한 분석수련생[4]은 직장에서 해고를 당한 후 1년 반 정도의 극심한 우울증을 경험했다는 자신의 이야기를 들려주었다.[5] 그녀가 잃은 것은 직장이었다. 누구든 타의적으로 직장을 관두게 되었다면 심리적 충격을 받는 것이 인지상정일 것이다. 그러나 모든 이가 이 분석수련생처럼 극심한 우울증을 겪는 것 또한 아니다. 해고를 당할 당시 그녀의 나이는 20대 후반이었다. 해고를 당하기 전까지 그녀는 매우 활기차게 직장생활과 일상생활을 영위했었다. 고등학교 때부터 전공 분야에 관심이 많았고 대학 졸업 후에는 원하던 전공 분야에 취직이 되어 자신의 직업에 큰 자부심을 갖고 있었다. 그러던 그녀에게 '구조조정' 이라는 이름하에 자신에게 전해진 해고의 소식은 청천벽력과 같은 것이었다. 그녀는 해고를 당한 그 후부터 잠을 이루는 것이 쉽지 않았다. 겨우 잠들었다가 몇 번을 깨어나기를 반복했으며, 아침에 잠이 깨어난 후에는 복받쳐오는 울음을 참을 수가 없었다. 이 당시 그녀는 화초에 이슬이 맺힌 것을 보면서 '식물은 이렇게 이슬을 머금고 살아가는데, 나는 죽어가는 구나!' 라고 생각했다. 낮에는 창문으로 들어오는 햇빛 속의 반짝이는 먼지를 보며, 한없이 슬퍼졌으며 자신의 비참함을 견딜 수 없어 수없이 눈물을 흘렸

---

[4] 분석수련생이란 일반적으로 제자 스스로가 스승의 정신분석의 대상이 되면서 분석의 이론과 실제의 가르침을 전수받는 과정이다. 이 과정은 분석가나 상담가가 되기 위한 여러 교육과정의 한 부분이 된다.
[5] 이 글을 구상하고 있던 필자에게 자신의 아픈 경험을 용기 있게 말해준 분석수련생에게 감사한 마음을 전한다.

다. 또한 그녀는 이 세상에서 죽어 사라지고 싶었다. 그러나 두려움으로 스스로 목숨을 끊을 수 없었기에, 길(인도)을 걸을 때마다 도로를 지나가는 차들이 자신을 덮쳐 죽여주었으면 하는 절망 속에서 이 기간을 보냈다.

그렇다면 이 분석수련생을 절망 속으로 몰아간 심리적 메커니즘은 무엇이었을까? 그것은 '의미'를 잃었기 때문이라고 볼 수 있다. 그것은 프로이트에 따르면, 애도작업이 심리 내부에 있다는 의미인데, 다시 말하자면 자신이 사랑하는 대상의 상실로부터 오는 심리적 결과라는 것이다. 사랑하는 대상의 상실로 인한 심리적 메커니즘에 관하여 프로이트는 다음과 같이 말하고 있다. "잃어버린 대상에 한때 리비도를 집중시켰다는 것을 입증해 주는 기억이나 기대 상황 각각에 대해 현실은 그 대상이 이제 더 이상 존재하지 않는다는 판정을 내려준다. 그러면 대상과 운명을 같이 할 것이냐를 놓고 고민하던 자아는 살아 있다는 사실에서 끌어낼 수 있는 나르시시즘적인 만족 속에 이제는 사라지고 없는 대상에 대한 집착을 끊게 된다. 여기에서 우리는, 그와 같은 단절 작업이 너무 느리게, 점진적으로 진행되기 때문에 그 작업이 끝날 때쯤이면, 새로운 삶을 살아가는 데 필요한 에너지 또한 모두 소진되는 것으로 가정할 수 있을 것이다" (Freud, 1999: 266). 프로이트의 시각에서 볼 때, 나의 분석수련생이 잃어버린 것은 많은 직장들 중 하나가 아니다. 분석수련생에게 찾아온 '해고'는 프로이트가 말하는 '사랑하는 대상 상실'이요, 절망 그 자체였던 것이다.

3. 프로이트학파와 기독교상담학의 관점에서 본 박씨의 사례

〈사례1 박진만(가명)〉
1. 내담자 정보
 - 47세 남자. 대학 졸. 현재 무직.

- 약간 큰 키에 마른 체형. 얼굴은 다소 어둡고 표정이 별로 없다.
- 목소리가 작고 힘이 없으며 묻는 말에 대답할 때 시선을 회피하는 편이며 자발적인 표현은 거의 없음.

2. 주호소 문제
 - 우울. 삶의 의욕이 없다.
 - 가족들 보기가 미안하고 매사에 자신이 없어졌다.
 - 가끔씩 울화가 치밀어서 견디기 힘들다.

3. 상담 경위
 - 친구의 강권으로 마지못해서 따라 옴.

4. 개인력
 - 1남 2녀 중 장남.
 - 어릴 때는 순둥이였고 느긋하고 너그러운 성격.
 - 대학을 졸업하고 물류 유통관련업에 취직했으나 부도가 나서 여러 직장을 옮겨 다니다가 현재는 특정한 일자리가 없음.
 - 회사 있을 때 아는 사람 소개로 아내를 만나 결혼. 아들과 딸 한 명씩을 두었음.
 - 현재 부모님의 집으로 들어가 자녀들과 함께 살고 있음.

5. 가족관계
 1) 아내: 44세. 고졸.
  - 가난하지만 평범한 집안의 둘째 딸로 원래 성격은 상냥하고 잘 웃는 편이었다.
  - 결혼 후에 애들을 낳았고 알뜰하게 살림을 해서 부모님이 예쁘게 보셨다.
  - 현재 가출해서 정확히 어디에 있는지 모른다.
 2) 아버지: 73세. 소학교 중퇴.
  - 가정에 대한 책임감이 강하시고 의지력도 강하시다. 평생토록 뼈가 닳도록 일하셨다.
  - 성격도 원만하시고 평소에는 말이 별로 없으시지만 술 한 잔 하시면 기분이 좋아지셔서 식구들에게 말수가 많아지셨다.
  - 젊어서부터 철로 시설 따라다니시면서 노동을 하셨고 고생을 많이 하셨다.
 3) 어머니: 70세.
  - 워낙 착하시고 속정이 깊으시며 자식들한테 싫은 소리 한번 안하는 분이시다.
  - 평생 살림이 넉넉하지 못해서 고생을 많이 하셨지만 내색하지 않으셨고 내담자 때문에 근심을 많이 하셨다고 한다.
  - 작년부터 치매가 와서 가끔씩 앞 뒤 안 맞는 말씀을 하시고 잘 잊어버리신다.

- 지금도 밥하고 집 치우고 집안 일 건사를 주로 다 하신다.
 4) 아들: 18세, 고 2.
  - 말 수가 없고 어릴 때 자주 떨어져 살아서 그런지 내담자에게 서먹서먹하게 대한다.
  - 성격을 잘 모르겠고 공부에는 취미가 없는 것 같다.
 5) 딸: 16세, 중 3.
  - 역시 대화를 별로 안하고 지낸다. 그러나 표정으로 보아 집에 불만이 많은 것 같다.
  - 종종 친구 집에서 잔다고 외박을 하곤 한다.
 6) 남동생: 40세, 결혼, 택시기사.
 7) 여동생들: 모두 결혼. 넉넉하지는 못하고 그럭저럭 사는 것 같다.

6. 현재까지의 상담내용 요약
 - 상담을 하고 싶은 생각이 별로 없다. 상담을 한다고 내 삶이 달라질 것 같지도 않고 교회나간다고 뭐가 갑자기 달라지겠는가. 별로 얘기하고 싶지도 않다.
 - 현재 부모님 집에서 함께 산다. 변두리 재개발지역에 있는 옛날 집인데 좁아서 불편해도 별다른 수가 없다. 아버지 보기 죄송해서 아버지 들어오실 때 되면 나가 있고 안 계실 때 밥을 찾아먹는다.
 - 대학을 졸업하고 물류유통 관련 회사에 취업이 되어 다녔는데 회사가 부도가 나는 바람에 다른 직장으로 옮겼다. 그런데 재수가 없어선지 가는 데마다 회사가 망했다……. 생활이 안정이 안 되고 나중에는 취직도 안 되고 사는 게 너무 힘들어져서 집 전세금을 빼서 월세로 옮기고 그 돈으로 초등학교 앞에 작은 가게를 세 얻어 문방구점을 했다. 학교 앞이라 열심히 하면 최소한 먹고는 살겠지 했는데 생각보다 장사가 안 되었다. 애들도 작은 문방구에는 물건을 사러오지 않았다. 공책 하나, 연필 하나도 다 대형마트에서 사지 가게로는 안 오는 세상이다. 어쩌다 학교준비물 잊어버렸을 때나 혹은 군것질 하러 오는데 그것 갖고는 생활을 할 수가 없었다. 할 수 없이 가게를 빼려고 했는데, 집주인이 가게 건물을 담보로 잡힌 바람에 보증금까지 떼이게 되었다. 결국 빈손이 되어서 놀다가 사촌 형이 하는 중국집이 장사가 되고 돈 맡을 사람이 필요하다고 해서 들어갔다. 그러나 얼마 못되어서 돈을 빼돌렸다고 오해를 받고 나와 버렸다. 아무리 없이 산다고 해도 어떻게 사람을 도둑놈 취급할 수 있단 말인가. 그 집안과 연락 끊은 지 오래되었다. 내 처지가 이러니 친척, 형제들도 멀어졌다. 내가 사람구실을 못하니까. 그 후로도 안 해 본 일이 없다. 도배일 배워서 일거리 생기면 해주고 푼 돈 벌 때도 있었고 잡일 생기면 하기도 했는데 이젠 경기도 나쁘고 또 나이 먹어서 일도 안준다. 요즘엔 다들 경기가 나쁘니까 옛날 도와주던 친구들한테도 미안해서 찾아가지 못한다.
 - 아내 얘기는 하고 싶지 않다……. 원래 싹싹하고 착한 여자였다. 없는 살림에도 알뜰하

게 살아서 부모님이 고마워하셨다. 그런데 자꾸 죽으라고 망하기만 하니까 그 사람도 힘들었을 것이다. 그래도 문방구할 때까지만 해도 옆에서 버티어주면서 같이 고생했고 일요일에는 아내 혼자 교회도 가끔 나가곤 했다……. 이런 얘길 해봤자 아무 소용도 없지만……. 점점 아내도 성격이 칼칼해져가고 매서워졌다. 사촌형네 중국집에 내려가 있는 동안 아내는 애들을 어머니한테 맡기고 화장품 외판원한다고 나가기 시작했다. 예전에도 집에서 부업을 하긴 했지만……. 나중에 이모님께 들었는데 아내가 술집을 돌며 술집 아가씨들에게 화장품을 팔면서 같이 술도 먹고 그런다는 것이다. 늦은 밤이나 새벽에 들어오고 술에 만취해서 들어오는 날이 많다는 것이다……. 하지만 아내에게 할 말이 없었다. 남남처럼 서로 잘 쳐다보지도 않고 말도 안한지 오래되었고 결국 다 내 잘못이니까. 그러다가 결국 아내는 집을 나갔다. 이모님 말씀에 의하면 어디 술집에서 일한다고 하는데 몸이 많이 안 좋아 보인다고……. 이모님은 아내에게 화를 내시지만 그 사람이 죄가 있는가. 다 내 탓이다.

- 아이들한테도 아비 노릇 못해서 면목이 없다. 애들은 일찍부터 기가 죽어버렸다. 사정을 뻔히 아니까 돈 달라는 소리도 안한다. 가끔 애들 엄마가 애들 용돈을 좀 주는 것 같은데 애들이 속으로 얼마나 아비를 원망하겠는가. 공부도 제대로 못 가르치고 남들 해주는 최소한도 못해주니까. 왜 사나 싶다. 자식 노릇도 못하고 남편 노릇도, 아비 노릇도 못하니 이게 산다고 말할 수 있는 것인가. 남한테 피해만 주고.

1) 프로이트적 관점

- *사랑하는 대상 상실*: 내담자 박씨는 우울(증)[6]을 호소하고 있다. 사실 우울과 슬픔 사이에는 상관관계가 있다. 프로이트는 환경의 영향에 따른 자극 요인이 두 조건에 모두 동일한 것으로 드러나기도 한다는 사실을 지적한바 있다. 프로이트는 슬픔과 우울의 원인을 다음과 같이 말하고 있다. "슬픔은 보통 사랑하는 사람의 상실, 혹은 사랑하는 사람의 자리에 대신 들어선 어떤 추상적인 것, 즉 조국, 자유, 어떤 이상(理想)등의 상실에 대한 반응이다. 그런데 어떤 사람들의 경우에는 똑같은 종류의

---

6 우울증의 원인과 증상에 관하여는 다양한 관점이 있다. 개인의 생물학적 취약성, 환경 내의 다른 위험 요소들, 나이, 성, 사회적 지지의 부족 등과 관련이 있다. 김씨와 박씨의 우울은 그 원인에 있어서 생물학적 유전자 코드의 실패로 기인한 것은 아니라고 볼 수 있다. 환경과의 영향 속에서 나타나는 후천적인 요인으로 볼 수 있다. 그렇다면 그들을 우울하게 했던 요인은 어떠한 것들이 있을까? 여러 요인이 해당되겠지만, 경제적인 위기와 돈에 대한 욕망은 그들로 하여금 우울한 기분이 자리 잡기에 충분 했을 것이다.

상실감이 슬픔을 유발하는 것이 아니라 우울증을 유발한다"(Freud, 1999: 248)는 것이다. 이렇듯 상실에 대한 반응은 슬픔과 우울증, 이 두 가지이지만 슬픔은 항상 동반되는 데 반해 우울증은 선별적으로 나타난다.

-**내담자 박씨의 현실적 절망 상태와 자아 상실**: 박씨는 반복적으로 직장을 잃어버림으로써 자신감을 잃고 있다. 자신이 재수가 없어서 일하는 회사마다 부도가 난다고 생각했고, 더구나 사촌형이 운영하는 가게에서 일할 때는 도둑 취급까지 받아 자존심에 큰 상처를 받았다. 자신의 무능력 때문에 아내가 술집을 돌며 화장품을 판다는 생각에 그는 심한 무력감과 죄책감을 느끼면서 아내의 얼굴을 제대로 쳐다보지도 못한다. 박씨는 자신이 못나서 아이들 공부도 제대로 가르치지 못하고, 용돈도 주지 못한다면서 자녀들에게도 심한 죄책감을 느끼고 있다. 스스로를 남편 노릇도, 아버지 노릇도, 자식 노릇도 하지 못하고 남에게 피해만 입히는 쓸모없는 자로 간주하며 심한 죄책감을 지니고 살아가고 있는 것이다. 프로이트에 의하면 "죄책감은 사랑하는 대상의 상실에서 살아남은 자가 느끼는 감정"(Freud, 1999: 249)이다. 또한 프랑스 정신과 의사이자 정신분석가인 페롱(Roger Perron)이 "만약 죽기를 바랐던 대상이 실제로 죽게 된다면, 무서운 자책감으로 나타날 수 있기 때문에 죄책감은 파괴적이 될 수 있다"(Perron, 2008: 307)고 말한 것처럼, 또한 제3장에서 우리가 살펴본 것처럼 죄책감은 무서운 결과로 이어질 수도 있다. 이런 프로이트의 관점에서 본다면 죄책감으로 고통을 호소하는 박씨는 결국 사랑하는 대상을 상실한 것으로 볼 수 있다. 그러면 그가 상실한 사랑하는 대상은 무엇일까?

　박씨는 책임감이 강하고 의지력도 강한 성실한 아버지와 착하고 속정이 깊은 어머니 사이에서 1남 2녀 중 장남으로 태어났다. 경제적으로 아주 넉넉지는 않았으나 비교적 안정된 환경 속에서 자란 그는 성격이 너그러웠고, 대학 졸업 후 유통업에 취직하여서도 특별히 모나지 않게 정상적인 생활을 영위해 나갔다. 적어도 몇 차례의 회사 부도를 겪기 전까지 그랬다. 그러나 그는 욕심 부리지 않고 열심히 살다보면 다시 일어나겠지 하는 마음으로 조그마한 문방구를 운영했는데, 그마저 가정 재정에 도움이 되지 못했을 뿐만 아니라 건물 주인의 횡포로 보증금까지 잃게 되었다. 다 잃고 난 후 빈손이 되어 사촌 형님의 가게에서 일을 시작하였지만 도둑 취급을 받아야 하는 수모를 겪기도 했다. 이러한 타인으로부터 오는 기만과 비하는 그로 하여금 인간에 대한 신뢰뿐만 아니라 자신에 대하여 회의감을 느끼기에 충분했을 것이다. 그러면 그가 잃어버린 것은 무엇이었을까? 표면적으로는 그것은 분명히 직장과 돈이었다. 그러나 더 심각한 것은 성실히 살아보려고 노력했음에도 불구하고 계속해서 찾아오는 직장 부도와 주위 사람의 속임수(건물 주인에게 보증금을 잃었다)와 부정적 피드백(사촌 형님은 자신을 도둑으로 취급했다)은 자신을 무능력한 존재로 여기게 했을 것이다. 이러한 차원에서 박씨가 잃어버린 사랑하는 대상은 다름 아닌 자기 자신이라고 볼 수 있다. 그가 고통스러워하는 자기 비하가 옳은 것이냐 아니냐의 여부는 이 글의 본질적인 문제가 아니다. 문제의 핵심은 그가 자신의 심리적, 영적 상황을 우리에게 정확히 말해 주고 있다는 것이다. 그는 자존감을 상실했으며, 거기에는 그럴만한 충분한 이유가 있다. 여기에서 중요한 것은 내담자 박씨가 우울의 자리에 머물러 있는 것은 단지 대상, 즉 직장하고만 관련된 상실이 아니라 '자아와 관련된 상실'이라는 점이다. 이러한 심리적 메커니즘을 일찍이 프로이트는 다음과 같이 잘 지적한 바 있다. "우울을 임상적으로 살펴볼 때 가장 두드러진 특징으로 나타난 것이 바로 도덕적인 이유에서 비롯되는 자아에 대한 불만이다. 그런데 이때 환자의 자기 평가의 대상이 되는 것은 어떤 신체적인 결함, 추(醜)함이나 약점, 혹은 어떤 사회적인 열등감이 아니다. 우울증 환자의 자기 평가에서 지배적인 위치를 차지하고 있는 것은 바로 자아가 빈곤해지고 있다는 것에 대한 두려움과 또 그것을 스스로 단정적으로 인정하는 발언인 것이다"(Freud, 1999: 254-255).

그러면 상담 과정 중 박씨의 연약해진 자아를 견고히 할 수 있도록 기독교상담가는 어떻게 내담자를 도울 수 있을까?

2) 기독교상담학적 관점-
내담자 박씨를 위한 희망의 대리인으로서 기독교상담

우리는 내담자 박씨를 어떻게 이해할 수 있을까? 내담자 박씨의 행동 이면에 숨어있는 무의식적 동기는 어떤 것들이 있을까? 심리학적으로 의미 있는 사람들 간의 개인차(individual difference)를 찾아내고 기술하는 성격심리학적 관점에서 내담자 박씨의 성격을 어떻게 평가 있을까? 성격이론가들에 의해 되풀이 되어 사용된 중요한 유형론 중 하나는 모든 사람을 내향적인 사람(introverts) 또는 외향적인 사람(extroverts)으로 분류하는 것이다. 이 유형론에 따르면, 내향적인 사람은 스스로 움츠러드는데, 특히 스트레스적인 정서적 갈등에 직면했을 때 혼자 있기를 선호하며, 타인을 회피하는 경향이 있고, 수줍어한다. 이와 대조적으로, 외향적인 사람은 다른 사람들과의 사회적 활동에 열중함으로써 스트레스에 대처한다. 그들은 사교적이며, 개방적인 경향이 있다(Mischel, Shoda & Smith, 2008: 70). 내담자 박씨는 목소리가 작고 힘이 없으며 시선을 회피하고 묻는 말에만 대답하는 편이며, 자발적인 표현이 없는 '내향적인 사람'이다.

박씨가 처한 여러 차례의 부도나 그 밖의 경제적 위기들에 대한 책임을 전적으로 그에게 돌릴 의도는 없다. 다만 자원을 지혜롭게 쓰기 위해서 투자는 조심스럽게 이루어져야 한다는 원칙을 제시하고자 한다. 달란트 비유에서 예수는 받은 것을 사장시키지 않고 잘 관리한 지혜로운 종과 받은 것마저 잃고 마침내는 친구들로부터 격리되는 충성스럽지 못한 종[7]의 이야기를 말씀하시며 우리가 자원을 잘못 관리하는 것에 대해 경고하고 있다(Collins, 2008: 767).

---

7 달란트 비유(마태복음 25장 14-30절), 한 부자의 비유(누가복음 12장 16-21절).

내담자 박씨의 경우는 특별히 자신을 기독교인이라고 말하지 않았지만(그렇다고 다른 종교를 믿고 있다고 말하지도 않았다) 기독교 상담가가 희망의 대리인(Agents of Hope)[8]으로서 그에게 다가설 때 절망가운데 있는 그를 도울 수 있을 것이다. 앞서 살펴 본대로 프로이트는 사랑하는 대상의 상실 이후에 찾아오는 슬픔과 우울(증)에 대하여 언급했지만 절망 가운데 은총을 경험할 수 있는 종교적 세계에 대해서는 언급하지 않았다. 그러나 지금 우리를 고통스럽게 하는 상처가 하나님께서 새로운 창조를 시작하시는 장소가 된다는 사실을 알도록 해야한다. 이 사실을 아는 것이 진리이며, 우리의 사역은 이 진리에 대하여 증거 하는 것이기 때문이다(Nouwen, 2000: 128). 인간은 모든 것을 잃었을 때 그래서 절망의 늪에 빠져 한 걸음도 나아갈 수 없을 때, 바로 그 자리에서 절대자 하나님을 만날 수 있다는 것이다. 그러나 그 단계까지 나아갈지라도 고통이나 상처가 자동적으로 없어지는 것이 아니다. 나우웬(Nouwen)이 강조했듯이, 기독교 공동체가 치유의 공동체가 될 수 있는 이유는, 그곳에서 상처가 치료되고 아픔이 경감되어서가 아니라 상처와 아픔이 새로운 비전을 위한 출구나 기회가 되기 때문(Nouwen, 2000: 126)이라는 것이다.

우리는 앞에서 박씨의 경제적 실패와 절망의 상태(나중에는 아내마저 그를 버리고 떠났다)를 결국 자기를 잃어버린 상태라고 해석하였는데, 평행선상에서 비교할 수 없으나 우리는 박씨가 욥이 당하고 있는 고난의 일부를 경험하고 있다고 말할 수도 있다. 자기 존재가 뿌리째 뽑힐 수밖에 없었던 욥이 고난을 이겨낼 수 있었던 것은 어떤 요인 때문이었을까? 그것은 다름 아닌 자기의 존재를 인식하게 하고, 연약해진

---

8 이 글을 준비하는 동안 필자의 눈에 띈 지하철의 광고 포스터가 하나 있었다. "채무상담! 신용회복위원회가 도와드립니다."라는 문구의 신용회복위원회의 광고였다. 인상적인 부분은 다음에 있었다. "어두움 속에서도 희망은 있습니다. 절대로 포기하지 마십시오" 라는 문구를 등대의 환한 불빛이 비추고 있었다. 필자는 위의 위원회가 어떤 성격의 조직인지, 무엇을 하는지 잘 알지 못한다. 다만 필자의 눈길을 끌게 했던 것은 '채무'로 인해 캄캄했던 세상을 '희망'이라는 등대의 불빛이 비추고 있는 이미지였다. 희망의 목회심리학에 관하여 연구하고자 하는 자는 희망의 대리인으로서 목사(사역자)의 역할을 이해해야 한다. 정신분석학적인 이해를 통해 희망의 목회심리학를 소개하고 있는 캡스의 저서(Capps, 2001)을 참조할 수 있다.

자아를 회복시켜 주었던 믿음에 근거한다고 볼 수 있다. 하나님은 완전한 실패자까지도 받아주신다는 믿음이다. 다시 말해 이 믿음은 사람은 행한 업적으로 평가받는 것이 아니라 처해있는 상처 난 모습 그대로 하나님이 받아주신다고 믿는 것을 의미한다. 박씨의 경우 하나님에 의하여 자신의 존재가 받아들여질 수 있다는 믿음에 근거할 때 비로소 희망이 있다. 이런 측면에서 볼 때 살아가기 위해서 인간에게 믿음은 절대적이다. 꼭 종교적인 믿음만을 말하는 것이 아니다. 우리는 자기 존재에 대한 믿음의 장애가 있을 때 심리적인 고통을 호소하는데 이는 인간이 건강하게 살아가기 위해서는 믿음이 필수적이라는 것을 보여준다. 프랑스 정신분석가 앙지외(Didier Anzieu)는 믿음과 심리적 삶의 관계에 대하여 다음과 같이 말하고 있다. "믿음은 인간에게 있어서 필수적인 것이다. 우리는 자신이 살아간다는 것을 믿지 않고서는 살아갈 수 없다. 우리는 그 실체를 믿지 않고서는 외부 세계를 인식할 수 없다. 만약 우리가 자기의 연속성과 정체성을 믿지 않는다면 우리는 사람이 아니다. 우리가 깨어있다고 믿지 않는다면 각성상태에 있을 수 없다. 이처럼 우리를 우리 존재에 확고히 붙어 있도록 하고, 우리의 삶속에 있도록 해 주는 믿음들은 일반적인 지식과는 차이가 있다" (Anzieu, 2008: 212-213). 따라서 기독교상담가는 박씨의 회복을 위해서 자신을 향한 초월적 존재의 사랑에 대한 믿음과 동시에, 인간의 지지적 사랑의 필요를 제공할 수 있어야 할 것이다.

성경은 우울증이라는 정신장애의 '용어'는 사용하지 않고 있지만 우울증에서 말하고 있는 슬픔, 낙심, 절망의 감정과 경험에 대하여 많은 이야기를 하고 있다. 성경 본문에서 이러한 감정과 경험은 대부분 하나님의 신앙 혹은 하나님에 대한 소망과 밀접하게 연관되어 있다. 우리는 다윗왕의 노래 속에서 그 예를 찾아 볼 수 있다. 그는 다음과 같이 외쳤다. "내 영혼아, 어찌하여 그렇게도 낙심하며, 어찌하여 그렇게도 괴로워하느냐? 너는 하나님을 기다리라" (시편 43편 5절). 박씨와 같은 억압된 분노와 울화, 그리고 수동-공격성 특질의 내담자에 대해 정신분석적인 차원에서의 심리치료는 도움이 될 수 있다. 그러나 여기에 실존적인 차원에서 기독교상담심리치료를 통한 영적 돌봄이 더해졌을 때 우리는 내담자를 보다 건강한 정신적, 영적 생활로 안내할 수 있을 것이다.

4. 프로이트학파와 기독교상담학의 관점에서 본 김씨의 사례

〈사례2 김은희(가명)〉
1. 내담자 정보
  - 32세 여성, (전)초등학교 교사. 현재 주부.
  - 기독교인이 아니었으나 시어머니의 권유로 결혼 후 교회 출석.
  - 중간키에 약간 마른 체형. 이목구비가 반듯하고 단정하나 지치고 힘든 표정.
  - 돈 문제로 시어머니와 관련된 감정이 복받치듯이 중간 중간 말이 끊기고 표정이 일그러짐.

2. 주 호소문제
  - 잦은 두통과 불규칙한 수면, 우울감과 불안, 주의집중 곤란.
  - 가족갈등(남편, 시모 등에 대한 불만).
  - 시어머니 목소리만 들어도 가슴이 울렁거리고 신경이 곤두선다.
  - 현재의 불만스런 상황이 개선될 여지가 없어 답답하고 늘 울분이 있다.

3. 상담 경위
  - 스트레스가 많다는 내담자 호소에 내과 주치의가 정신과 진료 권유한 적 있음.
  - 이전 학교 동료교사였던 친구가 상담을 받아보도록 권유.

4. 개인력
  - 교사인 아버지와 주부인 어머니 사이의 1남 2여 중 장녀.
  - 아버지는 과묵하나 성실한 편이었고 어머니는 너그럽고 정이 많은 편이었다.
  - 성장환경에서 유복하진 않았으나 큰 어려움을 느끼지 않고 평탄하게 자람.
  - 동생들 역시 초등학교 교사나 유치원 교사, 회사원으로 제 앞가림을 하는 편임.
  - 친한 친구가 많지는 않으나 몇 명 마음을 트고 지내는 친구들이 있음.
  - 27세 때 선배 교사의 중매로 현재의 남편을 소개받고 6개월 후에 결혼, 다음 해에 아

들을 출산한 후 교사직을 그만두고 전업주부로 아들 양육.
- 결혼 당시 시부모가 바로 옆 동네에 사준 아파트에서 생활.

5. 결혼 후 현재의 가족 관계

1) 남편: 35세. 맏이로서 아래에 여동생이 한 명이 있음.
 - 명문사립대학을 나와 대기업에 입사. 남들이 부러워하는 직장이지만 업무 스트레스가 많고 선배들이 승진 탈락하거나 감원설이 돌 때마다 불안해하는 것 같다.
 - 부모님과 대화가 별로 없다.
 - 결혼 초에는 아내와 사이가 좋은 편이었는데 갈수록 집에 들어오기가 짜증스러워진다고 한다. 자기표현을 잘 안하고 종종 야근으로 늦게 들어온다.
 - 주일예배는 출석하지만 신앙생활에 큰 관심이 없는 듯하다.

2) 아들: 6세. 유치원. 순한 편이지만 한번 떼를 쓰면 달래기 힘들다.

3) 시아버지: 64세. 중학교 교사로 정년퇴직.
 - 점잖으신 편이나 속 마음을 알 수가 없음.
 - 재직 중에는 학교일을 많이 하고 밤늦게 까지 일할 때가 많았다고 함.
 - 집안 살림의 주도권을 아내에게 맡기는 편이며 가족 분쟁에서 늘 한 걸음 떨어져 있으려는 것처럼 보임.

4) 시어머니: 57세 여성. 고졸, 보험회사 대리점 점장, 다단계 외판을 겸하고 있음.
 - 적극적이고 활달한 성격, 언변이 좋다.
 - 남편과의 관계에서 주도적이고 자녀들에게도 할 소리를 다 한다고 함.
 - 보험대리점 일과 다단계 판매까지 겸하여 하느라 집안일은 건사를 거의 못함.
 - 교회 권사.

5) 시누이: 32세, 주부.
 - 대학 졸업 후 중소기업에 취직했다가 남편이 지방으로 직장을 옮기면서 그만둠.
 - 결혼 당시 어머니가 반대하는 결혼을 하여 어머니와 사이가 벌어짐.

6. 현재까지의 상담내용 요약

 - 처음 결혼 할 당시에는 신랑이 성격이 온순하고 자상한 것 같고 직장도 좋아서 마음에 들었다. 시아버님은 친정아버지처럼 교사이셨고 점잖아 보이셨다. 시어머니는 친정엄마랑 성격이 반대이지만 활달하고 또 교사 며느리를 얻었다고 자랑을 하고 다니셨다. 그런데 결혼 후 첫 달 남편 월급날에 월급을 어머니가 찾아간다는 얘기를 남편에게 듣고 기겁을 했다. 어머니가 돈을 관리하고 그 중에서 생활비를 대주신다는 것이다. 부족하지 않게 주실 것이라고 하지만 그 사실 자체가 기분 나빴다. 남편은 내 보기에 "지나친 효자"

다. 결혼 전까지 월급을 모두 어머니께 갖다드렸다. 어머니에게 맞서본 적이 없다. "어머니가 시키는 대로 한다." 돈 문제 아니면 남편과 특별히 싸울 일이 없다. 그러나 남편은 내가 시어머니 얘기만 꺼내도 싫어한다. 속으로는 어머니가 좀 심하다고 생각은 하는 것 같은데 외아들로서 어쩔 수 없다고 생각하는 것 같다. 내가 심하게 반발을 하고 남편과 연일 싸움이 나자 어머니는 집안 곳간의 열쇠는 여러 사람이 갖고 있으면 안 된다, 그런 집안 치고 잘 되는 집안 없다, 한 사람이 관리해야 한다, 그리고 부모에게 순종해야 하나님이 복 주신다고 한다. 나는 이해할 수 없다. 그러나 나는 시어머니께 직접 대고 말 못한다. 어머니의 권세에 눌려서 한 마디도 못한다. 속으로 분이 끓어오르지만 나도 남편처럼 억지로 참고 있을 수밖에 없다. 결국은 어머니에게 매월 월급의 1/3을 상납하고 월급을 찾아오기로 했지만 여전히 화가 난다. 게다가 남편이 내색은 하지 않지만 어머니가 가끔 남편회사로도 찾아가서 돈을 뜯어가는 것 같다. 얼마나 요구하는지 알지는 못하지만 남편 성격으로 봐서 얼마가 됐든지 어머니 달라는 대로 해서 줄 것이다.

 -어머니는 보험대리점 일이란 것이 언제나 고객 수를 유지하고 또 늘려야 하기 때문에 돈이 항상 든다고 한다. 자기네 친척들 뿐 아니라 교회 사람들, 우리 친정 친척들에게까지 보험에 들라고 성화를 댔다. 아마도 가짜로 가입자도 만들어 넣고 자기 돈 대서 불입금 넣고 하면서 겉으로 대리점 규모를 늘려가는 것 같다. 그러니까 맨날 식구들한테 "돈 없다, 모자란다"고 하는 것일 게다. 실제로 시어머니가 돈을 얼마나 버는지 아무도 모른다. 시어머니는 다단계사업까지 한다. 물건들을 잔뜩 받아다가 집안 베란다 높이 쌓아놓고 기회 있을 때마다 여기 저기 아는 사람들에게 넘긴다. 나한테 묻지도 않고 다단계 회원에 이름 올려놓았다. 이따금씩 외판 물건들을 한보따리씩 갖고 와서 "물건이 좋으니 이왕 쓰는 거, 놓고 써라, 여유가 되면 나중에 (돈을) 줘도 된다"고 생색내듯이 하고 간다. 한 번은 너무 화가 나서 놓고 간 물건들을 다 바닥에 내팽개쳐버렸다. 시어머니는 자기 아는 사람이 "다이아몬드 급"(다단계 외판원의 최고 등급) 까지 올라가서 돈을 억대 번다고 부러워하면서 "내가 잘되어야 손자 유학도 보내주고 하지"라고 허풍을 떨었다. 구역질이 났다.

 - 어머니는 돈 밖에 모른다. 언제나 돈, 돈, 한다. 모든 것을 돈으로 환산하고 인간관계도 돈으로 따진다. 사람을 대할 때도 그 사람이 돈 있는 사람인지 아닌지에 따라 대하는 게 달라진다. 돈 없는 사람은 괄시한다. 내가 애 낳고 힘들어서 직장을 그만두니까 날 대하는 것도 싹 달라진 것 같다. 몇 달 지나지 않아서 "어미 이제 시간 많으니까 우리 집에 잠깐 씩 와서 살림 좀 거들어달라"고 주문하였다. 나를 파출부 취급하는 것 같아서 정말 화가 났다. 할 수 없이 일주일에 한두 번 청소도 하고 세탁기도 돌리고 반찬도 몇 가지 해놓고 오는데 시댁 가는 날은 더 아픈 것 같다. 집에 돌아오면 아무 것도 하기 싫고 민수

(아들) 돌보는 것도 귀찮다. 사는 것이 재미가 없다. 명절이나 그럴 때는 가끔 용돈이라고 생색내며 돈을 준다. 하나도 고맙지 않다. 저 돈이 어디서 나온 돈인가? 가끔 민수 생일 때에는 어린애에게는 어울리지 않게 값비싼 옷이나 불필요하게 비싼 장난감을 선물하며 할머니 역할을 과시한다. 울화가 치밀어서 시어머니 돌아간 후에 애 장난감을 내던져 부숴버렸다.

- 알고 보니 시누이가 왕래를 하지 않는 것도 시어머니 때문이다. 시누이는 대학 다니면서 계속 자기가 과외 아르바이트 해서 용돈 쓰고 남은 것은 어머니 갖다 드리고, 직장 취직해서도 월급 통째로 갖다드리고 용돈을 타서 썼다 한다. 시어머니는 늘 딸을 흡족해하고 자랑스러워했다 한다. 그러다가 시누이가 회사 동료와 결혼하고자 하여 어머니에게 맡긴 돈을 결혼자금으로 달라고 하자 어머니가 사위가 성에 차지 않는다고 결혼을 반대하며 돈도 돌려주지 않아 사이가 틀어지게 되었다. 원래는 시부모와 같은 아파트 단지에 살며 왕래가 잦았으나 사이가 틀어진 후로 왕래가 뜸해졌고, 명절에 사위 앞에서 돈 잘 못 번다고 핀잔을 준 이후 시누이와 그 남편 사이에 다툼이 많아졌다고 한다. 그 후로 시누이네는 지방으로 이사를 가버렸다. 시어머니는 시누이가 착했었는데 변했다고 하면서 노골적으로 서운해 하고 사위를 지금도 탐탁지 않게 여긴다.

- 남편 직장이 그런대로 괜찮아서 그럭저럭 지내왔지만 이젠 남편 혼자 버는데다가 애도 유치원 보내야 하고 요새 애들 사교육비가 어릴 때부터 장난이 아닌데 걱정이 된다. 소문난 영어유치원 같은 데는 턱없이 비싸고 돈 들어갈 데가 많다. 또 집도 좁아서 늘려가야 되는데 이런 저런 것 생각하면 울화가 치밀어서 소화도 안 되고 머리도 아프다. 의사가 나더러 신경성이라고 한다. 도대체 어떻게 해야 할 바를 모르겠다.

남편과의 면담에서 남편은 자기 사교육(과외) 시키고 대학 보내느라 어머니가 고생하셨고 또 결혼 때도 작으나마 아파트를 사주셨기 때문에 어머니가 아들에게서 받는 것을 당연히 기대하실 수 있다고 하였다. 아내 심정을 이해는 하지만 아내가 어머니 때문에 목청을 돋우고 토라져서 말도 안하고, 걸핏하면 아프다고 하면 기분이 좋지 않다고 하였다. 나(남편)로선 누구 편을 들 입장이 아니어서 그냥 입 다물고 일이나 열심히 할 수밖에 없다고 하면서 말을 아꼈다.

1) 프로이트적 관점

- "**돈은 권력이다**": 김씨는 결혼 후 남편의 월급날에 시어머니가 월급을 찾아간다는 남편의 이야기를 듣고 매우 놀랄 수밖에 없었다. 거기에 남편의 반응도 한몫했다. 남편은 '지나친 효자(내담자는 남편을 이렇게

불렀다)'로 결혼 전까지 시어머니에게 월급을 가져다주었고 결혼 후에도 달라질 건 없다고 했다는 것이다. 김씨의 남편은 면담 과정에서도 역시 자신의 사교육비와 대학교 등록금을 대주었고 아파트도 마련해 준 어머니가 아들의 월급을 기대하는 것은 당연하다고 말하면서 자신의 어머니의 그 뜻에 따를 뿐이라고 말했다. 아들의 입장에서는 그렇게 할 수 있다고 하더라도 며느리인 김씨의 입장에서는 충분한 갈등이 유발될 수 있는 상황이었다. 다시 말하자면 시어머니와 채무 관계가 없는 김씨의 고부관계가, 남편이 어머니와 맺는 관계의 양상과는 전혀 다를 수밖에 없다는 것이다. 문제는 이러한 관계가 결혼이라는 제도 안에서 새롭게 합의점을 찾아가야 하는데 그런 과정이 전혀 없었다는 것이다.

베너(David Benner)는 사랑, 안전, 힘, 친밀성과 같은 심리학적인 욕구들에 돈이 연결되는 방식이 정신분석적 심리학자들과 정신과 의사들에 의해 연구되어왔다고 지적하였다(Benner, 1999: 760). 베너의 지적대로라면 어머니와 아들의 돈 거래는 그들 사이의 친밀성을 강화할 것이라는 무의식적인 동기가 내재되어 있을 수도 있다는 것이다. 또한 사회 심리학적 의미로서 돈은 어떤 그룹 내에서 한 개인과 다른 멤버들 사이의 감정적 관계의 상징이다. 그러면서 돈은 인간 상호간의 약속의 기록(record)이 되며, 상징으로서 좋은 신뢰를 보장한다고 간주된다(Knight, 1990: 747). 이러한 차원에서 내담자 김씨를 살펴보면 우리는 과연 결혼이란 무엇인가를 생각하게 한다. 그러나 이 글은 결혼이 주제가 아니므로 자세한 논의는 피하겠다. 다만 우리의 주제와 관련하여 결혼이라는 것은 부모로부터 정신적인 독립, 신체적인 독립일뿐만 아니라 경제적인 독립을 의미한다는 것을 언급하고 싶다. "그러므로 남자는 부모를 떠나, 자기 아내와 합하여 둘이 한 몸이 되어야 한다(마태복음 19장 5절)"와 "아버지와 어머니를 떠나야 한다"는 말은 단지 심리학적인 명제가 아니라 복음서의 근본 가르침으로 볼 수 있다.[9] 이러

---

9 복음서가 말하고 있는 부모-자녀 관계에 대한 정신분석적 이해는 Françoise Dolto, *Les évangiles*

한 관점에서 김씨의 남편은 어머니로부터 충분한 독립이 이루어지지 않은 것으로 볼 수 있다. 남편은 어머니로부터 심리적, 정신적으로 독립이 안 되어 있어 수동-의존적이며 이는 자연스럽게 경제적인 측면에서도 분리 될 수 없는 상황으로 이어진다. 이러한 심리적 관계 속에서는 자식과 부모와의 분리 개별화가 어렵다. 왜냐하면 부모가 자식의 성공을 위해서 대가를 바라는 투자를 한 셈이기 때문이다(예를 들어 과외비와 등록금). 즉 부모는 일종의 채권자되고, 자식은 채무자가 되어버렸다. 위의 모자관계를 보면서 우리는 다음과 같은 말들을 떠올릴 수 있다. "돈은 힘이다!", "돈은 권력이다!" 돈을 투자했기 때문에 어머니는 돈으로 아들을 묶어 놓고 있고, 문제는 이것이 무의식적인 수준에서 작용한다는 데 있다.

- **돈의 심리학과 가족 관계의 병리적 변형**: 이러한 점에서 돈의 심리학은 사람들이 돈에 대해 가지고 있는 무의식적인 연상의 이해와 함께 시작되어야만 한다는 정신분석가들의 제안은 타당성이 있다. 많은 경우 돈을 투자했기 때문에 돈을 가져간다는 식의 심리적 사실은 의식되지 못하는데 그것이 자식의 입장에서는 '효도'라는, 그리고 부모의 입장에서는 '자식 사랑'이라는 형태로 변형되어 나타나기 때문이다. 그러나 효도와 자식사랑은 보다 높은 의식적인 차원의 결단이고, 김씨 남편과 어머니의 사례는 그것을 의식하기 전에, 무의식적 차원에서 돈 관계가 먼저 형성되어 있었기 때문에 진정한 의미의 효도나 자식사랑이라 말하기는 어렵다고 볼 수 있다.

DSM-IV (『정신건강진단 및 통계 편람 제4판』)에 따르면 성격장애[10]

---

et la foi au risque de la psychanalyse : la vie du désir, 김성민 역, 『인간의 욕망과 기독교 복음: 정신분석학으로 성서 읽기』 (서울: 한국심리치료연구소, 2000), 56-62 를 참조하시오.

10 학자들에 따라 Personality Disorders를 '성격장애' 또는 '인격장애'로 번역한다. 이 글에서 필자는 '성격장애'라는 표현을 따랐다. 인격(人格)의 사전적 의미가 사람의 품격을 의미하기 때문에 Personality Disorders를 "인격장애"로 번역할 경우 사람의 품격의 장애로 이해될 수 있고, Personality가 흔히 성격, 인격, 인성, 개성, 사람의 됨됨이 등으로 번역될 수 있는데, 필자는 이 같은 언어적 뉘앙스를 고려하여 "성격장애"란 용어를 쓰기로 하였다. 그것은 마치, 정신장애의 분류에서 실제로 분류되는 것

를 10개의 특정장애로 분류하고 10개의 범주로도 분류되지 않는 2가지의 성격장애[11]를 기술하고 있다. 내담자 김씨는 이 중에서 수동-공격성의 특질[12]을 보여 문제를 직접적으로 해결하기보다는 뒤에서 불만을 토로하면서 해결하려는 양상을 나타내고 있다. 물론 시어머니에 대한 불편한 감정을 제대로 표현하지 못하는 내담자 자신은 더 힘들 것이다. 이는 초자아가 자아를 향해 '어디 감히 네가 시어머니에게 도전할 수 있는가!' 라는 식의 '가혹한 초자아(féroce sur-moi)' 로 작동되는 경우라고 볼 수 있기 때문이다.[13]

돈에 대한 자기의 입장을 정확히 말하기 어려운 한국의 문화적 특징, 또는 체면 때문에, 또는 인간관계가 깨질지도 모른다는 염려 때문에 돈에 대한 분명한 입장을 취하지 못하는 경우는 다른 사례들 속에서도 허다하다.[14] 마찬가지로 이 사례의 문제는 내담자 김씨와 남편과 시어머니 사이에서 돈과 관련된 합의 과정이 전혀 없었다는 데 있다. 그

은 사람이 아니라 사람이 앓고 있는 장애가 분류되고 있는 것과 같은 것이다. 예를 들면 DSM-IV에서 "schizophrenic"이 "정신분열증이 있는 사람"으로 "alcoholic"이 "알콜 의존이 있는 사람"이라고 번역되는 것이 바람직하다. 반면 이와 같은 단어가 "정신분열증적"이라거나 "알콜리즘적"이라고 번역되는 것은 조금 아쉽다(American Psychiatric Association, *Diagnostic and Statistical Manual of Mental Disorders-IV*, 이 근후 외 역, 『정신장애의 진단 및 통계 편람 제4판』(서울: 하나의학사, 1994), XXV-XXVI).

11 달리 분류되지 않은 성격장애는 2가지 상황에 적용되는 범주로서, 첫째는 개인의 성격 양식이 성격장애의 일반적 기준에 맞고 몇 가지 다른 성격장애의 특성을 보이지만, 어느 특정 성격장애 기준에는 맞지 않거나, 또는 둘째로, 개인의 성격 양식이 성격장애의 일반 기준에는 맞으나, 현재의 범주에는 포함되지 않는 성격장애(예: 수동-공격성 성격장애)이다(American Psychiatric Association, 『정신장애의 진단 및 통계 편람 제4판』, 808).

12 수동-공격성 성격 장애라고 말할 수 없으나 내담자 김씨는 사회적, 직업적 상황에서의 거부적인 태도와 수동적인 저항, 습관적인 분노와 저항, 참을성이 적고, 비판적이며 회의적인 모습과 같은 여러 가지 태도 속에서 수동-공격성의 특질을 지니고 있다고 볼 수 있다.

13 초자아는 다음과 같은 두 개의 메시지를 자아에게 보낸다. "너는 이처럼 되어야만 한다"와 "너는 이처럼 되어서는 안 된다." 프로이트는 또한 초자아의 엄격함은 부모의 엄격함이나 부모에 대한 아동의 경험에 비례하는 것이 아니라, 개인의 공격적 소망들에 비례한다는 사실을 깨달았다. 따라서 그는 "인간이 자신의 공격성을 통제하면 할수록 그의 이상이 자아에 대해 갖는 공격적인 성향 또한 강해진다"는 사실을 주목했다. 역동적으로 말하자면, 공격성이 자기를 향한다는 의미이다(The American Psychoanalytic Association, 2002: 506).

14 한 예를 들면, 동료들과 식당에 갔다고 생각해 보자. 각자 자신이 주문한 음식 값만 지불한다면 여러분은 어떤 느낌이 들겠는가? 어딘가 합리적이라는 이면에 정이 메말랐다고 생각할 것이다. 반대로, 어느 한 사람이 모두를 위해 거액의 음식 값을 지불한다면 다른 사람들은 고마운 생각과 함께 어딘가 미안한 생각이 들 것이다. 그리고 지불했던 그 사람은 다음 기회에 지불해야 할 대상에서 제외될 것이라고 생각할 것이다.

러면 어떻게 이러한 연결고리를 끊을 것인가?

- **심리·경제적 근친상간으로부터 벗어나기**: 내담자 김씨의 남편은 어머니에 대하여 '수동-의존적 특질'을 보이기 때문에 위와 같은 병리적인 관계는 반복될 가능성이 많으며, 내담자 김씨는 '수동-공격적 특질'을 보이기 때문에 시어머니에게 자신의 입장을 드러내지 못하는 상황 속에서 점점 더 심한 우울증에 빠질 수도 있다. 이러한 관점에서 우리는 근친상간의 욕망 때문에 금기를 위반한 오이디푸스의 신화를 떠올리게 된다. 어머니로 하여금 자기 아이를 낳게 만든 자신의 비극적 운명을 나중에야 알게 된 오이디푸스는 스스로 눈을 파내고 테베를 떠났고 남겨진 그의 자식들 또한 권력 암투로 인해 테베를 점점 더 쇠퇴의 길로 걷게 한다는 이 비극적인 신화는 아들과 어머니의 불합리한 연결고리의 무서움을 잘 알려준다.

물론 본 사례는 경제적인 연결고리이지만, 그 관계를 성적 유비 관계로 설명하자면, 앙지외(Didier Anzieu)의 지적에 귀 기울여 볼만하다. "모든 금지는 쌍방성에 의해 특징지어진다. 그것은 금지 명령을 받아들이는 사람과 마찬가지로, 금지를 말하는 사람에게도 적용이 된다. 자신의 자녀가 성적으로 성숙하게 되는 때에, 부모 속에서 생거나는 적대적이고 근친상간적인, 오이디푸스적 욕망이 얼마나 격렬하든지 간에, 부모는 자녀에게 그 욕망을 실현해서는 안 된다"(Anzieu, 2008: 239). 이는 신체적인 근친상간의 금지를 말하고 있지만, 우리는 이러한 금지를 통해 대상과 목표를 재구성하여 다른 사례들에 적용할 수 있는 가능성을 가지고 있다. 앙지외는 개별성으로서의 개인을 다음과 같이 말한 바 있다. "개인이 되기 위해서는 살아 있는 다른 존재와 분리되어야만 한다. 이러한 금지는 어머니의 젖가슴으로 돌아오는 것을 금한다. 이제 어머니의 젖가슴은 환상의 영역에 속할 뿐이다"(Anzieu, 2008: 238).

지금까지 우리는 정신분석학적인 입장에서, 돈에 대한 인간의 태도와 행동의 무의식적이고 병리적인 측면을 살펴보았다. 그러나 돈에 대한 보다 전체적인 심리학적 이해를 추구하려면, 우리는 돈을 대하는 인간의 건전한 측면 또한 더불어 연구해야 한다는 점을 밝혀둔다.

2) 기독교상담학적 관점-
내담자 김씨를 위한 지지자로서 기독교상담

내담자 김씨는 결혼 후 시어머니의 거의 강제적인 권유로 교회에 출석하고 있고, 주일예배를 참석하는 남편도 신앙생활에는 큰 관심이 없지만 시어머니 눈치 때문에 교회에 출석한다고 생각하고 있다. 이런 상황에서 기독교상담가는 김씨가 기독교에 대하여 얼마만큼 신뢰할지를 자문해야 할 것이다. 내담자 김씨에게 있어서 교리적인 기독교는 '시어머니의 종교' 라는 인상을 줄 수 있고, 그런 종교에 마음을 열기란 쉽지 않을 것이기 때문이다. 이렇듯 기독교상담자는 같은 신앙체계 안에 들어와 있는 내담자가 아닌, 같은 신앙체계의 밖에 있는 내담자 김씨와 같은 경우에 어떻게 개입할지를 세심하게 고려해야 할 것이다. 또한 기독교상담가는 앞에서 살펴본 '결혼' 에 대한 심리학적인, 그리고 영적인 의미를 이해하고 있어야 한다. 즉 자식이 부모에게서 독립한다는 의미에서, 결혼은 다시 한 번 부모가 자녀를 낳은 행위라는 것을 되새기며 상담에 임할 필요가 있다.[15] 더불어 기독교상담자는 내담자의 심리적 고통에 충분히 공감을 표시하고 그녀를 지지하는 가운데, 돈과 관련하여 흐르는 가족 역동을 인식시키고자 노력해야 할 것이다.

---

15 프랑스 정신분석가 돌토(Dolto)는 가나의 혼인잔치의 결혼의 의미를 다음과 같이 말하고 있다. "가나의 혼인잔치에서 각각 개인으로서 한 사람의 신랑과 신부는 여러 증인들 앞에서 하나가 된 것이다. 그들은 서로의 가정에 묶여 있고, 개인적인 여러 가지 일들로 점철되어 있던 과거로부터 떠나서, 서로가 서로를 사랑한다는 맹세를 교환했을 것이다. 그렇게 함으로써, 두 사람은 이 잔치를 통해서 부모의 보호 아래서 살았던 젊은 날과 끊어지게 되었을 것이다"(Dolto, 2000: 70).

III
경제적 위기에 처한 자를 위한 기독교상담

1. 성경과 돈에 관한 문제

심리상담에 관한 많은 책들이 있지만 경제적인 측면, 즉 돈과 심리적 상태의 관계를 언급하고 있는 책들은 그다지 많지 않다. 그러나 성경 기자는 돈과 돈의 관리에 대하여 여러 차례 언급하고 있다. 성경은 부자가 되기를 원하는 사람은 유혹과 욕심에 빠지게 되고, 이것들로 파멸에 이르게 되며, 돈을 사랑하는 것이 모든 악의 뿌리가 된다고 경고하고 있다.[16] 이런 돈과 정신세계, 돈과 영적세계에 대한 성경의 가르침은 그리스도인들이 돈에 대한 가치관을 설정하는 데 매우 중요한 부분이 될 것이다. 뿐만 아니라 앞의 두 사례에서 보여주듯이 상담의 임상 실제에서 경제적 문제들이 중요한 주제로 나올 수 있기 때문에 상담사는 이 문제를 숙지하고 있어야 할 것이다. 그래서 나는 돈과 그것의 관리에 대하여 위의 두 사례를 중심으로 앞서 간략하게 살펴본 기독교적 입장을 심화하여 살펴볼 것이다(상담의 실제 안에서 활용할 수 있는 범위 내에서, 특히 성경적 입장만으로 한정하여 살펴보고자 한다).

개인의 스트레스, 결혼 및 가족의 갈등, 대인관계의 다툼, 분노, 좌절, 불안, 걱정, 자살, 야망 추구 등 수많은 문제들이 직접, 때로는 간접적으로 돈을 추구하거나 관리하는 것과 연관이 있다(Collins, 2008: 765). 그럼에도 불구하고 돈 문제는 상담 관련 전문학회지나 학술대회

---

16 부하려 하는 자들은 시험과 올무와 여러 가지 어리석고 해로운 욕심에 떨어지나니 곧 사람으로 파멸과 멸망에 빠지게 하는 것이라. 돈을 사랑함이 일만 악의 뿌리가 되나니 이것을 탐내는 자들은 미혹을 받아 믿음에서 떠나 많은 근심으로써 자기를 찔렀도다(디모데전서 6장 9-10절).

에서 그다지 심도 있게 논의 되지 않은 주제였다. 때때로 일반심리학은 돈에 대해 이야기 하는 것을 꺼려하기까지 하지만, 성경에서는 그와 같은 주저함이 없다. 소유물이나 재산, 돈 그리고 재정 관리에 대해 성경 기자가 언급하는 것을 보면 다음과 같은 몇 가지 기본 원리로 요약될 수 있다.

1) 돈에 대한 과도한 욕망에서 비롯된 어긋난 가족 관계

내담자 김씨의 시어머니는 돈을 모으기 위해 친척들뿐만 아니라 교회 성도들, 심지어 김씨의 친정에까지 보험가입을 강요했다. 시어머니는 자기가 아는 사람이 다단계 판매원의 최고 등급까지 올라가서 억대의 돈을 벌어들인다고 며느리인 내담자 김씨의 기분을 고려하지 않은 채 그녀 앞에서 허풍을 떨었다. 내담자의 진술에 의하면 시어머니는 인간의 가치도 돈의 수입에 따라 평가했다. 이 때 개인은 성공이 자기 가치를 형성하게 되는, 경쟁적인 투쟁 속으로 들어가게 된다. 경쟁에서 성공하는 것은 최고의 문화적 우선권인양 주어지는데, 이는 돈이 자기 가치로 확인되기 때문이다.[17] 그러나 재물에 빠져 삶의 진정한 가치를 모른 채 생을 마감한 부자에 대한 예수 그리스도의 비유에 그녀와 우리는 귀 기울여야 할 것이다. 비유를 통하여 예수께서는 재물을 축적하는 데 일생을 바친 한 남자의 이야기를 하셨다. 재물을 모으는 데 평생을 바친 그 남자가 죽었다. 그는 아직 하나님을 만날 준비를 하지 않았고 그의 소중한 재산은 죽는 순간 자기 것이 아닌 누군가 다른 사람에게 물려주지 않으면 안 되는 것일 뿐이었다. 예수는 이 사람을 바보라고 했다.[18] 이 남자는 세상적인 면에서는 부자였는지 몰라도 하나님

---

17 크나이트(J. A. Knight)는 돈에 대한 욕망이 갖는 심리학적인 의미를 잘 지적하였다. (Hunter et al., "Money", 748) 참조하시오.

18 하나님은 이르시되 어리석은 자여 오늘 밤에 네 영혼을 도로 찾으리니 그러면 네 준비한 것이 누구의 것이 되겠느냐 하셨으니 자기를 위하여 재물을 쌓아 두고 하나님께 대하여 부요하지 못한 자가 이와 같으니라(누가복음 12장 20-21절).

과의 관계에서는 바보였기 때문이다(Collins, 2008: 766).

21세기라고 해서 변한 것은 없다. 아직도 많은 사람들은 돈을 사랑하고 풍요를 추구하는 삶을 살고 있다. 그러나 성경은 결코 부를 비난하지 않는다. 성경시대의 가장 위대한 지도자들 중에는 엄청난 부자들이 많았지만 이들은 더 얻고자 하거나 자신이 가진 것에 집착하며 세월을 낭비하지는 않았다. 성경에 의하면 돈은 영원한 것이 아니며 일시적이다.[19] 물론 돈이 쾌락, 안락함, 만족을 주는 것은 사실이지만 궁극적으로 영원한 행복과 안정을 주거나 만족시키지는 못한다.[20] 이것이 아마도 돈을 사랑하지 않는 삶을 살며 현재 우리가 가진 것에 만족하라고 경고하는 이유일 것이다.[21] 따라서 재물이 늘어나더라도 거기에 마음을 두지 말아야 한다.[22] 비록 돈 그 자체는 비난하지 않지만 돈을 사랑하고 재물에 의지하는 것은 분명 잘못된 것이기 때문이다(Collins, 2008: 766).

또한 성경은 탐욕과 돈에 대한 지나친 강조가 대인관계의 스트레스로 이어질 수 있음도 보여준다. 어떤 사람이 하루는 예수께 와서 가족 간에 일어난 싸움에 대해 불평을 하였는데 이에 대해 주님은 탐욕의 문제를 나무라셨다. 그런 다음 비록 재산이 차고 넘치더라도 참 생명은 소유물보다 더 큰 것으로 이루어진다고 말씀하셨다.[23] 내담자의 시

---

19 자기의 재물을 의지하고 부유함을 자랑하는 자는 아무도 자기의 형제를 구원하지 못하며 그를 위한 속전을 하나님께 바치지도 못할 것은 그들의 생명을 속량하는 값이 너무 엄청나서 영원히 마련하지 못할 것임이니라. 그러나 그는 지혜 있는 자도 죽고 어리석고 무지한 자도 함께 망하며 그들의 재물은 남에게 남겨 두고 떠나는 것을 보게 되리로다. 그러나 그들의 속 생각에 그들의 집은 영원히 있고 그들의 거처는 대대에 이르리라 하여 그들의 토지를 자기 이름으로 부르도다(시편 49편 6-8절, 10-11절). 부자 되기에 애쓰지 말고 네 사사로운 지혜를 버릴지어다. 네가 어찌 허무한 것에 주목하겠느냐 정녕히 재물은 스스로 날개를 내어 하늘을 나는 독수리처럼 날아가리라(잠언 23장 4-5절). 우리가 세상에 아무것도 가지고 온 것이 없으매 또한 아무 것도 가지고 가지 못하리니(디모데전서 6장 7절).

20 은을 사랑하는 자는 은으로 만족하지 못하고 풍요를 사랑하는 자는 소득으로 만족하지 아니하나니 이것도 헛되도다(전도서 5장 10절).

21 돈을 사랑하지 말고 있는 바를 족한 줄로 알라 그가 친히 말씀하시기를 내가 결코 너희를 버리지 아니하고 너희를 떠나지 아니하리라 하셨느니라(히브리서 13장 5절).

22 포악을 의지하지 말며 탈취한 것으로 허망하여지지 말며 재물이 늘어도 거기에 마음을 두지 말지어다(시편 62편 10절).

23 그들에게 이르시되 삼가 모든 탐심을 물리치라 사람의 생명이 그 소유의 넉넉한 데 있지 아니하니라 하시고(누가복음 12장 15절).

어머니는 돈을 벌기 위해 수단과 방법을 가리지 않았다. 며느리인 내 담자에게 묻지도 않은 채 다단계 회원 명단에 이름을 기재해 놓는가 하면, 의견도 묻지 않은 채 물건들을 떠맡겼다. 이 시어머니는 돈을 정 직하게 벌어들여야 한다고 말하는 성경 말씀에 귀 기울여야 할 것이 다. 성경에서 가장 지혜롭고 부자였던 솔로몬 왕은 빨리, 혹은 정직하 지 못하게 번 돈에 대하여[24] 나무라고 있다(Collins, 2008: 766-767).

2) 돈에 대한 과도한 사랑의 위험에 대한 성경의 경고

앞에서 나는 내담자 김씨의 남편과 어머니와의 관계를 아들-어머니 의 의존-애착 관계로 설명하기 위하여 아들을 채무자, 어머니를 채권 자로 묘사했었다. 이러한 정신분석적 작업의 한계는 돈에 대한 태도와 행동의 무의식적이고 병리적인 측면에만 초점이 맞추어진다는 것이다. 우리는 여기에 소비에 대한 성경의 입장을 더해보자. 소비는 현실적으 로 해야 한다. 이 말은 가능하다면 언제든지 빚이 없어야 한다는 뜻이 다. 성경은 신용카드에 대하여 언급한 적은 없다. 신용카드는 근대 발 명품이기 때문이다. 그러나 신용카드 때문에 우리가 빚을 지게 된다 면 성경 기자들도 신용카드를 제재했을 것이다. 성경은 세금이나 기타 의무 등 정부에 빚진 것을 포함하여 빚은 전부 갚으라고 가르치고 있 다(로마서 13장 6~8절). 때때로 불가피하게 돈을 꾸어야 할 때가 있겠 지만 돈을 꾸게 되면 채권자의 노예가 되어 마침내는 여러 가지 개인 적, 혹은 인간관계 문제[25]를 일으키게 될 가능성이 있다(Collins, 2008: 767).

내담자 김씨의 시어머니는 카드빚을 지고 있지는 않지만, 팔아야 하 는 물건들을 과도하게 쌓아두고서 가족뿐만 아니라 주위 사람들에 게 구매를 강요하면서 불편한 인간관계를 유지하고 있다. 이것은 물

---

24 충성된 자는 복이 많아도 속히 부하고자 하는 자는 형벌을 면하지 못하리라(잠언 28장 20절).
25 부자는 가난한 자를 주관하고 빚진 자는 채주의 종이 되느니라(잠언 22장 7절). 용서할 줄 모르는 종 의 비유는 (마태복음 18장 23-25절)에서 찾을 수 있다.

질에 대한 과도한 욕망에서 기인한 것으로 볼 수 있다. 그러나 성경은 적절한 돈 관계에 대한 이해를 제공하고 있다. 돈에 대한 과도한 사랑의 위험에 대한 예수의 경고는, 돈이 맹목적인 수단으로 사용되는 것에 대해서라고 볼 수 있다. 베너(David Benner)에 의하면 이것은 타인들을 돌보아야하는 그리스도인의 책임에 대한 교훈과 결합될 때, 자신을 위해서가 아니라 타인(특히 억압받는 사람들)의 복지를 위해 사용할 때, 돈은 기독교적으로 가치가 있다는 것을 분명히 밝혀주고 있다(Benner, 1999: 761).

디모데는 그리스도인의 물질에 대한 태도와 사회적 책임에 대하여 다음과 같이 말한다. "네가 이 세대에서 부한 자들을 명하여 마음을 높이지 말고 정함이 없는 재물에 소망을 두지 말고 오직 우리에게 모든 것을 후히 주사 누리게 하시는 하나님께 두며 선을 행하고 선한 사업을 많이 하고 나누어 주기를 좋아하며 너그러운 자가 되게 하라. 이것이 장래에 자기를 위하여 좋은 터를 쌓아 참된 생명을 취하는 것이니라(디모데전서 6장 17~19절)." 이 성경 구절에 의하면, 하나님은 기쁘게 베푸는 사람을 사랑하신다. 성경 전체를 통하여 하나님을 위하여, 가난한 사람들을 위하여, 그리고 서로를 위하여 베푸는 것이 강조되고 있다. 그런데 어떤 때는 베푸는 것을 통해 물질적 부유함, 혹은 영적인 축복까지 받게 되지만 항상 이런 일이 일어나는 것은 아니다. "우리가 주면 또한 받는다" 라고 추측하는 것은 성경의 가르침을 넘어서는 일이다.[26] 기독교인들은 즉각적인 금전적, 혹은 물질적 보답을 요구

---

26 최근까지 '건강과 부의 복음(Health-And-Wealth Gospel)' 이라고 잘 알려진 신학적 관점을 둘러싸고 격론이 벌어졌다. '수백만의 신앙을 형성한' 이 신학은 우리가 신앙을 지키고 살면서 넉넉하게 베풀면 하나님이 풍요와 부유로 일관되게 보상해주신다고 주장한다. 기부를 많이 하는 사람은 많은 것을 받을 보장이 되어 있다는 관점이며 또한 더 많이 줄수록 더 많이 받는다는 교훈이 깔려 있다. 이를 비판하는 사람들은 이 관점이 성경의 지지를 받지 못하는 일종의 마술적 공식이라는 것에 주목했다. 이러한 관점은 돈의 은사를 간구하고 또 베풀면 물질적으로 많은 이익을 볼 수 있다는 생각을 가진 기독교 지도자들이나 여타의 사람들이 주로 가르치는 내용이다. 필요한 사람에게 넉넉하게 기부하는 일은 곧 기부자를 위해 보물을 쌓아두는 것은 확실하지만 이 보물은 미래를 위한 것이지 이 땅에서 꼭 필요한 상금은 아니다. 하나님은 분명 성실하게 베푸는 자를 사랑하시지만 기부가 곧 물질적 소유의 측면에서 풍요를 불러 올 것이라고 약속하지는 않으셨다. 하나님은 비록 우리가 원하거나 혹은 필요로 하는 것을 항상 주시지 않을지는 몰라도, 그 대신 우리의 필요를 공급해 주신다고 약속하셨다(Collins, 2008: 765).

하거나 기대하지 않고 감사한 마음으로 나누어야 할 것이다. 왜냐하면 프롬(Erich Fromm)이 지적한 대로 사랑은 활동이지 수동적인 정서가 아니기 때문이다. 사랑은 '스스로 참여하는' 것이지 '빠지게 되는' 것이 아니기 때문이다. 그것을 가장 일반적인 방법으로 말하자면, 사랑이란 기본적으로 '주는 것' 이지 받는 것이 아닌 것이다. 무엇을 잃을까봐 염려하는 자는 심리학적으로 말하면, 그가 얼마나 가지고 있든 가난한 사람이다. 그러나 자기 자신을 줄 수 있는 사람은 부자이다(Fromm, 1991: 39-40).

IV
나오는 말

　지금까지 두 개의 사례를 중심으로 돈과 돈에 대한 태도를 정신분석적 차원과 기독교상담학적인 측면에서 살펴보았다. 정신분석적 저술과 성경은 인간이 유혹되기 쉬운 돈의 가치에 대한 왜곡을 증언한다. 성경에서 돈은 흔히 인간의 인격을 매춘하는 수단이라고 말한다. 그러나 돈 자체가 악은 아니다. 악은 돈을 잘못 사용 하는 것이다. 성경은 앞서 말한 대로 '돈을 사랑하는 것은 모든 악의 근원' 이라고 말한다. 마찬가지로 정신분석적 저술은 돈과 배설의 무의식적인 관련을 강조한다(Hunter, 2005: 748). 프로이트는 돈과 대변의 빈번한 무의식적 상징적 등가물을 확인했다. 이것에 기초하여 정신분석가 페렌찌(S. Ferenczi)는 아동이 '저축' 의 즐거움을 배움과 동시에 '적립금(deposits)' 에 대해 자랑스러워하는 것을 배우는 과정이 배변 훈련 동안 시작된다는 점을 제안하면서 항문적 쾌락을 돈에 대한 관심으로 전환하는 것에 대한 세부적인 묘사를 제공했다. 인색(miserliness)과 충동적 소비로서의 그러한 행동들은 돈 관계에서의 항문기의 예로서 제시되고 있다(Benner, 1999: 760).
　돈은 돈이 주인이 되거나, 혹은 종이 되거나 하는 두 가지 극단적인 역할 사이에서 우리 삶의 중요한 문제로 나타난다(Hunter, 2005: 748). 즉 돈은 좋은 노예의 모습으로서 나타나기도, 형편없는 주인의 모습으로서 나타나기도 하는데 그것은 돈에 대한 인간의 가치관에 달렸다고 볼 수 있다. 따라서 돈의 미더움은 자유이나 돈의 위협은 지배이다. 돈이 봉사자의 역할 속에 있을 때 사람은 그것을 은혜의 상징으로 사용하는 데 자유롭다. 또한 불쌍히 여기는 마음이 있을 때 타인에 대한 진정한 이해가 있고 타인의 고통을 개인적, 사회적 관계 속에서 진정으로 이해하게 된다(Hunter, 2005: 748).

물질에 대한 상반된 태도를 가졌던 예를 성경의 인물을 통해 들어보겠다. 첫째는 욥의 경우이다. 앙지외에 의하면, 성경에 기록된 욥의 곪아 들어가는 상처는 욥이 느꼈던 우울함을 상징적으로 보여주는 것이다(Anzieu, 2008: 50). 여기에서 욥이 느꼈던 우울함은 사랑하는 대상의 상실 이후에 찾아오는 우울함이었다고 볼 수 있다. 모든 재물과 사랑하는 가족을 잃은 그는, 발바닥에서부터 정수리까지 자신의 피부를 온통 뒤덮은 악성 종기를 옹기 조각으로 고통스럽게 긁고 있는 것이다. 둘째는 은 삼십냥을 받고 예수를 판 가룟 유다의 경우이다.[27] 유다는 예수를 팔아넘긴 이후에 서서히 미쳐간다. 이렇듯 물질의 상실을 경험한 욥과 물질을 취한 유다의 행동에는 큰 차이점이 있다. 모든 것을 잃어버리고 난 후 욥은 일어나 겉옷을 찢고 머리털을 밀고 땅에 엎드려 예배하며 이르되 "내가 모태에서 알몸으로 나왔사온즉 또한 알몸이 그리로 돌아가올지라. 주신이도 여호와시오, 거두신이도 여호와시오니 여호와의 이름이 찬송을 받으실지니이다" 라며 하나님을 향하여 원망하지 아니하였다(욥기 1장 20~22절). 반면에 유다는 자신의 계획대로 예수를 팔아 물질적 소유의 욕망을 성취했지만, '자기 비난' 의 소리로 몹시 괴로움을 겪었다. 그는 은 삼십냥을 성소에 던져 넣고 물러가 스스로 목매어 죽었다(마태복음 27장 5절). 성경에 등장하는 이 두 인물의 이야기는 물질에 대한 상반된 태도이자 물질의 많고 적음이 인생의 행복과 무관하다는 가르침이 된다.[28] 경제적 위기 속에서 돈에 대한 태도의 방향을 설정해 줄 수 있는 또 하나의 성경 구절을 인용해 보겠

---

27 가룟 유다가 예수를 팔아넘긴 이유는 돈에 대한 욕심이 아니었으며 오히려 예수가 자신의 이상과 기대와 달랐기 때문이며, 그로 인한 자기상실로 인해 죽음을 선택하였고 은 삼십냥은 거래를 위한 수단에 불과했다는 견해도 있다.

28 진흙탕이나 모래에 바퀴가 빠져 나올 수 없을 때, 액셀러레이터를 계속 밟으면 자동차는 헛바퀴를 돌게 되고 더 깊이 빠져 들어가게 마련이다. 이때는 차량의 공기압을 조절하는 방법이 있다. 공기를 조금 빼는 것이다. 경제위기에 빠졌을 때, 바람을 빼야할 것이다. 그 바람은 사치의 바람일 수도 있고, 오랫동안 익숙해진 경제적인 삶의 형태의 바람일 수도 있다.

다. "그러나 자족하는 마음이 있으면 경건은 큰 이익이 되느니라. 우리가 세상에 아무것도 가지고 온 것이 없으매 또한 아무것도 가지고 가지 못하리니 우리가 먹을 것과 입을 것이 있은즉 족한 줄로 알 것이니라. 부하려 하는 자들은 시험과 올무와 여러 가지 어리석고 해로운 욕심에 떨어지나니 곧 사람으로 파멸과 멸망에 빠지게 하는 것이라. 돈을 사랑함이 일만 악의 뿌리가 되나니 이것을 탐내는 자들은 미혹을 받아 믿음에서 떠나 많은 근심으로써 자기를 찔렀도다(디모데전서 6장 6~10절)".

마지막으로 책을 통해 제시되는 사례 분석의 한계와 의의를 이야기 해 보겠다. 일반적으로 분석실(상담실)에서 이루어지는 분석 작업과 사례를 해석하는 해석 작업 사이에는 간격이 존재할 수밖에 없다. 따라서 우리는 이 장에 등장한 사례들을 분석 할 때 내담자가 호소하고 해결해야하는 문제에 정확이 도달할 수 없을지도 모른다는 한계를 인정해야만 한다. 그러나 사례를 분석하고 해석하는 작업에 이러한 현실적인 어려움이 있을 지라도 우리의 작업은 이론적인 측면과 임상적인 측면에서 볼 때 의미가 있다. 그것은 앞으로 위와 비슷한 경제적 위기에 처한 자들을 기독교상담학적인 측면에서 돕고자 할 때 통찰력을 제시할 수 있기 때문이다.

V
토론

경제적 위기 속의 정신분석과 기독교상담에 대한 토론
이상억 교수 (장로회신학대학교 목회상담학)

저자 스스로도 밝힌 것처럼 이번 장에서 '돈'이라는 다분히 강렬하며 직접적인 용어를 선택하여 돈의 심리학을 정신분석적 관점에서 분석하려 시도한 것은 목회(기독교)상담학 분야에서는 이례적인 일이기에, 그의 노력과 학문 탐구에 대한 뛰어난 열정을 칭찬하고자 한다. 특별히 어려운 주제에 대해 정신분석의 틀로 심층적 분석을 시도한 것은 물론, 사례들을 통해 보다 대중적 접근성이 용이하게 글을 쓴 뛰어난 감각에 찬사를 보내며 이제 부족한 토론을 시작하고자 한다.

이번 장에서 저자는 "경제적 위기"라는 스트레스 상황의 심각성을 언급하며, 경제위기로 야기된 스트레스에 대한 일반적 대처 방식인 무시나 회피와 같은 방관적 태도를 지적하였다. 더 나아가 경제적 위기로 촉발된 스트레스는 일종의 '신체자아'를 형성한다며 이에 대한 체계적이고 전문적인 관리가 뒤따라야 한다고 주장하였다. 한 예로 저자는 해고를 당한 20대 후반 여성의 사례를 들어 경제위기에 기인한 스트레스가 의미 상실이라는 심리 내적 주제를 수반하고 있다고 주장하였으며, 더불어 그 여성이 경험한 실직의 이면에 내재한 '대상상실감'을 분석하며 이에 대한 애도작업이 무시된 결과의 참담함을 지적하였다. 또한 저자는 김씨와 박씨의 사례 분석을 통해 돈을 자아형성에 투사된 내적 욕동의 동인이며 따라서 돈이 곧 자아라는 하나의 상징 관계로 돈을 분석하고 있다. 마지막으로 저자는 돈에 대한 성경적 관점으로 욥과 가롯 유다의 예를 언급하며 자족의 중요성을 언급하며 글을 마무리 지었다.

구조적으로 안 박사의 글은 사례 분석의 형태를 띠고 있다. 그렇기에 큰 틀에서 정신분석학의 분석적 전통을 잘 따르고 있다고 할 수 있다. 다시 말해, 돈이 지닌 어떤 근원적이거나 본래적인 역동에 대하여 분석을 하기보다는, 사례들을 다루며 사례에 등장하는 내담자들이 돈이라는 대상을 어떻게 그들의 심리구조 내부로 끌고 와 자아구조를 형성하며 심리내적 역동관계를 형성하게 되었는가를 분석하고 있기 때문에, 이를 전통적 분석학의 큰 그늘 아래 있는 것이라고 말할 수 있다는 것이다. 바로 이 점 때문에 저자가 제시한 사례에 쉽게 공감할 수 없는 독자들에게도 저자의 분석은 1)돈에 대한 어떤 본래적이거나 근원적인 담론을 쉽게 이해할 수 있게 하며, 2)더 나아가 돈에 대한 개인적이고 편파적일 수 있는 타인의 경험을 자신의 경험이해의 세계로 끌어올 수 있도록 돕는다는 것이다. 그렇기에 저자의 노력은 임상적 관점에서 유의미하다 여겨진다. 누구나 경험할 수 있는 개연성, 즉 실직과 경제위기, 이로 인한 우울경험 등의 상황에서 돈이 개인의 심리 내부로 들어와 투사되고 내사되어 자아 혹은 신체자아가 될 수 있는 가능성을 분석하고 있기 때문이다. 또한 저자가 제시한 사례와 비슷한 상황에 있는 사람들에게 저자의 분석은 자신을 바라보며 어떻게 자기의 심리 역동의 방향성을 가늠할 것인가에 대한 일종의 거울효과를 가질 수 있다고 볼 수 있다.

하지만 나는 개인적으로 저자가 좀더 자기 자신의 위치, 즉 분석적 전통의 핵심인 유연한 역동성(Dynamic Fluidity)의 자세 아래에서 글을 끌어갔더라면 하는 아쉬움을 발견한다. 글의 곳곳에 저자는 개인 사례에 대한 분석의 결과물들을 마치 '돈이 가진 근원적이고 본래적인 영향은 바로 이것이다' 라는 식의 단정들로 표현하고 있기 때문이다. 한두 가지를 언급한다면 먼저 경제적 스트레스를 언급하며 이것이 곧 신체자아로 환원된다고 규정지은 것과, 경제위기를 대상상실과 이로 인한 자아상실에 대한 애도의 실패로 기인한 우울로 이해하고 있다는 점 등이다. 이러한 분석이 필요치 않거나 틀렸다고 보지는 않는다. 다만 저자의 분석이 사례 자체에 대한 결과물로는 가능한 분석이나, 사례에 대한 분석 자체가 곧 돈의 심리학이라고 규정지을 수는 없다는 점에서 프로이트의 유동적 자세를 견지했더라면 하는 아쉬움이 든다. 특히, 나는 저자가 프로이트의 언급, "자아는 무엇보다도 먼저 신체적 자아이다" 라고 말한 그 진의를 보다 깊이 있게 생각하고 이해하지 않으면 안 된다고 생각한다. 우선 프로이트가 이렇게 언급한데에는 자아 본능과 깊은 연관성을 가진 성적본능의 표출로서 '신체기관을 통한 쾌감' 을 언급한 것이지 자아가 곧 신체자아라는 등식으로 설명한 것은 아니기 때문이다. 더불어 거시적 측면에서 한 가지 분명하게 이해해야 하는 것은, 프로이트에게 있어서 분석은 언제나 개인적이며 개별적이었다는 것이다. 그렇기에 프로이트는 그의 분석을 통해 보편타당한 진리를 말하고 있다고 느끼지 않았다.[29] 물론 개인적인 측면에선 분석의 결과물들이 진리적이며 보편적으로 여겨질 수 있으나 그것 역시 개인에 국한 된 것이라는 것을 분명히 알고 있었기 때문이다. 따라서 프로이트는 언제든지 자신의 이론을 뒤집을 수도 있었으며 사례에 따른 새로운 사실이 기존의 사실을 뒤집거나 새로운 사실이 프로이트의 분석을 가로막을 때마다 "Non Liquet! (증거불충분 판결Not proven!)" 이라고 말했던 것이다.[30]

그렇다. 돈이 가진 심리적 역동을 어떻게 '이것이다' 라고 규정할 수 있겠는가. 돈이 가진 근원적인 심리적 역동은 없다고 해도 과언이 아니다. 만약 있다고 여긴다면 그것은 환상과 망상에 지나지 않는다. 돈은 살아있는 것이 아니다. 마치 돈이 심리적 역동을 가진 것처럼 살아

---

29 보다 깊은 연구를 위하여 Sigmund Freud, 임홍빈 홍혜경 역. "세계관에 대하여" 『새로운 정신분석 강의』 (서울: 열린책들, 2003), 213-245를 참조하시오.

30 Non Liquet!는 '그것은 분명치 않다!'로 해석된다. 증거가 결정적인 것이 아닐 때 쓰이던 예전의 법률 용어이다. 프로이트의 이러한 학문적 태도에 대하여, Sigmund Freud, 황보석 역. "억압, 증상 그리고 불안" 『정신병리학의 문제들』 (서울: 열린책들, 2003), 235를 보라.

있는 것으로 여겨지는 것은 우리가 살아있기 때문이다. 결국 돈의 심리학을 언급한다는 것은 결국 돈과 만나는 사람의 심리 역동을 파헤친다는 것과 다름 아니다. 바로 이 점에서 저자가 자신이 제시한 사례에 좀더 머무르며 돈과 관련된 내담자들의 심리역동을 보다 연구자의 자세로 깊이 있게 바라보았더라면 어땠을까하는 아쉬움이 든다. 물론 놀라운 통찰과 예리한 분석으로 사례들을 다루고 있기에 충분하다 여겨지지만 말이다. 내가 탁월하다고 여기는 부분은 '경제적 위기에 처한 자를 위한 기독교상담'에서 사례에 바탕을 둔 성경적 논의와 신학적 담론을 제안하였다는 점으로, 이에 대해 칭찬을 아끼고 싶지 않다. 다만 재물로 대변되는 복에 대한 논의(창세기 27장 28절, 신명기 7장 12~14절)가 배제된 것이 조금은 아쉽다.

사례 자체에 대한 논평을 한두 가지 해 본다면, 먼저 자신의 상담 사례가 아니란 점에서 근원적인 분석의 한계가 있다고 여겨지며, 더불어 두 사례 모두 돈이라는 경제적 문제가 상담의 표면에 등장하기는 하지만, 과연 돈이 사례에 등장하는 사람들의 심리를 결정적으로, 그리고 선명하게 보여주는 근원적 이유일 수 있을까에 대한 의구심이 든다는 것이다. 토론을 마치면서 저자의 연구 의지와 깊이 있는 분석적 안목에 놀라움을 금치 못했다는 점을 밝혀둔다. 저자가 앞으로 한국 기독교(목회)상담학의 발전에 기여하길 기대해 본다.

VI
더 읽을거리 및 볼거리

　돈의 관리에 대한 기독교 신앙적인 측면을 이해하고자 하는 사람들에게 다음과 같은 도서를 추천한다. 성경적 경제관, 재정 상담, 기독교 가정의 재정 문제에 대한 지혜가 자세히 설명되어 있는 책으로는 『돈 걱정 없는 가정』(래리 버켓 저, 조성표 역, 도서출판 CUP, 2008)이 있다. 또한 성경적 원리에 따라 돈을 관리하는 방법을 아이들이 이해할 수 있도록 안내하고 있는, 자녀들의 재무 교육 지침서인 『부유한 자녀로 양육하라』(래리 버켓 저, 손상희, 김경자 역, 도서출판 CUP, 2001)가 있다. 어떻게 돈을 벌 것인가? 돈이 우리 삶에 미치는 영향은 무엇인가? 저축은 과연 바람직하며 보험에 가입하는 것은 또한 바람직한가? 등과 같은 실제적인 재정문제에 대한 성경적 원리를 제시하고 있는 『하나님, 돈을 어떻게 쓸까요?』(래리 버켓 저, 조성표, 박정윤 역, 도서출판 CUP, 1998)도 권할 만하다.
　돈에 대한 소재를 다룬 영화나 비디오를 시청하는 것도 돈과 관련된 인간의 욕망이나 돈의 심리학, 즉 임상적 의미를 이해하는 데 커다란 도움이 될 것이다. 우선 지난해(2009년)에 개봉한 '악마가 너의 죽음을 알기 전에' 라는 영화를 추천한다. 이 영화는 돈 몇 푼에 '아작'이 난 가정을 세심하게 스크린에 담았다. 내용은 이렇다. 회사 공금을 횡령하다 발각될 위기에 놓인 형 '앤디' 는 역시 딸의 양육비 등으로 재정난에 허덕이는 동생 '행크' 에게 작은 보석상을 털자고 제안한다. 그런데 그 보석상은 다름 아닌 이 형제의 부모가 운영하는 가게다. 노부부의 작은 보석상을 터는 이 계획은 무척 간단하고 쉬워보였지만 현실은 종종 기대를 배반하는 법이다. 서투르게 작업하는가 싶더니 일이

꼬였고, 형제의 어머니가 사망했다. 이렇게 시작된 한 가정의 끔찍한 파멸, 그 긴박한 과정이 쪼개지고 뒤죽박죽된 시간과 시점의 재구성 속에 세밀하면서도 급박하게 묘사된다. 이 과정들은 그 어떤 감정 하나라도 들어갈 틈이 없이 단호하고 건조하다. 그것이 이 영화 속 가족의 매정하다 못해 패륜적인 정서가 더욱 더 실감나게 다가오는데 일조한다. 또한 영화를 현실적으로 느끼게 만드는 다른 이유가 있다면 이 식구들이 서로를, 아니 자기자신을 파멸시키는 가장 커다란 동력이 돈에 대한 탐욕이라는 점이다. 자본의 논리에 지배를 받는 누구든 더 많은 돈에 매우 강한 유혹을 느끼고 그 유혹에 무기력하게 무너질 수 있다는 것을 스스로 잘 알기 때문에 영화 속 파멸의 서사가 더욱 섬뜩한 것이다. 그런 점에서 이 영화는 모든 행복과 가치의 기준이 돈이 되어가는 시대를 꿰뚫어보는 아주 자세한 범죄 보고서이다

임권택 감독의 '아다다' (1987)는 돈에 대한 욕망이 한 인간과 가정을 파탄시킨다는 원작소설의 내용을 스크린에 잘 담아내었다. 시골 양반집 딸인 벙어리 아다다는 많은 지참금을 가지고 시집간다. 그러나 그녀의 남편은 가세가 펴자 그는 다른 여자를 얻게 되고, 아다다는 남편으로부터 쫓겨나게 된다. 쫓겨난 아다다는 다시 동네 부랑아와 살림을 차리지만 그 역시 돈만 좋아한다. 그것을 알아챈 아다다는 절벽에서 돈을 버리다 떠밀려 물에 빠져 죽는다.

또 다른 영화는 대니 보일 감독의 '쉘로우 그레이브' (Shallow Grave, 1994)로 이 영화는 돈과 우정사이의 관계를 잘 그리고 있다. 회계사인 데이비드, 기자 알렉스, 그리고 의사 줄리엣, 이렇게 두 남자와 한 여자가 등장한다. 대단히 자신만만하게 보이는 이 세 명은 넓고 자유분방하게 꾸며진 고급 아파트에서 함께 룸메이트로서 살고 있고 지금 추가로 또 한명의 룸메이트를 찾고 있는 중이다. 그러나 이들 셋의 기호에 맞는 룸메이트를 찾기란 여간 어렵지 않다. 여러 사람들이 다녀갔지만 모두 맘에 들지 않는다. 룸메이트 찾기를 포기할 즈음 바로 이 사람이다 싶을 만한 한 인물이 나타나게 된다. 그의 이름은 휴고이다. 식

사를 같이 하는 자리에서 휴고는 룸메이트들로부터 거침없는 질문공세를 받게 된다. "혹시, 사람은 죽여 봤어요?", "돈은 많아요?", "뭘 하세요? 글을 쓴다구요? 재밌네요……." 다음날 아침이 되었다. 놀랄만한 일이 벌어졌다. 새로 온 룸메이트가 보이지 않았다. 그들은 새로 온 룸메이트가 사용하는 방문을 부수고 들어갔다. 그들이 발견한 것은 그의 알몸 시체였다. 주사기는 널려있었고, 침대 밑에는 정체모를 돈가방이 있었다. 잠깐의 갈등 후 세 명의 룸메이트는 시체를 유기하고 돈을 자신들이 나눠 갖기로 결정한다. 얼마 후 돈의 진짜 주인인 듯한 괴한 두 명이 침입한다. 이렇게 해서 점점 셋의 관계는 꼬일 대로 꼬이게 된다. '쉘로우 그레이브'(Shallow Grave)는 '얕은 무덤' 이란 뜻이다. 원래 '얕은 무덤' 은 영화에서 세 주인공이 시체를 얕게 묻는 바람에 경찰의 추적을 받게 됨을 뜻하는 것이다. 그러나 이와 동시에 돈 앞에서 나타나는 친구 사이의 얕은 우정과 신뢰를 상징하기도 한다고 볼 수 있다. 돈에 대한 인간의 욕망과 그에 따른 심리의 변화를 잘 보여주는 영화로서 한번 시청할 것을 권한다.

돈에 대한 인간의 욕망과 그에 따른 심리의 변화를 잘 보여주는 영화 '쉘로우 그레이브'

우리가 온갖 환난을 당할 때에
하나님께서는 우리를 위로해 주십니다.
하나님께서는 우리를 위로하셔서
온갖 환난 가운데 있는 사람들을
위로할 수 있게 하십니다.
(고린도후서 1장 4절)

■ 에필로그

기독교(목회)상담학자는 정신분석으로부터 어떠한 공헌을 끄집어 낼 수 있는가?

　필자는 앞에서 논의한 글들 속에서 융이 심층심리학에 공헌한 것을 거부하지 않으면서, 정신분석의 프로이트적인 측면에 위치했었다. 일반적으로 이론 없는 정신분석은 존재할 수 없다. 그러나 임상적인 공헌 없이는 그 정신분석적 담화는 굳어버리게 마련이다. 그것은 신앙을 건전한 방향으로 자극하는 신학이 신앙을 되살아나게 하지 않으면 마치 굳은 화석과 같이 의미가 없는 것과 같은 이치일 것이다.
　기독교상담과 정신분석의 관계에서도 마찬가지이다. 이 영역에서의 가장 심각한 왜곡은 프로이트주의에 매혹을 느꼈으나 그 주변만을 맴도는, '상담신학하는 사람들'에 기인한다고 볼 수 있다. 학문성을 자랑하는 신학자들과 마찬가지로 정신분석가들에게 있어 정신분석적 이론은 정교하다 못해 탁월하기까지 하다고 확신한다. 왜냐하면 정신분석은 임상을 참고해서 각각의 이론을 세워나갔기 때문이다. 특히 프로이트에게 있어서 이러한 확신은 더 강했다고 볼 수 있다. 우리는 이런 의미에서 프로이트가 그의 최초의 환자들을 '정신분석의 최초의 이론가들'이라고 평가하면서 그들에게 경의를 표한 것을 잘 알고 있다. 프로이트의 이 말은 환자에게서 배워야 한다는 의미일 것이다. 물론 정신분석적 전통에는 환자로부터 배우는 고유한 방법이 있다. 그 방법은 '이드'가 말하는 그곳을 따라가야 한다는 원칙이다. 그리고 거기에 도달하기 위해서, '말'은 '공감'되어져야 할 것이다. 그러나 이러한 동력(욕망)은 '말'을 통해 불안을 다스리고자 하는 시도, 보호, 의도의 성격들을 훨씬 넘어서는 '의미'를 지니고 있음을 잊지 말아야 할 것이다.

그러나 우리는 더 이상 강박증, 히스테리, 편집증, 혹은 도착이나 성격장애등과 같은 정신장애의 임상적 기준들로만 우리자신을 한정시킬 수 없다. 시대에 결코 뒤떨어짐 없는 이러한 현대적 진단은 아이러니하게도 상당이 시대에 뒤떨어져 있다고 필자는 생각한다. 왜냐하면 거기에는 영성이 고려되어 있지 않기 때문이다. 우리는 영성이 고려되지 않는 증상에 대한 이해와 진단에 왜 매스를 가하지 않는가? 사실 증상들은 변화하는 사회 속에서 다르게 나타나고 일컬어진다. 그리고 거기에 맞추어 임상은 발달하게 마련이다. 이 과정에서 우리는 자신에게 물어야 한다. "기독교상담학자들은 정신분석으로부터 어떠한 공헌을 끄집어 낼 수 있는가?"

우선 중요한 것은 기독교상담은 듣는 자리로 들어가는 것이다. 인간의 근원적 욕망을 듣는 것이다. 들음에 있어 신앙적 도그마, 정치적 입장 등을 과감하게 처분할 수 있어야 할 것이다. 프랑스 정신분석가인 돌토(Françoise Dolto)는 인간에게 심리적인 문제가 생기는 것은 인간관계에서 비롯되어진 도착적인(병리적인) 무의식적 역동성 때문이며, 그 문제를 해결하려면 그들 모두의 주체의 진실을 회복하게 해야 한다고 보았다. 즉 사람들은 그들의 내면에 있는 진정한 욕망이 무엇인지 스스로 깨닫고, 그 욕망을 실현시켜야 한다는 것이다. 그러나 그녀가 주장하는 욕망(le désir; desire)은 단순한 신체적 욕구(le besoin; need)와는 분명 다르다. 그녀는 욕구와 욕망의 차이를 다음과 같이 말했다.

욕구는 우리에게 쾌락을 가져다주는 대상과 관계를 맺게 한다. 그러나 욕망은 다른 사람과의 정신을 나누는 만남을 의미한다. 욕망은 역동적인 것이고, 삶의 약동이며, 우리를 삶으로 밀어 넣는 원천이다. 그것은 우리로 하여금 우리를 부르는 다른 사람들에게 찾아가게 한다. 결코 끝나지 않는 걸음을 걷게 하는 것이다. 욕망이란 그 안이 영원히 비어있기 때문에 무엇이라고 묘사할 수 없는 것을 향해서 나아가는 욕동이다(Dolto, 1996/2000: 21).

그래서 욕망은 배고프면 먹고, 목마르면 마시는 등 우리 몸에서 생기는 호르몬의 작용이나 외부적인 자극 때문에 신경에 긴장이 조성되고, 그 긴장을 풀려는 것이 아니라 다른 사람과 함께 삶을 나누고, 의사소통을 하며, 관계를 맺으려는 것이 더 근본적인 것이라는 것이 돌토의 주장이다. 그러나 사람들은 단순한 쾌락만을 가져다주는 욕구에만 매달리고 있지 않는가? 또는 그런 욕구의 충족이 두려워서 아예 욕망까지도 억압하고 있지는 않는가? 후자의 경우를 돌토는 특히 기독교인들에게 많이 보았다. 율법과 죄와 죄의식 때문에 기독교인들은 자신의 욕망을 닫아걸고, 이 세상에서 살려고 하지 않는다는 것이다. 그러나 돌토는 욕구를 충족시키는 것이 잘못된 것이라고 생각하여 욕망마저 억압한다면, 그것은 더욱 잘못이라고 주장하였다(Dolto, 1996/2000: 7-8).

그러므로 우리 삶의 근본적인 의미는 우리가 부분적인 욕망에 사로잡히지 않고 전체적인 욕망을 실현시키고 다른 사람들과 진정한 관계를 맺는 데서 찾을 수 있다고 할 수 있다. 그래서 돌토는 우리에게 가장 중요한 것은 인간관계에서 의사소통이 이루어지는 것이며, 하나님은 우리가 다른 사람들과 의사소통을 하는 곳에만 존재한다고 보았다(Dolto, 1996/2000: 446). 그때 우리는 하나님과 더 가까워지고, 하나님의 모습을 이 세상에 비출 수 있게 된다는 것이다. 그래서 돌토는 다음과 같이 말하고 있다. "하나님의 불꽃들인 다른 사람들을 더 많이 당신 주위에 모은다면, 당신은 그 만큼 더 하나님과 의사소통을 많이 할 수 있습니다. 그리고 당신이 그 불꽃들을 더 잘 모은다면, 당신은 하나님의 빛을 더 잘 비출 수 있습니다(Dolto, 1996/2000: 446).

만약 어떤 환자가 어떤 정신분석가를 그가 신자라는 이유로 선택한다면, 그 환자는 그 정신분석가를 자신의 신앙의 가담자로서 원할 것이다. 반면 분석가는 자신의 환자의 신념들이 어떻게 연결되고 끊어지는지를 이해하기 위해서 때로는 자신의 종교적 신념들을 내려놓아야 할 것이다. 더 잘 듣기 위해서이다. 앞서 말해서 다 알다시피 정신분석은 욕망을 이해하고자 많은 메커니즘을 연구한다. 그러나 욕망이 이해되는 것은 종종 필요에 의해서지만, 인간의 욕망은 필요에 의해서 멈추지 않는다. 이런 면에서 정신분석적 이론은 끄집어내는 것 이상으로 가둘 수 있다고 말할 수 있다. 어쩌면 이 점이 바로 정신분석적 이론의 변태적인 효과 중 하나일 것이다. 그렇다면, 끄집어내려다가 오히려 가둘 수 있다고 하여 모든 정신분석적 이론 체계를 버릴 것인가? 버릴 수 없다면 어떻게 할 것인가? 여기에서 우리는 다시 한 번 물어야 한다. "기독교상담학자들은 정신분석으로부터 어떠한 공헌을 끄집어 낼 수 있는가?"

오늘날 정신분석적 임상 연구의 형태 아래에서, 혹은 혁신적인 이론적 가공의 형태 아래에서, 현대 정신분석은 대중 속으로 깊이 파고들고 있다. 애도에 대한 작업이 한 예라고 볼 수 있다. 우리는 이제 분석가들 덕택에, 울고, 분리되고, 관계를 재구축하기 위해서 애도의 시간이 얼마나 중요한가를 알게 되었다. 듣기와 동행의 사역에 열려 있는 기독교상담자(목사)는 장례식 이전, 장례식 기간, 그리고 장례식 이후 그가 도맡아 할 수 있는 자리의 중요성을 잘 알고 있을 것이다. 그러나 이러한 애도와 같은 슬픔을 경험하는 사람들을 충분히 돌보기 위하여, 기독교상담가(목사)는 경청해야 했을 것이고, 그 자신의 애도 작업을 충분히 이해해야 했을 것이다. 일반적으로 세례를 베풀고, 결합을 축복하는 것 등의 집례는 그 다음 단계의 삶의 의미로 가는 예식들이다. 이 말은 기독교상담가(목사)는 모든 예식의 영적 의미뿐만 아니라 심리적인 메커니즘을 이해할 필요가 있다는 것이다. 만약 한 기독교상담학자가 이론적인 면뿐만 아니라, 은혜 가운데, 그 자신의 정동들에 의해 정신분석의 공헌을 흡수 할 수 있다면, 그는 자신의 신앙 행위들을 삶에 가득 통합시키기 위해서 정신분석의 임상적 함의를 잘 사용할 수 있을 것이다.

이렇게 기독교상담가는 숙련된 사람이어야 하나, 그렇다고 기술자여 서는 안 된다. 지식과 정보에 익숙하여야 하나, 속이는 자가 되어서는 안 된다. 전문가여야 하나, 조작자가 되어서는 안 된다. 기독교상담자 가 그 자신을 부정할 수 있을 때, 인간의 고통의 의미를 이해하고 그것 에 신실할 수 있을 때, 내담자는 기독교상담자와의 상담을 통하여 하 나님이 그에게 보여주시는 부드러운 '사랑의 하나님'을 발견 할 수 있 을 것이다. 헨리 나우웬은 '행위' 보다는 '존재' 의 중요성을 예화를 통 해 들려주었다(이정기, 2009: 230).

아주 바쁜 사람이 아주 귀한 꽃 앞에 이르러 그 꽃에게 말하였다. "하나님을 위하 여 너는 이곳에서 무엇을 하고 있느냐? 너는 좀 바쁘게 일할 수 없느냐?" 그러자 그 신사는 그에게 들려 온 그 꽃의 반응을 이해 할 수 없었다. "선생님, 죄송합니다 만, 저는 이곳에 그저 아름답기 위하여 존재합니다"(Nouwen, 1971: 10 ; 이정 기, 2009: 231).

'존재' 는 '행위' 에 선행한다. '행위' 는 단지 '존재' 의 부산물일 뿐이 다. 기독교상담자에게 있어서 자신이 무엇을 하느냐에 앞서 자신이 누 구인지를 아는 것이 우선시되어야 할 것이다(이정기, 2009: 231). 다 알 다시피 프로이트는 결코 희망에 대해 이야기 하지 않았다. 그러나 우리 를 죽음의 절망으로부터 빼내기 위해서 기독교상담학자는 욕망 옆에 희망을 위치시켜야 한다. 아니 기독교상담학자는 희망을 말해야만 할 것이다. 그리고 그것에 만족할 수 있어야 할 것이다. 캘리포니아대학교 캐플란(Bert Kaplan)교수는 삶의 의미로서 욕망과 정신분석과 신앙과 의 관계를 잘 설명하고 있다.

사실상, 정신분석이 하는 것이란, 우리의 욕망들을 바로 잡는 것이며, 그것들의 탐 욕의 정당성을 의심하는 것이며, 그리고 세상이 실제로 우리의 욕망으로서 가치 있는 대상들로 가득 차 있고, 또 우리가 그 보답으로 그것들을 성취할 가치가 있다는 진실을 교육하는 것이다. 만약 욕망이 회복되려 한다면, 그것은 스스럼없이 어떤 것이 욕망하기에 가치 있는지에 관한 발견의 기초 위에 있어야 할 것이다. 반드시 욕망은 그것의 목적지를 신성 안에서(in the Divine) 발견해야 할 것이다 (Kaplan, 1977: 400).

희망은 진정한 욕망에 의해 생긴다고 볼 수 있다. 그러나 반대로 욕망을 현세의 삶에 쏟지 못하게 되면 절망의 가능성을 열어 놓게 되는데, 그것은 현재는 하나님의 자비에 대한 절망이며 때때로 견딜 수 없는 슬픔과 너무 큰 공포로 다가오는 불충분한 희망(wan hope)이 될 수 있을 것이다. 그렇게 되면 축복받은 삶에 관한 미래의 희망을 박탈당했다고 느끼기 시작할 것이며, 이것이 낳은 두려움은 우리를 영구적인 절망으로 몰고 갈 것이다. 이것이 기독교상담학자가 욕망 옆에 희망을 위치시켜야하는 이유일 것이다.

비록 "욕망의 학문인 정신분석이 신학에 많이 빚지고 있는 것처럼 신학이 정신분석에 많이 빚지고 있음에도 불구하고, 어느 날 쇠퇴하지 않을 수 없을 것인데, 왜냐하면 욕망은 그 해석보다 더 강하기 때문이다"[1]라고 롤랑 바르트가 말했을지라도 인간의 영성과 종교성은 결코 사라지지 않을 것이다. 영혼에 대한 인간의 욕망은 그 어떤 욕망보다 더 강하기 때문이다.

그러면 어떻게 정신분석과 기독교상담은 동맹의 길을 걸을 것인가? 다음은 게리 문(Gary Moon)의 세 아들의 비유(Collins, 1993/1996: 405-407)인데 이 비유는 나에게 정신분석과 기독교상담의 통합을 위한 지혜를 주었다. 세 아들은 조상들이 대대로 내려오며 농사짓던 농장을 떠나 각각 대학으로, 도시로 갔다. 그곳에서 그들은 성공을 해서 만족한 생활을 누리게 되었다. 첫째 형의 이름은 심리학이고, 둘째는 목회상담, 그리고 막내는 기독교상담이다. 농장은 터툴리안, 어거스틴,

---

[1] 1977년 1월 7일 롤랑 바르트의 꼴레쥬 드 프랑스(Collège de France) 문학적 기호학(sémiologie) 교수 취임 강의.

루터, 칼뱅 등과 같은 역사적인 인물들로부터 기인한 통찰력을 가지고 일하는 일꾼들이 있는 곳이다. 그 농장은 묵상, 기도, 성경강독, 청빈의 삶, 예배와 같은 일들을 통해 인간의 성품을 그리스도의 성품처럼 변화시키는 곳이다. 한편 형제들이 간 도시는 프로이트, 융, 로저스, 설리반 등과 같은 인물들로부티 기인한 통찰력을 가지고 일하는 곳이다. 그들이 그 도시에서 사용하는 것은 정신분석 이론과 방법들이라고 불리는 것들이다. 이 비유의 목적은 심리학이나 목회상담, 혹은 기독교상담의 각 분야가 서로서로를 위협하고 있다는 것을 말하려는 것이 아니다. 이 세 분야의 학문은 인간을 치유하는 데 있어서 그동안 나름대로 지대한 공헌을 해왔다. 그러나 기독교상담가들은 우리가 여러 가지 면에서 고향(영혼을 보살피는 사람들로서 우리의 역사적 뿌리들)을 떠나왔다는 사실을 기억하는 것이 좋을 것이다. 도시로부터 온 병리학, 치료 전략, 과학적 자료, 상담 방법 등의 지식의 보따리를 실은 트럭을 고향으로 몰고 가서 그곳에서 정신분석을 통해 영혼의 치유라는 우리의 풍부한 유산을 조용히 음미해보고, 성경적 뿌리 가운데에 우리 발을 확고하게 경작할 필요가 있지 않을까?

   그때야 비로소 치유를 중심 주제로 삼는 정신분석과 기독교상담 사이의 동맹의 길은 완수되리라고 희망하며, 치유자에게 깨달음을 주는 한편의 시를 소개하며 에필로그를 닫을까 한다.

나는 누구인가?[2]

나는 누구인가?
남들은 종종 내게 말하기를
감방에서 나오는 나의 모습이

---

2 디트리히 본회퍼(Dietrich Bonhoeffer, 1906-1945)의 기도문이다. 그는 독일 루터교회의 목사이자, 신학자이며, 반 나치운동가였으며 히틀러의 독재에 항거하다 1943년 3월 체포되어 감옥에 갇힌 뒤, 1945년 독일 플로센뷔르크 수용소에서 교수형에 처해졌다. 그의 글과 신앙은 생전에는 주목을 받지 못했으나, 세상을 떠난 후 그의 실천하는 신앙인의 모습이 새롭게 조명되어 많은 이들에게 감동을 주었다.

어찌나 침착하고 명랑하고 확고한지
마치 성에서 나오는 영주 같다고 한다.

나는 누구인가?
남들은 종종 내게 말하기를
간수들과 대화하는 내 모습이
어찌나 자유롭고 사근사근하고 밝은지
마치 내가 명령하기라도 하는 것 같다고 한다.

나는 누구인가?
남들은 종종 내게 말하기를
불행한 나날을 견디는 내 모습이
어찌나 한결같고 벙글거리고 당당한지
늘 승리하는 사람 같다고 한다.

과연 남들이 말하는 내가 참인가?
아니면 나 스스로 아는 내가 참인가?
새장에 갇힌 새처럼 불안하고 그립고 병약한 나
목 졸린 사람처럼 숨을 쉬려고 버둥거리는 나
빛깔과 꽃, 새소리에 주리고 따스한 말과 인정에 목말라하는 나
방자함과 사소한 모욕에도 치를 떠는 나
좋은 일을 학수고대하며 서성거리는 나
멀리 있는 벗을 그리워하다가 낙심하는 나
기도하고, 생각하고, 글 쓰는데 지쳐 멍하고 풀이 죽어 작별을 준비하는 나

나는 누구인가?
이것이 나인가? 아니면 저것이 나인가?
오늘은 이 사람이고 내일은 저 사람인가?
아니면 둘 다인가?
사람들 앞에서는 허세를 부리고,
자신 앞에선 천박하게 우는 소리 잘하는 겁쟁이인가?
아니면 내 속에 남아 있는 것은

이미 거둔 승리 앞에서 혼란에 빠져 꽁무니를 빼는 패잔병은 아닌가?

나는 누구인가?
고독하게 던지는 이 물음이 나를 조롱한다.
그러나 내가 누구인지
오, 하나님! 당신은 아십니다.
나는 당신의 것임을.

■ 참고문헌

〈프롤로그〉

류시화 엮음,『사랑하라 한번도 상처받지 않은 것처럼』, 서울: 도서출판 오래된 미래, 2007.
Berkhof, Louis (1974/1988),『조직신학: 서론, 신론, 인간론』, 권수경 외 역(1994), 서울: 크리스챤 다이제스트.
Hodgson, Peter & King, Robert (1984),『기독교 신학: 전통과 과제』, 황승룡 역(1986), 서울: 성광문화사.
Martin, Gerhard Marcel (2001), *Sachbuch Bibliodrama. Praxis und Theorie*, Kohlhammer: Stuttgart.
McWilliams, Nancy (2004),『정신분석적 심리치료』, 권석만 외 역(2007), 서울: 학지사.
Schleiermacher, Friedrich (1826), *Pädagogische Schriften I. Die Vorlesungen aus dem Jahre*, Ullstein 1983.

〈제1장〉

권수영, 신명숙, 안석모, 홍영택 (2009), "목회상담의 역사: 현대 및 미래 전망",『목회상담 이론 입문』, 서울: 학지사.
두산백과사전 EnCyber & EnCyber.com.
라디오 바티칸 인터뷰(2006년 5월 10일), "프로이트 탄생 150주년: 정신분석에 대한 기독교의 시각(150e anniversaire de la naissance de Freud : Regard chrétien sur la psychanalyse)".
박노권 (2009), "신학과 심리학의 관계: 목회상담 측면에서",『목회상담 이론 입문』, 서울: 학지사.
박종수 (2004),『성서와 정신건강』, 서울: 한울신학연구소.
안석 (2008), "정신분석과 신학: 오스카 피스터와 에드워드 투르나이센의 영혼의 치유의 방법론을 중심으로",『기독교교육정보』, (제 21집, 2008. 12. 30).
안석모 (2009), "목회상담의 역사: 구약, 신약, 초대교회",『목회상담 이론 입문』, 서울: 학지사.
옥성호 (2007),『심리학에 물든 부족한 기독교』, 서울: 부흥과 개혁사.
Anzieu D. (1995), *Le moi-peau*, 권정아, 안석 역(2008),『피부자아』, 서울: 도서출판 인간희극.
Arènes, J. (2002), *Oubli de soi, souci de soi*, Paris: Bayard.
Augustine (397-400), *Confessions*, 선한용 역(1990),『고백록』, 서울: 대한기독교서회.
Beirnaert L. (1987), *Ignace de Loyola (1491-1556), Aux frontières de l'acte analytique. La -Bible, saint Ignace, Freud et Lacan*, Paris: Seuil.
Berkhof L. (1988), *Introduction to Systematic Theology*, 권수경외 역(1991),『조직신학』, 서울: 크리스챤 다이제스트.
Calvin J. (1541), *L'Institution de la religion chrétienne*,『기독교 강요』, 편집부 역(1990), 서울: 성문출판사.
Carter, J. & Narramore, B. (1979), *The Integration of Psychology and Theology*, 전요섭 역(1997),『신학과 심리학의 통합과 갈등』, 서울: 하늘사다리.
Dolto, F. (1996), *Les évangiles et la foi au risque de la psychanalyse: la vie du désir*,『인간의 욕망과 기독교복음: 정신분석학으로 성서 읽기』, 김성민 역(2000), 서울: 한국심리치료연구소.
Falque, O. (2003), "Le dieu des adolescents. Fonctions du religieux et processus d'adolescence", *Imaginaire et inconscient*. Groupe International du Réve-Eveillé en Psychanalyse, n° 11.
Freud S. (1890), *Die Traumdeutung*, 김인숙 역(1997),『꿈의 해석 (상)』, 서울: 열린책들, 1997.

Freud S. & Pfister O. (1966), *Correspondance avec le pasteur Pfister 1909-1939*, Paris, Gallimard.
Helms, C. G. (1990), "Dream Interpretation in Pastoral Counseling", *Dictionary of Pastoral Care and Counseling*, Nashville: Abingdon.
Holifield E. B. (1983), *A History of Pastoral Care in America*, Nashiville: Abingdon.
Hunter et al. (1990), *Dictionary of Pastoral Care and Counseling*, Nashville: Abingdon, pp. 857-858.
James, William (1890), *Principles of Psychology*, Harvard University Press, 1983.
　　　　(1902), *The Varieties of Religious Experience*, 김재영 역(2000),『종교적 경험의 다양성』, 서울: 한길사.

Jung, C. G., (1962), *Erinnerungen, Träume, Gedanken*, 이기춘, 김성민 역(1995),『융의 생애와 사상: 기억과 꿈과 회상들』, 서울: 현대사상사.
Kaempf, B. (1991), *Réconciliation : psychologie et religion selon Carl Gustave Jung*. Paris: Cariscript.
Kelsey Morton T. (1974), *God, Dreams and Revelation: A Christian Interpretation of Dreams*, Minneapolis: Augsburg,
Lee, David D. (2002), "Pfister, Robert", *Dictionnaire international de la psychanalyse* (Sous la direction de Alain de Mijolla). Paris: Calmann-lévy.
L'interview d'Hubert AUQUE par Pierre Gaudriault, "Psychologies et religions : Pierre Gaudriault s'entretient avec Hubert Auque" *Bulletin du Syndicat National des Psychologues* n° 165, (2002).
Pfrimmer, T. (1982), *Freud, lecteur de la Bible*. Paris: Puf.
Roudinesco, Elisabeth & Plon, Michel (2002), *Dictionnaire de la psychanalyse*, 권희영 외 역(2005),『정신분석대사전』, 서울: 백의출판사.
Sanford J. (1987), *The Kingdom Within: The Inner Meaning of Jesus's Sayings*, 이기승 역(1999),『내 안에 있는 천국: 예수의 말씀에 대한 심리학적 이해』, 서울: 두란노.
　　　　(1989), *Dreams: God's Forgotten Language*, NY: Harper Collins Publishers.

Vergote, A. (1973-1975), "Psychanalyse et interprétation biblique" *Supplément au Dictionnaire de la Bible*. L. Pirot, A. Robert, H. Cazelles, eds. Paris: Letouzey, vol. IX, col.
Wilber, K. (1984), "The Developmental Spectrum and Psychopathology", *J. of transpersonal Psychology*, 16.
Wilkinson, J. (1988), *The Bible and Healing : A Medical and Theological Commentary*, 김태수 역(2005),『성경과 치유』, 서울: 기독교연합신문사.
Zama, S. (1997), *Anthropologie du rêve*, Paris: Puf, (Que sais-je? n° 3176).

〈제2장〉

안석 (2008), "정신분석은 신학의 적인가 아니면 동반자인가?: 영혼의 치유에 있어서 꿈의 해석의 활용과 한계",『신앙과 학문』, (제13권 제 3호, 2008. 12. 30), 서울: 기독교학문연구회.
이관직 (2009), "목회상담의 정체성",『목회상담 이론 입문』, 서울: 학지사.
Augustine (397-400),『고백록』, 선한용 역(1990), 서울: 대한기독교서회.
Baron, Michel (1999), *Oskar Pfister Pasteur à Zurich 1873-1956 : psychanalyse et protestantisme, Puteaux*: Editions du Monde Interne.
Burck, J. R. & Hunter, R. J. (1990), "Protestant Pastoral Theology", in Hunter, R. J. (Ed.), *Dictionary of Pastoral Care and Counseling*, Nashville: Abingdon.

Cter, J. & Narramore, B. (19), 『신학과 심리학의 통합과 갈등』, 전요섭 역(1997), 서울: 하늘사다리.
Catalan, Jean-François (1991), *Expérience spirituelle et psychologie*, Paris: Desclée de Brouwer.
Roudinesco, Elisabeth & Plon, Michel (2002), 『정신분석대사전』, 권희영 외 역(2005), 서울: 백의출판사.
Falque, Odile (2003), "Le dieu des adolescents. Fonctions du religieux et processus d'adolescence", in *Imaginaire et inconscient*, Groupe International du Réve-Eveillé en Psychanalyse, n° 11.
Freud, Sigmund (1925), 『나의 이력서』, 한승완 역(1997), 서울: 열린책들.
Freud, Sigmund (1917), 『정신분석 강의 상』, 임홍빈 외 역(2000), 서울: 열린책들.
Freud, Sigmund. & Pfister, Oskar (1963), *Sigmund Freud Correspondance avec le pasteur Pfister 1909-1939*, (1966), Paris: Gallimard.
Genre, Ermanno (1995), "Pfister, Oskar Robert", in *Encyclopédie du protestantisme*, Paris: Cerf & Genève: Labor et fides.
Hunsinger, Deborah van Deusen (1995), 『신학과 목회상담』, 이재훈 외 역(2000), 서울: 한국심리치료연구소.
Kaempf, Bernard (1997), "Histoire de la théologie pratique", in *Introduction à la théologie pratique* (Sous la direction Bernard Kaempf), Strasbourg: Presses Universitaires Strasbourg.
Kaempf, Bernard (1991), *Réconciliation : psychologie et religion selon Carl Gustave Jung*, Paris: Cariscript.
Lee, David D. (2002), "Pfister, Robert", in *Dictionnaire international de la psychanalyse* (Sous la direction de Alain de Mijolla), Paris: Calmann-lévy.
Meng, Heinrich, "Avant-propos", dans *Sigmund Freud Correspondance avec le pasteur Pfister 1909-1939*, Paris: Gallimard, 1966.
Oden, T. C. (1967), *Contemporary Theology and Psychotherapy*, Philadelphia: Westminster.
Pfister, Oskar (1927), *Analytische Seelsorge. Einführung in die praktische Psychoanalyse für Pfarrer und Laien*, Göttingen.
Pfister, Oskar (1948), *Christianity and fear: A Study in History and in the Psychology and Hygiene of Religion* (W. H. Johnston, Trans.), London: George Allen & Unwin Ltd. (Original work published 1944; *Das Christentum und die Angst*, Artemis-Verlag, Zürich).
Pfrimmer, Théo (1982), *Freud, lecteur de la Bible*, Paris: Puf.
Roudinesco, Elisabeth & Plon, Michel (2002), "Oskar Pfister", in *Dictionnaire de la psychanalyse*, Librairie Arthème Fayard.
Thurneysen, Edouard (1958), *La doctrine de la cure d'âme*, Neuchâtel: Delachaux et Niestlé, (Georges Casalis, Trans.) Original work published 1946; *Die Lehre von der Seelsorge*).
Thurneysen, Edouard (1946), 『목회학 원론』, 박근원 역(1979), 서울: 성서교재간행회.
Thurneysen, Edouard (1968), 『목회학실천론』, 박근원 역(1977), 천안: 한국신학연구소.
Tillich, Paul (1959), 『문화의 신학』, 김경수 역(1991), 서울: 대한기독교서회.
Vergote, Antoine (1973-1975), "Psychanalyse et interprétation biblique", in *Supplément au Dictionnaire de la Bible*, L. Pirot, A. Robert, H. Cazelles, eds. Paris: Letouzey, vol. IX, col.
Winkler, Klaus (2000), 『목회상담 : 영혼 돌봄』, 신명숙 역(2007), 서울: 학지사.
Winnicott, Donald (1971), 『놀이와 현실』, 이재훈 역(1997), 서울: 한국심리치료연구소.

⟨제3장⟩

서영원 (2008), "기독교상담에서 회개를 통한 치유적 효과",『복음과 실천신학』, 제 18권 가을호, 170-190.
성서백과대사전편집위원회 (1989), "죄",『성서백과대사전』, 서울: 성서백과대사전.
안석모 (2009), "목회상담의 역사: 구약, 신약, 초대교회",『목회상담 이론 입문』, 서울: 학지사.
Adams, Jay (1970), *Competent to Counsel*, Grand Rapids, MI: Baker.
Aden, LeRoy & Benner David G. edit. (1989), *Counseling and the Human Predicament : A Study of Sin, Guilt and Forgiveness*, Grand Rapids, MI: Baker.
American Psychiatric Associatioin (1994), *Diagnostic and Statistical Manual of Mental Disorders*, 이근후외 역(1995),『정신장애의 진단 및 통계 편람 제 4판』, 서울: 하나의학사.
Augustine (1958), *The City of God*, Bourke, Image Books.
Belgum, David (1963), *Guilt: Where Religion and Psychology Meet*, Minneapolis, MN: Augsburg.
Benner, David G. (1989), *Psychotherapy and the Spiritual Quest*, 이만홍외 역(2000),『정신치료와 영적탐구』, 서울: 하나의학사.
Capps, Donald (1992), "The Deadly Sins and Saving Virtues: How They are Viewed by Clergy", *Pastoral Psychology* 40, 209-233.
Cavanagh, Michael (1992), "The Concept of Sin in Pastoral Counseling", *Pastoral Psychology* 41, 81-87.
Collins, Gary (1993), *The Biblical Basis of Christian Counseling for People Helpers*, 안보헌 역(1996),『기독교상담의 성경적 기초』, 서울: 생명의 말씀사.
Dolto, Françoise (1980), *L'Evangile au risque de la Psychanalyse*, 김성민 역(2000),『인간의 욕망과 기독교 복음: 정신분석학으로 성서 읽기』, 서울: 한국심리치료연구소.
Ellis, Albert (1960), "There is No Place for the Concept of Sin in Psychotherapy", *Journal of Counseling Psychology* 7 , American Psychological Association.
Erickson, Millard J. (1985), *Christian Theology*, Grand Rapids, MI: Baker.
Freud, Sigmund, 번역위원회 역(2004),『프로이트전집 XI: 정신분석학의 근본개념들』, 서울: 열린책들.
　　　　　　　 (1915), 김석희 역(1997),『문명속의 불만』, 서울: 열린책들.
　　　　　　　 (1923), 박찬부 역(1997),『쾌락원칙을 넘어서』, 서울: 열린책들.
　　　　　　　 (1932), 임홍빈, 홍혜경 역(1998),『새로운 정신분석 강의』, 서울: 열린책들.
Harvey, Van (1964), *A Handbook of Theological Terms*, 박양조 역(1984),『신학용어해설』, 서울: 기독교문사.
Hesnard, A. (1954), *Morale sans péché*, Paris, PUF.
Hodgson, Peter C. & King, Robert H., edit. (1994), *Christian Theology: An Introduction to its Traditions and Tasks*, Oregon: Augsburg Fortress.
Hunter, Rodney J. edit. (2005), "Christotherapy", *Dictionary of Pastoral Care and Counseling*, Nashville: Abingdon Press.
Laplanche & Pontalis, Jean (1967), *Vocabulaire de la Psychanalyse*, 임진수 역(2005),『정신분석사전』, 서울: 열린책들.
Lechler, Alfred (1986), *Les maladies nerveuses et leur guérison: point de vue d'un médecin chrétien sur les névroses*, 김성민 역(2004),『신경증의 치료와 기독교 신앙』, 서울: 한국심리치료연구소.
McMinn, Mark (1996), *Psychology, Theology, and Spirituality in Christian Counseling*, 채규만 역(2001),『심리학, 신학, 영성이 하나 된 기독교상담』, 서울: 두란노.
McWilliams, Nancy (1999), *Psychoanalytic Case Formulation*, 권석만 외 역(2005),『정신분석적 사례이해』, 서울: 학지사.
Menninger, Karl (1973), *Whatever Become of Sin?*, New York: Hawthorne.

Peck, Scott (1983), *People of The Lie*, 윤종석 역(1996), 『거짓의 사람들: 인간 악의 치료에 대한 희망』, 서울: 두란노.
Purkiser, W. T. (1960), *Exploring our Christian Faith*, 김용련 역(1992), 『기독교 신앙의 탐구』, 서울: 나사렛.
Reisner Andrew & Lawson Peter (1992), "Psychotherapy, Sin, and Mental Health", *Pastoral Psychology* 40, 303-311.
Ricoeur, Paul (1954), "Morale sans péché ou péché sans moralisme", *Esprit*, Paris, Aout-Sept.
Summers, Frank (1994), *Object Relations Theories and Psychopathology: A Comprehensive Text*, 이재훈 역(2004), 『대상관계이론과 정신병리학』, 서울: 한국심리치료연구소.
Tournier, Paul (1958), *Vraie ou Fausse Culpabilité*, 추교석 역(2001), 『죄책감과 은혜』, 서울: IVP.
Tyrrell, Bernard (1999), *Christotherapy: Healing Through Enlightenment*, 이정기 역(2005), 『그리스도 요법: 깨달음을 통한 치유』, 서울: 상담신학연구소.
Winnicott, Donald (1984), *The Maturational Processes and The Facilitating Environment: Studies in the Theory Emotional Development*. 이재훈 역(2000), 『성숙과정과 촉진적 환경: 정서발달 이론에 대한 연구』, 서울: 한국심리치료연구소.

〈제4장〉

김승욱 (2008), "한국 기독경제학의 유형과 발전방향", 『신앙과 학문』, (제13권 2호), 9-44.
김진홍 (2001), 『성경의 경제와 경영』, 서울: 두레시대.
American Psychiatric Association (1994), 『정신장애의 진단 및 통계 편람 제4판』, 이근후 외 역, 서울: 하나의학사.
American Psychoanalytic Association (2002), 『정신분석 용어 사전』, 이재훈 외 역, 서울: 한국심리치료연구소.
Anzieu, Didier (2008), 『피부자아』, 권정아·안석 역, 서울: 인간희극.
Benner, David. G. (1999), "Psychology of Money", *Baker Encyclopedia of Psychology & Counseling* (Sec. ed.), David G. Benner & Peter C. Hill. Grand Rapids, Michigan.
Capps, Donald (2001), *Agents of Hope: A Pastoral Psychology*. Wipf and Stock Publishers, Oregon.
Collins, Gary (2008), 『뉴 크리스천 카운슬링』, 한국기독교상담-심리치료학회 역, 서울: 두란노.
Dolto, Françoise (2000), 『인간의 욕망과 기독교 복음: 정신분석학으로 성서 읽기』, 김성민 역, 서울: 한국심리치료연구소.
Freud, Sigmund (1997), 『쾌락원칙을 넘어서』, 박찬부 역, 서울: 열린책들.
         (1999), 『무의식에 관하여』, 윤희기 역, 서울: 열린책들.

Fromm, Erich (1991), 『사랑의 기술』, 김현일 역, 서울: 학원사.
Hunter, Rodeny J. (2005), *Dictionary of Pastoral Care and Counseling*. Abingdon, Nashville.
McWilliams, Nancy (2005), 『정신분석적 사례이해』, 권석만, 김윤희 외 역, 서울: 학지사.
Mijolla Alain de. (2002), *Dictionnaire International de la Psychanalyse* (ed.). Paris, Calmann-lévy.
Mischel,W., Shoda, Y. Smith, Ronald E., 『성격심리학:통합을 향하여』, 손정락 역(2008), 서울: 시그마프레스.

Nouwen, Henri (2000), 『상처입은 치유자』, 최원준 역, 서울: 두란노.
Perron, Roger (2008), 『왜 정신분석인가?』, 표원경 역, 서울: 한국심리치료연구소.
Rebeyrol, A. (1998), "Psychanalyse et Education." *L'Apport freudien: éléments pour une encyclopédie de la psychanalys.* (ed.). Pierre Kaufmann. Paris, Larrouse.
Sarason, I., Sarason. B. (2001), 『이상심리학』, 김은정외 역, 서울: 학지사.
Tournier, Paul (2001), 『죄책감과 은혜』, 추교석 역, 서울: IVP.
2009년 05월 07일자 「조선일보」.

⟨에필로그⟩

이정기 (2009), "목회상담자의 정체성", 『목회상담 이론 입문』, 서울: 학지사.
Barthes, Roland (1977), 1977년 1월 7일 꼴레쥬 드 프랑스(Collège de France) 기호학 교수 취임 강의.
Collins, Gary (1996), 『기독교상담의 성경적 기초』, 안보헌 역, 서울: 생명의 말씀사.
Dolto, Françoise (2000), 『인간의 욕망과 기독교 복음: 정신분석학으로 성서읽기』, 김성민 역, 서울: 한국심리치료연구소.
Kaplan, Bert (1977), "Acedia: The Decline of Desire as the Ultimate Life Crisis", in Donald Capps, Walter H. Capps, and Gerald Bradford, eds., *Encounter With Erikson: Historical Interpretation and Religious Biography*, Montana: Scholars Press.
Nouwen, Henri (1971), *Creative Ministry*. New York: Doubleday Dell Publishing Group Inc.

■ 찾아보기1 _인명

ㄱ
고가르텐 (Friedrich Gogarten) 106

ㄴ
내러모어 (Clyde Narramore) 39, 91
니체 (Friedrich Wilhelm Nietzsche) 41

ㄷ
달비에 (Roland Dalbiez) 43
데스통브 (Helene Destombes) 40
돌토 (Francoise Dolto) 47, 183, 228, 247, 248

ㄹ
라가슈 (Daniel Lagache) 43
라깡 (Jacques Lacan) 43, 47
라포르그 (Rene Laforgue) 44
라플랑슈 (Jean Laplanch) 145
레오 13세 (Leo XIII) 43
로너건 (Bernard J. Lonergan) 159
리꾀르 (Paul Ricœur) 157

ㅁ
마르틴 (Gerhard Marcel Martin) 15
마리-제쥐 (Bruno de Jesus-Marie) 44
막스 (Karl Marx) 41
맥민 (Mark McMinn) 178, 179, 196
메닝거 (Karl Menninger) 165, 191

무니어 쿤 (Pierre-L. Mounier-Kuhn) 152

ㅂ
바롱 (Michel Baron) 105
바르트 (Karl Barth) 37, 90, 106, 118, 122, 127
베너 (David Benner) 167, 224, 233
베르고트 (Antoine Vergote) 47, 70, 92, 93
베르나에르 (Louis Beirnaert) 43~47
벨굼 (David Belgum) 173, 174
보베 (Theo Bovet) 144
보이슨 (Anton Boisen) 50
분트 (Willhelm Wundt) 48
브랑라르 (Jean-Paul Branlard) 55
브로이어 (Josef Breuer) 96

ㅅ
사라동 (Andre Sarradon) 144
샌포드 (John Sanford) 72, 75
샤르코 (Jean Martin Charcot) 48
세르토 (Michel de Certeau) 47
슈나이더 (Ernst Schneider) 103
슈미트 (Wilhelm Schmidt) 43, 44
슈아지 (Maryse Choisy) 43, 44, 45, 47
슐라이에르마허 (Friedrich Schleiermacher) 15
스테인 (Dominique Stein) 47
시보니 (Daniel Sibony) 47

ㅇ
아담스 (Jay Adams) 166, 167, 193, 196
아렌느 (Jacques Arenes) 40, 41
안석모 37, 38, 181
앙살디 (Jean Ansaldi) 47

앙지외 (Didier Anzieu) 53, 56, 219, 227, 236

어거스틴 (Augustine) 52, 53, 113, 158, 159, 160, 177, 251

에나르 (Angelo Hesnard) 45

에릭슨 (Eric Erickson) 192

에밀 (Drs Emil) 97

엘리스 (Albert Ellis) 165, 166, 167

오꿔 (Hubert Auque) 40

오덴 (Thomas Oden) 122, 124

오레종 (Marc Oraison) 43~47

오베홀쩨 (Mira Oberholzer) 97

오우츠 (Wayne Oates) 50

옥성호 34

우스터 (Elwood Worcester) 50

워즈워드 (William Wordsworth) 7

위니콧 (Donald Winnicott) 111, 146, 147, 148, 170, 188

윌리엄스 (Robert R. Williams) 160

융 (Carl Gustav Jung) 20, 36, 50, 57, 60, 72, 73, 76, 95~98, 130, 246, 252

ㅈ

제임스 (William James) 48, 49

존슨 (Paul Johnson) 50

주베 (Michel Jouvet) 53

줄리거 (Hans Zulliger) 102

ㅋ

카탈랑 (Jean-Francois Catalan) 116

카터 (John Carter) 39, 91

칼뱅 (Jean Calvin) 77, 193, 252

캠프 (Bernard Kaempf) 7, 107, 111, 122, 124

케쿨레 (Friedrich August Kekule von Stradonitz) 56

켈지 (Morton Kelsey) 75

콜린스 (Gary Collins) 170, 195, 196

클라인 (Melanie Klein) 103, 146, 147, 188, 195

ㅌ
타이렐 (Bernard James Tyrrell) 159, 160, 191
터툴리안 (Tertullien) 52, 181, 251
테브넹 (Line Thevenin) 144
투르나이젠 (Eduard Thurneysen) 18, 88~135
투르니에 (Paul Tournier) 140, 152, 156, 169, 171, 174, 175, 189, 191, 192, 195

ㅍ
파레 (Ambroise Pare) 14
판넨베르그 (Wolfhart Pannenberg) 171, 172
팔크 (Odile Falque) 41, 42
페롱 (Roger Perron) 215
페렌찌 (Sandor Ferenczi) 97, 235
펙 (Scott Peck) 164, 165
퐁탈리스 (Jean Pontalis) 145
프로이트 (Sigmund Freud) 10, 20, 21, 23, 35, 36, 40~53, 57, 70, 71, 72, 74, 76, 85, 90, 92, 94~104, 108, 118, 120, 126, 130, 133, 144~152, 164, 170, 187, 190, 195, 208, 211, 214, 235, 246
프롬 (Erich Fromm) 234
프리메르 (Theo Pfrimmer) 92
플래트너 (Paul Plattner) 144
플레 (Albert Ple) 43~47
플롱 (Michel Plon) 41, 43
피넬 (Philippe Pinel) 42
피스터 (Oskar Pfister) 18, 20, 88~135

ㅎ
헌싱거 (Deusen Hunsinger) 91, 121, 123, 129
호라 (Thomas Hora) 159
홀 (Stanly Hall) 49

후디네스코 (Elisabet Roudinesco) 41, 42, 43
후크 헬무트 (Hug-Hellmuth) 103
훅스 (Bell Hooks) 193
힐트너 (Seward Hiltner) 50

■ 찾아보기2 _용어

ㄱ

『가르멜 연구 (Etudes carmelitaines)』 43, 44
가혹한 초자아 (feroce sur-moi) 226
개별화 164, 225
경제위기 236, 238, 239
경제적 인간 (Homo Economicus) 209
『고백록 (Confessions)』 52, 113
고해성사지침서 182
공감 177, 178, 179, 247
교육분석 210
『교회교의학 (Church Dogmatics)』 37
광기 43, 45
귀신들림 19, 43
국제 의학·심리·종교협의회 46
『기독교인의 삶과 성 문제 (Vie chretienne et probleme de la sexualite)』 45
기독교(목회)상담학자 246
꿈의 해석 18, 33~87

ㄴ

나폴레옹 법전 55
 -(공공행정규범) 55, 56
내적 치유 34, 75
내파 (implosion) 149
누미노즘 33, 73, 80

ㄷ

담론 35, 59, 92, 107, 239, 241

-(특별한 담론 discours special) 107
-(세속적인 담론 discours profane) 107
대상상실 238, 239
도착증 45

ㄹ
라디오 바티칸 41

ㅁ
마조히즘 149
『목회 돌봄과 상담사전 (Dictionary of Pastoral Care and Counseling)』 122
목회신학 36, 42, 48, 122, 130
『목회학 원론 (Die Lehre von der Seelsorge)』 106
무의식 21, 35, 48, 57, 70, 71, 72, 82
무의식적 죄책감 146, 148, 149, 151, 174, 175, 187, 191, 193
미국정신과협회 (American Psychiatric Association) 102
미스테스 24
미스티시즘 24

ㅂ
변증법적 신학 (theologie dialectique) 90, 104, 106, 118
보상욕망 (reparative desire) 146
보조학문 (science auxiliaire) 120, 126, 131
분석수련생 210, 211
분석심리학 20, 68, 83, 85, 90, 94, 118, 120, 126, 127
불의 (injustice) 194
비블리오 드라마 (bibliodrama) 15

ㅅ
사디즘 149
사회적 부적절성 (inappropriateness) 193
상처입은 치유자 (wounded healer) 78, 101

삼자대화 (trialogue) 197
성격장애 179, 225, 226
수도자 지원 의학-심리학 학회 (AMAR) 36, 46
수동-의존적 특질 227
수동-공격적 특질 227
수퍼비전 16
스위스 정신분석협회 (Societe Suisse de Psychanalyse) 97
신경증 41, 45, 71, 94, 99, 102, 121, 145, 150, 163, 179, 188, 195, 199
신비주의 24, 43, 47
신의 죽음 41
신체적 자아 208, 209, 240
신탁 52
실천 신학 (Praktische Theologie) 15, 106
심리상담 16, 209, 229
『심리학에 물든 부족한 기독교』 34
『심리학의 원리 (Principles of Psychology)』 48
심층심리학 20, 73, 85, 118, 246

ㅇ

양심의 가책 99, 145, 169, 170, 171
양자대화 (dialogue) 197
애도 147, 211, 238, 240, 249
『영적 삶의 보충 (Supplement de la Vie Spirituelle)』 44
영적 엑스터시 80
영혼의 의사 37, 113, 189
오메가 포인트 (Omega Point) 161
오스카 피스터 상 (Oskar Pfister Award) 102
의학 36, 37, 42, 46, 74, 140, 201, 209
 -(대체의학) 37
 -(보조의학) 37
 -(주변의학) 37
오이디푸스 콤플렉스 144, 151, 190

『용서와 치유』 199
우울적 자리 146, 195
우울증 148, 149, 166, 172, 173, 208, 210, 214, 215, 216, 219, 227
우울증 척도 (BDI) 172, 173
위력 남용 (power abuse) 194
유형 39, 73, 217
  -(대립적 유형) 39
  -(종속적 유형) 39
  -(병행적 유형) 39
  -(통합적 유형) 39
이드 147, 148, 179, 246
인류의 신경증 41
인민의 아편 41
임마누엘 운동 (Emmanuel Movement) 50
임상목회교육 운동 (Clinical Pastoral Education Movement) 50

ㅈ

자아의식 72, 73
전의식 144
정신역동심리 33
『정신분석 대사전』 41
정신분석적 시편 137
정신장애 19, 219, 225, 247
『정신장애의 진단 및 통계 편람』 172, 226
정신증 45
종교적 경험 15, 20, 49, 73, 101, 132
  『종교적 경험의 다양성 (The Varieties of Religious Experience)』 49
죄 137~203
  -(객관적인 죄) 143, 186
  -(주관적인 죄) 143, 186
죄고백 182
죄책감 137~203

-(건전한 죄책감)　169, 172, 187
　-(불건전한 죄책감)　169, 187
주이쌍스 (jouissance)　93
쮜리히 뷔르그휠즐리(Burgholzli)병원　98

ㅊ
천사　54, 60, 64~67, 154
초자아　145~148, 150, 151, 179, 187, 190, 195, 226
최면술　21, 48, 145

ㅋ
카타르시스 요법　48
카텍시스　145
칼케돈 회의　127

ㅌ
트랜스퍼스날 심리학 (transpersonal psychology)　76, 77

ㅍ
파리 살페트리에르 대학병원　21, 48
파리프로이트학교　47
『프쉬케 (Psyche)』　23, 44

ㅎ
합리주의　23, 83, 95, 130
히스테리　48, 71, 145, 247
희생화 (victimization)　194